融合型·新形态教材
复旦学前云平台 fudanxueqian.com

幼儿保育专业系列教材

U0730981

幼儿活动保育指导

YOUER HUODONG BAOYU ZHIDAO

主　编　张金陵

编写人员　张金陵　蓝　震　张　徽　杨　柳

丘洪丽　杨　霄　姚　琛　卫绮珊

李燕萍　邱奇智

复旦大學 出版社

内容简介

"幼儿活动保育指导"作为幼儿保育专业的核心课程，旨在帮助学习者掌握幼儿在园一日活动保育指导的内容，使其学会关爱幼儿，树立保教并重的教育理念。

本书作为课程的配套教材，按照时间线，创新性地根据活动进行的"前、中、后"三个阶段来阐述幼儿在园一日活动，即生活、运动、游戏及学习四个方面活动的保育指导。在学习者学习完具体岗位规范操作的基础上，通过案例呈现、理论学习及操作实践等，将保育指导划分为安全保障、规范操作、指导幼儿、保教合作及家园共育五个方面展开，进一步使学习者全面了解幼儿各类活动保育指导的内容与要求，并熟练、规范地开展一日活动的保育工作，真正做到保教并重，从而获得良好的职业素养与综合能力。

本书注重贴近保教人员岗位实际及职校学生学习特点，并提供了丰富的学习资源，包括PPT教学课件、教案、视频、练习题及参考答案等，可登录复旦学前云平台(www.fudanxueqian.com)查看、获取。本书既可作为幼儿保育专业学生的教材，也可作为托幼园所、早教中心等从业人员的参考用书。

复旦学前云平台
数字化教学支持说明

为提高教学服务水平，促进课程立体化建设，复旦大学出版社学前教育分社建设了"复旦学前云平台"，为师生提供丰富的课程配套资源，可通过"电脑端"和"手机端"查看、获取。

【电脑端】

电脑端资源包括 PPT 课件、电子教案、习题答案、课程大纲、音频、视频等内容。可登录"复旦学前云平台"www.fudanxueqian.com 浏览、下载。

Step 1 登录网站"复旦学前云平台"www.fudanxueqian.com，点击右上角"登录／注册"，使用手机号注册。

Step 2 在"搜索"栏输入相关书名，找到该书，点击进入。

Step 3 点击【配套资源】中的"下载"（首次使用需输入教师信息），即可下载。音频、视频内容可通过搜索该书【视听包】在线浏览。

PPT 课件、音视频、阅读材料：用微信扫描书中二维码即可浏览。

扫码浏览 ➡️

📖【更多相关资源】

更多资源，如专家文章、活动设计案例、绘本阅读、环境创设、图书信息等，可关注"幼师宝"微信公众号，搜索、查阅。

平台技术支持热线：029-68518879。

"幼师宝"微信公众号

✏️【本书配套资源说明】

1. 刮开书后封底二维码的遮盖涂层。

2. 使用手机微信扫描二维码，根据提示注册登录后，完成本书配套在线资源激活。

3. 本书配套的资源可以在手机端使用，也可以在电脑端用刮码激活时绑定的手机号登录使用。

4. 如您的身份是教师，需要对学生使用本书的配套资料情况进行后台数据查看、监督学生学习情况，我们提供配套教师端服务，有需要的老师请登录复旦学前云平台官方网址：www.fudanxueqian.com，进入"教师监控端申请入口"提交相关资料后申请开通。

前　言

随着《国家职业教育改革实施方案》《职业教育提质培优行动计划（2020—2023年）》的发布，特别是2020年教育部职业教育与成人教育司发布《关于做好中等职业学校国控专业设置管理工作的通知》，提出"要逐步将幼儿园教师学历提升至专科，中等职业学校相关专业重点培养保育员"，至2021年《中等职业学校专业目录》中明确设立"幼儿保育专业"，彼时全国已有大量中职学校为了更好地落实文件精神增设或转设"幼儿保育"专业，但在专业培养方案制订、课程设置、师资配备，尤其是教材编写方面尚处在探索阶段。除此之外，2012年《幼儿园教师专业标准（试行）》和2021年《学前教育专业师范生教师职业能力标准（试行）》《保育师国家职业技能标准》中也都将保育能力列为教师的核心能力之一。在此背景之下，广东、上海等地颁布的学前教育专业教学标准在核心课程的设置上亦把"幼儿活动保育"列入其中，与此相关的教材开发更是迫在眉睫。2022年9月正值本教材编写后期，教育部公布了与《中等职业学校专业目录》（2021年）相配套的《职业教育专业简介》，其中明确了"幼儿保育专业"作为教育类专业职业面向的岗位和主要专业能力要求等。党的二十大报告中更是明确提出"开辟发展新领域新赛道，不断塑造发展新动能新优势"。这让全体编写者为之振奋、为之欣慰。

本教材围绕幼儿在园一日活动的保育指导展开，主要包括生活、运动、游戏及学习四个方面活动的保育指导，通过案例呈现、理论学习及操作实践等使学生了解幼儿在园生活、运动、游戏和学习等各类活动保育指导的内容、要求等，以帮助学生熟练、规范地开展一日活动的保育工作，真正做到保教并重，实现知识与技能、过程与方法以及情感态度与价值观的统一，从而更好、更全面地贯彻党的教育方针，落实立德树人的根本任务，培养学生的职业素养与综合能力。

具体来说，本教材的编写具有如下特色。

1. 体现全面性

本教材全面涵盖幼儿在园一日生活、运动、游戏和学习活动的保育指导，同时，为便于学生全面规范学习、贯通幼儿在园各类活动的保育指导，提供知识拓展、阅读拓展以及家园共育等小提示，满足学生的个性化学习需求。

2. 注重新颖性

本教材不仅注重强化保教人员的工作规范，提升学生的职业能力，而且优化布局，前瞻性地从指导幼儿、保教合作的视角展开保育指导的内容，更好地顺应幼儿保育专业高质量发展。

3. 具有广泛性

本教材不仅适合幼儿保育专业的学生，也适合学前教育专业的学生；融汇全部保教人员（既包括保育员/师，也包括教师）不同岗位的保教指导内容，便于学生达到幼儿保育专业要求的同时，轻松接续相关专业的进一步学习和深造。

4. 聚焦实用性

本教材匹配幼儿保育专业实践操作需要，给予相应实践课时分配，深度对接幼儿保育职业岗位场景，突出幼儿活动保育指导知识和能力的培养，结合《保育员国家职业技能标准（2019）》以及保育老师、幼儿照护等职业资格和技能考试的要求，设计了课后练习和聚焦考证等栏目，强化学生的实践操作能力。

本教材共四个模块，参与编写的人员有华东师范大学张金陵、湛江幼儿师范专科学校蓝震、上海新陆职业技术学校张徽、东莞市商业学校杨柳和李燕萍、信宜市职业技术学校丘洪丽和杨霄、英德市职业技术学校姚琛和卫绮珊、佛山市南海区教育发展研究中心学前教育教研员邱奇智，具体分工如下：模块一的项目一、六、七由张金陵编写，项目二、五、八由蓝震、张徽编写，项目三、四由杨柳编写；模块二由丘洪丽、杨霄编写；模块三的项目一、二、三由姚琛编写，项目四、五由卫绮珊编写；模块四的项目一由邱奇智编写，项目二、三由李燕萍编写。全书由张金陵统稿。

本教材在编写过程中，参考、借鉴、引用了国内外相关研究成果和书籍等，参考文献列出了其中绝大多数的资料来源，在此一并向相关作者、专家和学者表示感谢！同时特别致谢本教材编辑赵连光，在编写过程中多次参与讨论并给予诸多编写建议！

职业教育改革如火如荼，幼儿保育专业建设快马加鞭，研究成果层出不穷，本教材编写难免存在疏漏，敬请读者和教材使用者批评指正，我们将在后续修订完善。

编　者

目 录

模块一　幼儿生活活动保育指导　　　1

　PPT　教学课件
项目一　幼儿生活活动导论　　3
　▶　咕噜洗手 / 8
　▶　幼儿生活活动保育指导方法案例解析 / 8
　9　习题测试

项目二　来园保育指导　　10
任务1　来园前的保育指导 / 10
任务2　来园中的保育指导 / 12　　　▶　来园前保育工作的内容及要求 / 11
任务3　来园后的保育指导 / 15
　18　习题测试

项目三　盥洗保育指导　　19
任务1　盥洗前的保育指导 / 19
任务2　盥洗中的保育指导 / 21
任务3　盥洗后的保育指导 / 23
　　　　　▶　我爱刷牙 / 25
　26　习题测试

项目四　如厕保育指导　　27
任务1　如厕前的保育指导 / 27
任务2　如厕中的保育指导 / 29　　　▶　如厕 / 28
任务3　如厕后的保育指导 / 31
　33　习题测试

项目五　饮水保育指导　　34
任务1　饮水前的保育指导 / 34　　　▶　饮水前保育工作的内容与要求 / 34
任务2　饮水中的保育指导 / 36
任务3　饮水后的保育指导 / 38　　　PDF　儿童多喝白开水的好处 / 38

　40　习题测试

项目六 进餐保育指导

任务1 进餐前的保育指导 / 41
任务2 进餐中的保育指导 / 45
任务3 进餐后的保育指导 / 59

41 ▶ 点心桌展示 / 41
▶ 进餐前的准备 / 41
PDF 食谱介绍方式 / 43

PDF 指导幼儿使用筷子时的注意事项 / 46

PDF 幼儿不宜吃汤泡饭的原因 / 48

PDF 餐后活动应注意的方面 / 50

52 习题测试

项目七 午睡保育指导

任务1 午睡前的保育指导 / 53
任务2 午睡中的保育指导 / 56
任务3 午睡后的保育指导 / 60

53

PDF 餐后活动建议 / 56
PDF 常见的睡眠姿势 / 57

63 习题测试
▶ 午睡保育指导案例分析 / 62

项目八 离园保育指导

任务1 离园前的保育指导 / 64
任务2 离园中的保育指导 / 66
任务3 离园后的保育指导 / 67

64

▶ 离园中保育工作的内容与要求 / 66
PDF 离园后盥洗室的清洁、消毒 / 69

69 习题测试

模块二 幼儿运动活动保育指导 71

PPT 教学课件

项目一 幼儿运动活动导论 73

78 习题测试

项目二 户外运动保育指导 79

任务1 户外运动前的保育指导 / 79
任务2 户外运动中的保育指导 / 85
任务3 户外运动后的保育指导 / 89

▶ 排除户外运动前的安全隐患 / 81

PDF 幼儿园常用消毒液的种类及使用 / 90

91 习题测试

项目三　室内运动保育指导　　93

任务1　室内运动前的保育指导 / 93
任务2　室内运动中的保育指导 / 96
任务3　室内运动后的保育指导 / 98

室内运动中的空间站位 / 97

101　习题测试

项目四　运动受伤保育指导　　102

109　习题测试

模块三　幼儿游戏活动保育指导　　111

PPT　教学课件

项目一　幼儿游戏活动导论　　113

幼儿游戏的种类 / 116

117　习题测试

项目二　角色游戏保育指导　　119

任务1　角色游戏前的保育指导 / 119
任务2　角色游戏中的保育指导 / 123
任务3　角色游戏后的保育指导 / 126

创设角色游戏的条件 / 120
游戏观察的方式及游戏行为 / 126
角色游戏的观察要点及发展提示 / 127

128　习题测试

项目三　结构游戏保育指导　　129

任务1　结构游戏前的保育指导 / 129
任务2　结构游戏中的保育指导 / 134
任务3　结构游戏后的保育指导 / 137

结构游戏的种类 / 130

139　习题测试

项目四　表演游戏保育指导　　141

任务1　表演游戏前的保育指导 / 141
任务2　表演游戏中的保育指导 / 145
任务3　表演游戏后的保育指导 / 149

表演游戏中的保育指导 / 148

151　习题测试

项目五　沙水游戏保育指导　　152

任务1　沙水游戏前的保育指导 / 152
任务2　沙水游戏中的保育指导 / 156
任务3　沙水游戏后的保育指导 / 161

沙水游戏前的保育指导 / 155

163　习题测试

模块四　幼儿学习活动保育指导　165

PPT 教学课件

项目一　幼儿学习活动导论　167

任务1　幼儿学习活动 / 167
任务2　幼儿学习活动的内容 / 171
任务3　幼儿学习活动保育指导 / 179

181　习题测试

项目二　集体学习活动保育指导　183

任务1　集体学习活动前的保育指导 / 183
任务2　集体学习活动中的保育指导 / 189
任务3　集体学习活动后的保育指导 / 207

沉与浮（中班科学活动前准备） / 185
幼儿园学习活动常用的设备和材料 / 189

209　习题测试

项目三　个别化学习活动保育指导　212

任务1　个别化学习活动前的保育指导 / 212
任务2　个别化学习活动中的保育指导 / 214
任务3　个别化学习活动后的保育指导 / 217

协助教师准备材料、器具 / 213

220　习题测试

主要参考文献　223

模块 一

幼儿生活活动保育指导

项目一 → 幼儿生活活动导论　　项目五 → 饮水保育指导

项目二 → 来园保育指导　　　　项目六 → 进餐保育指导

项目三 → 盥洗保育指导　　　　项目七 → 午睡保育指导

项目四 → 如厕保育指导　　　　项目八 → 离园保育指导

模块导读

　　幼儿生活活动是指在幼儿园中满足幼儿基本生活需求的活动，主要包括幼儿来园、盥洗、如厕、饮水、进餐、午睡、离园等环节。幼儿生活活动贯穿于幼儿在园的一日活动中，其中的每个环节都蕴含着一定的教育价值。保教人员要为幼儿创设良好、宽松、安全的生活环境，重视幼儿同伴之间的相互影响以及保教人员的言传身教，为幼儿提供良好的生活习惯榜样，帮助、支持幼儿不断积累健康的生活经验，发展生活自理、与人交往、自我保护等能力和规则意识，逐步养成健康的生活习惯。保教人员应根据幼儿的年龄特点，科学规范操作，并考虑幼儿不同的生活背景、体质差异等情况，适时、适宜地开展保育指导，做到保教并重，同时帮助、指导家长。

　　本模块主要阐述幼儿生活活动的保育指导，通过案例呈现、理论学习及操作实践等使学生了解幼儿生活活动保育的内容、要求等，帮助学生熟练、规范地开展生活活动保育工作。

学习目标

　　1. 幼儿生活活动保育中能关爱幼儿，尊重幼儿的个体差异。
　　2. 理解幼儿生活活动对幼儿发展的重要作用。
　　3. 掌握幼儿生活活动保育的相关内容。
　　4. 熟练开展幼儿生活活动保育指导。

内容结构

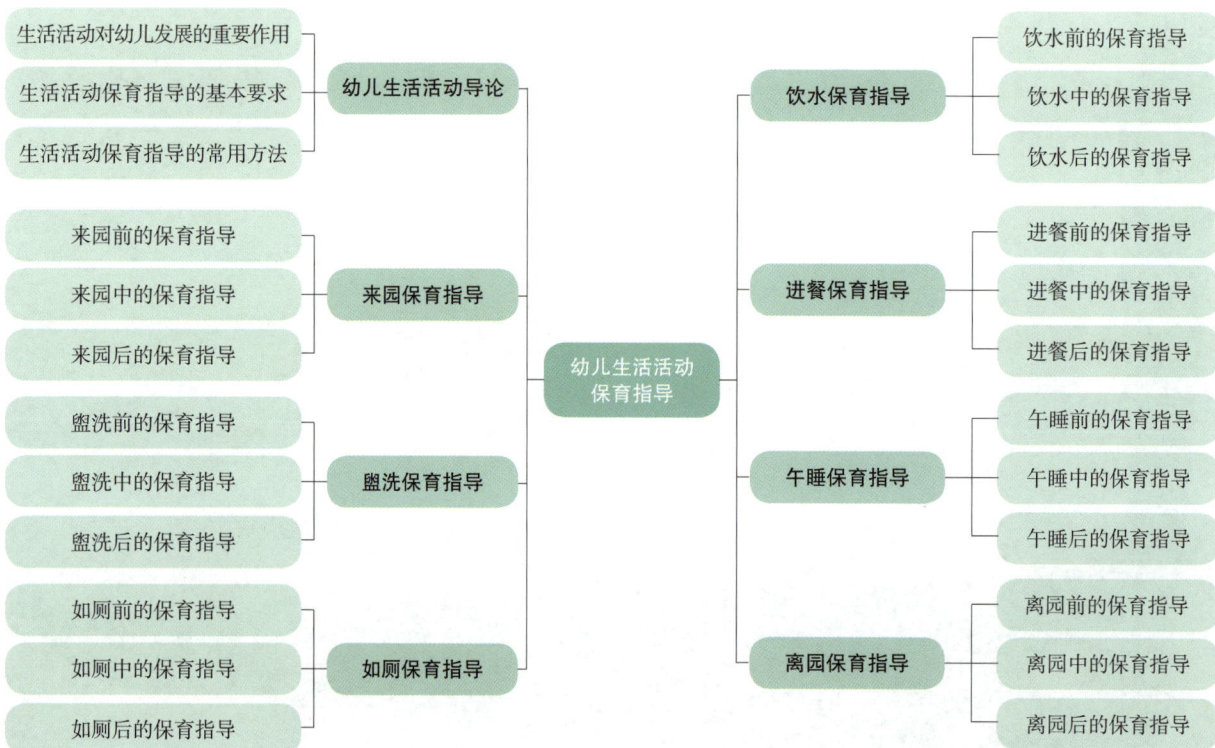

项目一
幼儿生活活动导论

任务要求

1. 了解生活活动对幼儿发展的重要作用。
2. 体会幼儿生活活动对保教人员的基本要求。
3. 掌握幼儿生活活动保育指导的方法。
4. 树立一日生活皆教育的理念。

一、生活活动对幼儿发展的重要作用

幼儿生活活动是指在幼儿园中满足幼儿基本生活需求的重要活动，主要包括幼儿来园、盥洗、如厕、饮水、进餐、午睡、离园等环节（见图1-1-1至图1-1-5）。幼儿生活活动是幼儿在园一日活动中占用时间最多的活动，幼儿年龄越小，生活活动的时间越长，一般会占幼儿一日活动时间的60%左右。生活活动是幼儿养成良好生活习惯和生活能力，获得全面发展的重要途径，也是幼儿园保教工作的重要组成部分。

生活活动贯穿幼儿在园一日活动的始终，它对幼儿的身心发展起着重要作用。科学合理的生活活

图1-1-1 来园

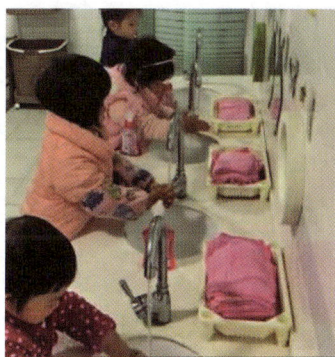
图1-1-2 盥洗

图1-1-3 饮水

图1-1-4 进餐

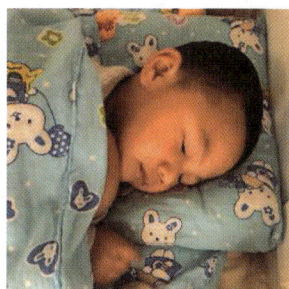
图1-1-5 午睡

动能促进幼儿健康成长，能让幼儿逐步学做力所能及的事（见图 1-1-6、图 1-1-7），养成文明的行为习惯，学会保护、照顾自己，为他人服务，并能适应集体，愉快生活。

图 1-1-6　摆放餐具　　　　　　图 1-1-7　照料自然角

具体来说，生活活动对幼儿发展的重要作用主要体现在以下三个方面。

（一）逐步培养幼儿做力所能及的事

幼儿做力所能及的事包括自我服务和为同伴服务两大方面。通过幼儿园的生活活动，可以培养幼儿自己的事情自己做的能力与习惯，如独立进餐、如厕、穿脱衣服等。通过分发餐具、照料自然角、整理图书和收拾玩具等，可培养幼儿的劳动观念，增强幼儿动手做事、克服困难的能力和信心。同时，幼儿在为他人、集体服务的过程中，也将养成乐于奉献的良好意识。保教人员要引导、支持和鼓励幼儿参与生活规则的建立，满足幼儿受保护的需求和独立的需求，避免过度保护和包办代替。

（二）培养幼儿自我管理能力、安全意识和文明习惯

幼儿时期是形成各种习惯的关键时期，幼儿的可塑性大，文明的行为养成将使幼儿一生受用。根据幼儿生理和心理发展的特点，建立科学的一日生活活动常规，既有利于幼儿形成集体生活秩序，又能满足幼儿个体的合理需求。保教人员要帮助幼儿规律地生活，反复多次，习惯成自然，既培养幼儿的自我管理能力，又使其养成文明的行为习惯，如按时午睡、排队等候等。同时，培养幼儿的安全意识，提高幼儿的自我保护能力。

（三）适应集体、愉快生活培养幼儿积极的生活态度和健康的心理素质

健康的幼儿，不仅仅是指生理方面的健康，而且包括体格、心理和社会适应方面的全面发展。有序的生活活动能帮助幼儿掌握生活所必需的知识、技能并在生活中加以应用，能增强幼儿自理、独立生活的自信心，也为幼儿今后的学习与生活及最终走向独立与成熟做好准备。例如，通过为幼儿创设自由、民主、和谐、愉快的生活环境，培养幼儿良好的心理素质，进而培养幼儿积极的生活态度、良好的情绪情感，以更好地适应集体，拥有一个有意义且快乐的童年。

二、生活活动保育指导的基本要求

（一）保教并重，善于发现教育契机

由于幼儿独立生活能力较差，为保证幼儿的健康、安全和个性全面和谐地发展，保教人员要对幼儿的生活予以全面、细心的照顾，充分利用园内设施为幼儿创造自己动手、自我服务的机会，在必要时给予适当的指导，不要过多干涉与包办代替。生活活动渗透并衔接一日活动中的各个活动，保教人

员要善于发现生活活动中蕴含的教育价值，挖掘生活活动中的教育契机，把握时机，积极引导。在组织幼儿生活活动时，保教人员要把悉心照料与积极培养幼儿独立生活能力相结合，做到保教结合，保中有教、教中有保、保教并重，以促进幼儿的全面发展。如在进餐活动中，除了要让幼儿养成细嚼慢咽、不挑食、不偏食等良好的餐饮习惯和独立进餐的能力，保教人员还可以开展与之相关的活动，如餐前向幼儿介绍今天的食物或让幼儿自己说说菜肴的色、香、味、形和营养，不但可以激起幼儿的食欲，还能帮助幼儿认识各种食物，并能促进幼儿语言表达能力的提高。

（二）尊重幼儿的个体差异

生活活动是一种养成性教育，主要在进餐、睡眠、盥洗等环节中实施。生活活动中保教人员应考虑幼儿生活背景、体质差异等情况，满足幼儿的不同需求，支持幼儿的发展，尊重幼儿的学习方式、能力、情感及发展水平等方面的个体差异，营造民主和谐的心理氛围，以关怀、接纳的态度倾听幼儿的表述，观察幼儿的行为，理解幼儿的想法与感受，进而支持、鼓励幼儿。如在午睡的时间、进餐的习惯等方面，要尊重幼儿的差异，有针对性地提出不同的要求。同时，也要关注并满足智能超常与发展障碍幼儿的特殊需求。

（三）建立合理、科学的生活常规

生活活动贯穿于幼儿在园的一日活动中，保教人员应根据当地和幼儿园的具体情况及幼儿的需求，指导家长，家园一致，合理、科学地制订生活活动常规和不同季节的作息时间（见表1-1-1），帮助幼儿形成动力定型，培养幼儿良好的进餐、睡眠、盥洗和如厕等生活习惯和生活自理能力，从而让幼儿文明、健康、安全、愉快地生活和适应集体。

表1-1-1 某幼儿园作息时间表

时 间	内 容
7:00—7:45	来园，游戏活动，生活活动（盥洗、如厕、早点等）
7:45—8:45	户外运动
8:45—9:15	生活活动（盥洗、如厕、饮水等）
9:15—10:30	学习活动、游戏活动
10:30—12:00	生活活动（盥洗、饮水、如厕、午餐等）
12:00—14:30	生活活动（如厕、午睡、午点等）
14:30—15:30	户外运动
15:30—16:30	游戏活动
16:30	生活活动（盥洗、如厕、饮水等），离园

阅读拓展

动 力 定 型

当内外刺激依一定时间和顺序多次重复后，大脑的兴奋和抑制也按相应顺序固定下来，形成大脑皮质的动力定型，即习惯。动力定型形成后，大脑活动遵循节约原则，使幼儿的学习、游戏、进餐和睡眠等达到自动化的程度，神经细胞在最小的能耗下完成大量的工作，从而保持良好的功能和工作状态。幼儿一切技能和习惯的习得都是动力定型形成的过程。在动力定型形成初期，由于兴奋点的扩散，幼儿可能出现一些多余无效的动作，以致技能和习惯的巩固、完善和自动化都需要一定的时间。幼儿可塑性强，动力定型更容易形成。但对于幼儿已经形成的生活秩序不要轻易改变和破坏，以免因重建动力定型而造成神经细胞的负担过重。

（四）分工合作，整合教育内容

幼儿在园的生活活动是每日具体的、重复的活动，保教人员要善于整合教育内容，进行充分的预设和准备，减少幼儿不必要的等待，避免隐性和显性的时间浪费。生活活动的有序开展是班级保教人员共同的职责，保教人员应明确分工并密切合作。生活活动既要满足幼儿的生理需求，促进幼儿体格和身体机能的发育，也要让幼儿感受到规律、稳定，满足幼儿自我服务的需求。同时，保教人员要确保幼儿生活活动安全，有处理突发事件的应对措施，通过保教结合、保教并重，更好地实现一日生活活动的各项目标。

（五）积极回应幼儿情感需求

幼儿生活能力的获得是一个漫长的过程，需要保教人员能专心，有耐心、恒心和爱心。在指导幼儿生活活动时，保教人员要从幼儿的年龄特征和实际水平出发，运用适宜的指导方法和策略，关注幼儿的情绪反应和情感体验，积极回应幼儿的情感需求，不断地提醒、引导和帮助幼儿。在生活活动中，保教人员与幼儿之间的情感互动，有利于幼儿感受到安全、被尊重和被接纳的心理氛围，有利于激发幼儿与同伴、成人交流情感的愿望，促进幼儿心理的健康发展。

阅读拓展

2008年，上海市颁布了《上海市幼儿园保教质量评价指南（征求意见稿）》，对生活活动的评价内容从安全与保育、行为观察、自我服务和交往机会四个方面进行了评价要点的规定（见表1-1-2）。

表1-1-2 《上海市幼儿园保教质量评价指南（征求意见稿）》（2008）中生活活动内容

评价内容	评价要点	评价标准		
		优秀	良好	合格
生活活动	安全与保育	为幼儿创设安全、卫生、温馨、自主的班级生活环境；环境中有幼儿易于识别的安全、健康、生活等规则提示；能让幼儿自主、有序、愉快地进行进餐、盥洗及睡眠		经常检查和及时消除幼儿生活中的不安全因素，有安全检查制度；卫生设施与措施健全、规范；及时清洁厕所污物，环境无异味；环境色彩协调，符合幼儿特点；注意幼儿睡眠中的安全
	行为观察	能顾及每个幼儿在生活上的不同需求与差异，注意观察一日生活中幼儿的语言、行为、情绪等变化，给予有效的回应；能与家长、其他工作人员及时沟通；对幼儿行为有记录、有分析		能根据天气变化、运动情况和个体需要，及时提醒幼儿穿脱衣服、饮水、擦汗等
	自我服务	充分利用自主盥洗、整理玩具、分发碗筷、照顾自然角等生活实境，让幼儿获得亲身体验，给幼儿练习、锻炼和表现的机会；教师有要求，有指导		保育老师与教师互相配合，不干涉、不替代幼儿的生活；能帮助、指导幼儿形成喝水、用餐、盥洗、穿脱衣服等基本的生活能力
	交往机会	能提供有助于幼儿积累共同生活经验的机会，如分享、协商、沟通、合作；让幼儿学习情感体验与表达，适应集体生活		能在一日生活中实施符合幼儿年龄特点的交往活动，方法合适，让幼儿在与同伴的自然交往中，适应集体生活

2022年2月，教育部颁布了《幼儿园保育教育质量评估指南》，从卫生保健、生活照料和安全防护三个层面对保育给出了考察要点（见表1-1-3）。

表1-1-3　幼儿园保育教育质量评估指南（2022）

重点内容	关键指标	考 察 要 点
A2. 保育与安全	B4. 卫生保健	8. 膳食营养、卫生消毒、疾病预防、健康检查等工作制度和岗位职责健全，并认真抓好落实 9. 科学制定带量食谱，确保幼儿膳食营养均衡，引导幼儿养成良好饮食习惯 10. 教职工具有传染病防控常识，认真落实传染病报告制度，具备快速应对和防控处置能力 11. 按资质要求配备专（兼）职卫生保健人员，认真做好幼儿膳食指导、晨午检和健康观察、疾病预防、幼儿生长发育监测等工作
	B5. 生活照料	12. 帮助幼儿建立合理生活常规，引导幼儿根据需要自主饮水、盥洗、如厕、增减衣物等，养成良好的生活卫生习惯 13. 指导幼儿进行餐前准备、餐后清洁、图画书与玩具整理等自我服务，引导幼儿养成劳动习惯，增强环保意识、集体责任感 14. 制定并实施与幼儿身体发展相适应的体格锻炼计划，保证每天户外活动时间不少于2小时，体育活动时间不少于1小时
	B6. 安全防护	15. 重视有特殊需要的幼儿。尽可能创造条件让幼儿参与班级的各项活动，同时给予必要的照料。根据需要及时与家长沟通，帮助幼儿获得专业的康复指导与治疗 16. 认真落实幼儿园各项安全管理制度和措施，每学期开学前分析研判潜在的安全风险，有针对性地完善安全管理措施 17. 保教人员具有安全保护意识，做好环境、设施设备、玩具材料等方面的日常检查维护，及时消除安全隐患。发生意外时，优先保护幼儿的安全 18. 幼儿园切实把安全教育融入幼儿一日生活，帮助幼儿学习判断环境、设施设备和玩具材料可能出现的安全风险，增强安全防范意识，提高自我保护能力

三、生活活动保育指导的常用方法

保教人员针对幼儿的年龄特点，在幼儿的生活活动中主要采用讲解演示法、榜样激励法、情境体验法、图标提示法、行为游戏法和儿歌辅助法等方法进行保育指导。

（一）讲解演示法

讲解演示法是指在幼儿生活活动中保教人员边讲解操作步骤、方法，边亲身示范、操作实物的一种符合幼儿年龄特点的直观保育指导方法。生活活动中幼儿一些行为的练习、习惯的养成需要保教人员运用生动、形象、明确的语言加以讲解、说明，同时辅以实物直观的演示，以帮助幼儿通过语言的提示，在直观感知的基础上逐步理解、掌握。如教幼儿餐后叠擦嘴巴的餐巾纸（或小毛巾），保教人员可以边念儿歌边拿餐巾纸示范动作："餐巾纸手中拿，擦一次，变成一个长方形，擦两次，变成一个正方形。"同时将餐巾纸的长边对折，对折后用双手抹平擦拭，之后将短边再对折抹平擦拭。幼儿跟随儿歌按照步骤，模仿保教人员的演示，更容易轻松记住并学会叠餐巾纸的动作。运用讲解演示法一定要语言简单、明确和生动，操作步骤清晰，重点突出。

（二）榜样激励法

榜样激励法是指保教人员采用对榜样（包括幼儿同伴、保教人员以及家长等）的良好行为表现给予表扬、肯定和赞赏等方式，让幼儿习得良好行为的保育指导方法。幼儿同伴、保教人员及家长本身就是重要的教育资源，通过同伴之间的相互影响，以及保教人员、家长的言传身教，为幼儿提供良好生活习惯的榜样，可以很好地激励幼儿模仿、学习和养成良好的生活习惯。同时，有研究认为幼儿之间更容易达成默契，更能了解同伴不知、不解、不会的地方，能够用彼此能领会的语言和行为为同伴做出榜样。因此，保教人员要善用榜样激励法，用同伴中榜样的示范行为影响其他幼儿的态度、意识和行为。同时，做好自身日常行为习惯的示范并指导家长做好言传身教。

（三）情境体验法

情境体验法是指在生活活动中保教人员有目的地引入或创设生动、具体的情境，以引起幼儿身临其境的体验，从而帮助幼儿理解并逐步形成正确的生活技能和习惯等。幼儿的能力和习惯形成是日积月累的，并具有反复的特点，生活技能和习惯要强调在做中培养，注重在真实的情境中练习、体验，情境体验法可以让幼儿在真实的情境中发现问题，在内心形成正确的意识和观念，并以此引导自己的行为。譬如，小班进餐活动中，许多幼儿将饭菜洒落在桌面、衣服和地板上。保教人员可以带小班幼儿观摩大班哥哥姐姐进餐，说出看到哥哥姐姐进餐环境的感受。同时，组织小班幼儿清洁自己进餐后的桌椅，激发幼儿的清洁意识和情感，让幼儿逐渐做到进餐的"四净"。

（四）图标提示法

图标是具有一定指示作用的标记、标识。图标提示法是指保教人员为幼儿提供图标，使幼儿能按照图标的提示，依据一定的步骤、次序、方法，逐步独立完成生活技能或养成生活习惯的保育指导方法。针对幼儿的年龄，根据幼儿的认知特点，保教人员可以采用图标提示幼儿生活活动的常规。例如，盥洗室内可以张贴"七步洗手步骤图"，茶杯架前的地面上可以用脚印黏纸提醒幼儿排队等候、不要拥挤。这些图标可以很好地提示幼儿形成正确的生活习惯，掌握正确的生活自理方法。

（五）行为游戏法

行为游戏法是指保教人员创设某种游戏情境，让幼儿以角色游戏的方式进行操作，帮助幼儿将这些行为转化为自身的生活技能和习惯，内化为自身生活方式一部分的保育指导方法。幼儿的生活技能和习惯是需要通过行为的不断练习、巩固而获得的，针对幼儿的年龄和心理发展特点，保教人员不仅可以在幼儿进餐时指导其自主使用餐具进餐，也可以在区角活动中提供一些用纸盒、饮料瓶等制作的大嘴动物或大嘴娃娃等形象，以及小纸球、豆类等材料，使幼儿在给"娃娃"用调羹或筷子喂食的游戏情境中，反复摆弄操作，这样既发展了幼儿的手眼协调能力，也培养了幼儿的自我服务能力。保教人员还可以在角色游戏中为幼儿提供一些扮演角色的服装，如医生的白大褂、超市营业员的背心、妈妈的围裙等，让幼儿在游戏的情境中自然地学习拉拉链、扣纽扣、穿衣服、打蝴蝶结等生活自理技能，在不知不觉中提升生活自理能力。

（六）儿歌辅助法

幼儿喜欢语言简洁、明快生动、朗朗上口、富有韵律感的儿歌、童谣。儿歌辅助法是指保教人员运用儿歌、童谣等载体，让幼儿在吟诵的同时，自然习得生活行为和习惯的保育指导方法。保教人员可以将儿歌、童谣和行为游戏法巧妙融合，让幼儿通过吟诵，在游戏的氛围中自然习得恰当的生活行为，逐渐培养自理、自立的能力。如幼儿可以边吟诵儿歌《洗手》（"排好队，向前走，干什么？去洗手。袖子口，拉一拉；水龙头，开小点；小小手，冲一冲；洗手液，挤一挤；七步法，要记牢，最后别忘甩三下，再用毛巾擦擦手。"），边对应每句儿歌做出相应洗手动作，逐步掌握、巩固正确的洗手方法。

咕噜洗手　　　幼儿生活活动
　　　　　　保育指导方法
　　　　　　案例解析

家 园 共 育

　　1. 家庭是幼儿生活的主要场所，保教人员要尊重家长作为幼儿照料者及影响者的主体地位，以多种形式加强家园沟通，保障幼儿在家中与在幼儿园中的自理行为和生活习惯的一致性；帮助家长理解、体会让幼儿参与劳动和自理生活的重要性，获得家长的支持；同时，学习、吸收家庭教育经验，在园内推广，促进家园之间的交流。

　　2. 保教人员应通过各种途径与家长沟通、交流，反馈幼儿在园生活活动的情况。同时，指导家长既高度重视和满足幼儿受保护、受照顾的需要，又尊重和满足幼儿不断增长的独立要求；重视在家庭日常生活中对幼儿生活自理能力的关注和培养，提供充裕的时间，在幼儿力所能及的范围内锻炼幼儿的生活自理能力，如使用餐具自主进餐、穿脱衣服等，不包办代替，不过度保护，鼓励并指导幼儿进行自我服务。

▶▶ 课后练习

一、是非判断题

1. 生活活动主要包括来园、进餐、饮水、盥洗、如厕、午睡、离园等环节。　　　　　（　　）

2. 生活活动的有序开展只是班级保育老师的职责。　　　　　　　　　　　　　　　（　　）

3. 幼儿年龄越小，需要的睡眠时间越长。　　　　　　　　　　　　　　　　　　　（　　）

4. 幼儿的自理能力和生活习惯培养过程就是促使其形成动力定型的过程。　　　　　（　　）

5. 生活活动的保育指导方法只有讲解演示法。　　　　　　　　　　　　　　　　　（　　）

二、多项选择题

1. 生活活动的重要作用体现在（　　　　）。

　　A. 逐步培养幼儿做力所能及的事

　　B. 培养幼儿自我管理能力、安全意识和文明的行为习惯

　　C. 培养幼儿积极的生活态度和适应集体、愉快生活的健康心理素质

　　D. 促进幼儿健康发展

2. 生活活动中保教人员进行保育指导的基本要求是（　　　　）。

　　A. 保教并重，善于发现教育契机　　　　　　　B. 尊重幼儿的个体差异

　　C. 建立合理、科学的生活常规　　　　　　　　D. 分工合作，整合教育内容

　　E. 积极回应幼儿情感需求

3. 生活活动中保育指导的方法包括（　　　　）。

　　A. 讲解演示法　　　　　B. 榜样激励法　　　　　C. 情境体验法

　　D. 图标提示法　　　　　E. 行为游戏法　　　　　F. 儿歌辅助法

▶▶ 聚焦考证

1.（是非判断题）生活活动中教育工作由教师负责，保育工作由保育员负责。　　　　（　　）

2.（单项选择题）生活活动应当贯彻（　　　　）。

　　A. 以教育为主的原则　　B. 以保育为主的原则　　C. 以教学为主的原则　　D. 保教结合的原则

项目二
来园保育指导

案例导入

思思早上高高兴兴地来到幼儿园，她今天的心情非常好，但很快她就高兴不起来了。因为天气有点炎热，来园不久她便觉得口渴，于是就找保育老师①小田老师说要喝水，但小田老师说，开水刚刚才倒进饮水桶，有点烫。小田老师让她自己拿杯子去接水，放在桌子上等水凉了再喝。思思等了好一会儿才喝到凉了的开水，这让她很不高兴。

请问：小田老师的工作有什么做得不足的吗？

任务要求

1. 创设幼儿来园前良好的环境。
2. 了解幼儿来园前保育工作的内容与要求。
3. 掌握幼儿来园前保育工作的实施。

一、来园前保育工作的任务

来园是幼儿在园一日生活的第一个环节，是幼儿一日活动的开始，这个过程有教师、幼儿、家长三者同时在场，也是家园衔接的第一步。对于幼儿来说，来园活动意味着从家到集体场所（幼儿园）环境的转换，如何让幼儿带着愉快的情绪迎接崭新的一天是重要的保教工作内容。保教人员可以通过为幼儿创设良好的卫生环境，帮助幼儿换上舒适的着装，安排适宜的晨间活动，观察幼儿的身心状态，检查幼儿携带的物品等，帮助幼儿稳定情绪，激发他们的活力，促使他们愉悦地开启幼儿园的一日活动。

（一）创设干净、整洁的卫生环境

保持室内、室外环境清洁、卫生、整洁、舒适，是保证幼儿正常生长发育和健康发展的物质基础，也是做好托幼园所保教工作的重要前提。保教人员应为幼儿的到来做好充分的准备，除了做好幼儿园教室和活动室的通风与清洁工作外，还要为入园接待、晨检、晨间活动等做好准备，为幼儿提供一个良好的、符合卫生要求的环境。

（二）创设愉快、舒适的心理环境

"一日之计在于晨"，保教人员要调整自身状态，保持旺盛的工作热情，以微笑、爱抚、拥抱迎接

---

① 幼儿园中的保育员 / 师。

幼儿的到来，要用幼儿能够接受的语言、语调、语速和幼儿进行交流，让幼儿一到幼儿园就感觉亲切、自然、放松。同时，保教人员的穿着宜舒适、轻便，以便参与幼儿活动；不宜佩戴戒指、发卡等容易伤到幼儿的首饰；不穿奇装异服，不穿高跟鞋，不穿过短的裙子，不染夸张颜色的头发。保教人员的一举手、一投足都会引起幼儿的模仿，因此打扮应该大方、得体，引导幼儿树立良好的审美观。

二、来园前保育工作的内容与要求

（一）上岗准备

微课　来园前保育工作的内容及要求

有些幼儿园会统一工作服，有些幼儿园没有统一的园服，就需要保教人员自己安排合适的服饰。保教人员应绾起长发，不化浓妆，穿好工作服及工作鞋。用流动水、洗手液洗手，做好个人卫生工作。精神饱满，面带微笑，保持良好的情绪和状态。每天做好"四勤四不"，如有身体不适，及时向保健老师报备。

（二）安全检查

保教人员应快速检查班级整体环境是否安全，物品摆放是否合规、有序，地面、门窗是否有异样，如果发现有隐患，必须马上处理，并及时报告有关人员或园领导进行排查处理。还要检查电器插座是否漏电，确认外接电源线板不在幼儿能够触碰到的地方，防止幼儿触电。

（三）开窗通风

在空气质量达标的情况下，保育老师早晨进班首先打开教室、盥洗室、活动室、走廊等地方的窗户，让室外的新鲜空气与室内空气交换，保证空气流通。窗户是推动式的，打开后要使用窗钩固定；窗户是移动式的，要把窗户开到最大（见图1-2-1）。

开窗通风的时间应根据季节和气候的变化适当调整，以达到防寒保暖、防暑降温的效果。一般来说，保证冬季室温不低于18℃，夏季不超过30℃。雾霾天气通风时间5分钟即可，其他天气每天通风至少2次，每次通风时间不应少于30分钟。

图1-2-1　开窗通风

阅读拓展

通风的形式有两种，自然通风和人工通风。自然通风指依靠室外风力造成的风压，以及室内外空气的温差造成的热压，促使空气流动，从而让室内外空气交换。风压和室内外温差越大，气流的速度也越大，通风所需的时间就越少。人工通风指在采用自然通风后室温仍然达到30℃以上时，采用如电扇之类的辅助设备进行通风。不少幼儿园会在盥洗室、走廊等场所安装壁扇，既可用于人工通风，又可用于阴雨天气的除湿。

（四）清洁与消毒

清洁消毒工作主要指保育老师每日对室内外环境与各项物品（地面、桌椅、门窗、玩具柜、杯架、毛巾架）的清洁与消毒。具体来说，包括地面的清洁和物体表面的清洁。

1.地面卫生清洁

每天早晨，先用扫帚清洁地面、走廊、班级门前等区域的地面，再用带有消毒液的拖把拖一遍，接着用清水冲洗拖把，然后用半干半湿的拖把拖干净地面，最后用干拖把拖干地面，要求做到无异味、无污渍。

2. 物体表面清洁

准备各类专用清水抹布和消毒抹布。先用专用抹布在清水中搓洗几下，然后擦拭桌子、椅子、玩具柜、饮水桶、门把手、窗台、窗框、门框、暖气柜、写字台、水龙头、毛巾架、活动室以及卧室的物体表面、大型运动器具的表面、栏杆等一切幼儿能摸到的地方，要求擦拭干净无尘土。

清洁顺序：先用专用抹布在清水中搓洗几下，拧干后擦拭物体表面，然后戴上手套，用专用的消毒抹布在消毒液里搓洗几次，拧至半干半湿的程度，以不滴水为宜，擦拭物体表面进行消毒。擦拭顺序为从上到下，从面、边框、腿到各拐角，尤其要注意死角的清洁。注意擦桌面时，抹布要一擦到底，不要来回擦，做到横擦一遍，竖擦一遍，擦完桌面擦桌子四边。消毒至少20分钟后，用蒸汽毛巾把物体表面残留消毒液擦干净。

三、做好幼儿入园前的准备工作

（一）准备好幼儿生活用品

保育老师要在幼儿来园前准备好物品，包括已消毒的水杯、餐具、毛巾，刺激性小、足量的香皂（或洗手液）、儿童护手霜及卫生纸。

其中，幼儿使用的毛巾应经过蒸箱消毒，取出后整齐地放在盥洗室、教室里的指定位置以及准备带到户外的小筐（或其他容器）里。毛巾应该在小筐里整齐叠放，放在显眼的位置，冬天天气寒冷的情况下，要注意毛巾应有一定的温度。

> **阅读拓展**
>
> **毛巾的清洁与消毒**
>
> 保育老师每天用洗涤剂清洗毛巾，再用流水冲洗干净，毛巾每用一次须清洗一次。洗干净的毛巾疏松地放入待消毒的蒸箱中，水沸腾后再蒸30分钟。发生传染病时，清洗消毒方式同预防性消毒一样，消毒时间翻倍，毛巾消毒后存放于透气的容器内。

（二）准备好幼儿饮用水

幼儿每天来园前，保育老师要清洗饮水桶，每周消毒1～2次，然后将准备好的温开水倒入已清洗好的茶桶内，加盖、上锁并放入茶桶柜。水温要求冬暖夏凉，以水滴落在成人手背不感觉烫手为宜，随时添加水量。

（三）准备晨间活动的材料

保教人员应提前熟悉晨间活动的内容，营造温馨快乐的生活氛围，播放轻松的音乐，并准备相应的材料。为幼儿准备的晨间活动材料要丰富、安全、干净、卫生，并注意要定期更换。幼儿可以自由选择自己喜欢的活动材料，也可以玩自己带来的玩具。

（四）准备收纳容器

保教人员可为幼儿准备一些可爱的容器，放置幼儿带来的小玩具或者幼儿带来和其他幼儿分享的东西。保教人员要教育和引导幼儿不带危险物品和不适当的饰物，如小石头、发卡、别针、玻璃球、小食品等。如果幼儿口袋里有类似上述物品，可以让家长带回，或者引导幼儿将物品放入容器，离园的时候交给来接的家长。

任务 2　来园中的保育指导

案例导入

小明是班内月龄最小的幼儿，他在吃饭、穿脱衣物、洗手、接水等方面都表现得比其他幼儿弱，小明的爸爸妈妈经常担心他在幼儿园的生活情况，来园的时候总是会关心小明在园的生活问题。一天早上，小明的妈妈送小明过来，小英老师就说："小明早，小明妈妈早，有没有告诉妈妈昨天你很棒？自己脱衣服、穿衣服，老师还在其他小朋友面前表扬你了呢！"小明妈妈高兴地说："真的吗？小明会自己穿衣服了！"小英老师说："我们小明今天还要自己穿衣服，对不对？吃饭也要比以往加快速度，好吗？"小明点点头，说："妈妈，再见！"妈妈高兴地离开了。

请评析小英老师在接待小明妈妈时的表现。

任务要求

1. 了解幼儿来园中保育工作的重点。
2. 理解幼儿来园中保育工作的内容与要求。
3. 掌握幼儿来园中保育工作的实施。

一、来园中保育工作的重点

来园活动作为一日生活的开始，是幼儿完成从家转换到幼儿园的过渡活动。家长把幼儿送到幼儿园时，保育老师要配合教师做好接待工作，用积极、正向的情绪迎接每一名幼儿，让幼儿能够舒缓与家长分离时不舍、焦虑甚至伤心的情绪。同时，配合教师开展丰富的来园活动，帮助幼儿以愉悦的心情投入丰富精彩的一日生活中。

二、来园中保育工作的内容与要求

（一）接待幼儿入园

晨间接待是幼儿从家庭进入幼儿园集体生活的过渡环节，成功的接待是一日生活的良好开端，保育老师要提前做好准备，协助教师组织有趣的晨间活动，以调节幼儿的情绪。由于每个幼儿入园时间有差别，因此，晨间接待不宜组织集体活动，需要保教人员分别接待。

1. 热情接待幼儿与家长

晨间接待过程中，保育老师的态度、情绪会对幼儿在园一日生活及家长一日工作产生重要的影响。作为保育老师，每天首先要调整好自己的情绪和心态，以饱满的精神、热情的态度、亲切的话语，用微笑、爱抚、拥抱等方式去迎接每一名入园幼儿，使幼儿感到安全、放松、亲切，把快乐和关爱传达给每名幼儿。尤其是小班的幼儿，保育老师亲切的问候能够缓解他们的入园焦虑，也可以给予家长一定的信赖感，使家长放心地离开去迎接自己的工作。中、大班保育老师可以引导班级幼儿一同参与晨间接待，如请幼儿做礼仪小天使、小小接待员等，和执勤老师一起接待小伙伴们的到来，让每一个来园的幼儿都有一种归属感。

接待中，保教人员还应指导幼儿有礼貌地问候周围的人，要引导他们首先向教师问好，再向其他幼儿的家长问好，然后跟同班的幼儿打招呼，最后与自己的家人道别。

2. 与家长进行简单、必要的沟通

晨间接待时，保教人员要主动向家长了解幼儿在家的情况以及需要教师关心的事宜，及时与家长交换意见，同时要在教育观念和方法上给家长以指导。家长可能会提出各种各样的要求和问题，如某幼儿在家有点咳嗽需要多喝水，某幼儿在家还没有大便需要提醒等，保教人员应在记事本上记录。因为幼儿多，保教人员工作繁杂，有时候难免会疏漏，而家长又特别看重这些事，并以此来评价保教人员的责任心，所以应把家长的问题当面记下来，将家长所嘱托的事情落到实处。

3. 关注所有幼儿，避免疏漏

晨间接待时，切勿只顾与个别家长交流，忽视接待来园的幼儿，疏忽了对幼儿微笑、问好和回应。保育老师与教师要相互配合，相互补位，避免出现视线死角，以保证视线不离开每一名幼儿。

（二）安抚幼儿情绪

来园是幼儿园一日生活的开始，幼儿此时的情绪影响其一天的生活。保教人员有责任、有义务激发幼儿愉悦的情绪，为幼儿美好的一天奠定基础。

保教人员应注意观察幼儿的精神面貌，通过细微的观察发现幼儿的需求。幼儿入园时，保教人员可以主动给予关心和问候，因为保教人员的有效关注，可以有效帮助幼儿在一天中调节自己的情绪。同时，注重引导幼儿主动报告自己身体不适、情绪不安等情况。

阅读拓展

幼儿来园哭闹的解决方法[①]

1. 表扬鼓励法

幼儿来园开始集体生活，情绪焦虑、哭闹是正常现象，教师要关注到幼儿的个体差异，区别对待不同性格特征的幼儿。如对一些性格温柔、胆小、乖巧的幼儿采取表扬鼓励法，用亲切的语气说教师喜欢他们，准备一些小红花、小玩具、小图书、小糖果等奖励他们，这样可以使幼儿安静下来，同时对哭闹的幼儿也能起到一定的榜样示范作用。

2. 事物吸引法

新奇的玩具、热播的动画片、熟悉的音乐、好玩的游戏等，都可以吸引幼儿，缓解、淡化其分离的焦虑和痛苦。也可以允许幼儿从家里带来自己喜欢的玩具，让幼儿园成为家的延伸，以减少幼儿对幼儿园的陌生感。

3. 泰然处之法

美国心理咨询家帕蒂·惠芙乐在其所著的《倾听孩子》一书中写道："要理解孩子对哭的需要。""哭泣是愈合感情创伤的必要过程。"也就是说，对于个别幼儿要理性对待，如有的幼儿在地上边打滚边哭，甚至对自己或教师、同伴进行攻击。帕蒂·惠芙乐认为他们需要"哭"，当什么办法都不管用的时候，不妨试试"泰然处之法"。可以在保证幼儿自身安全的前提下，"理性"地对待，蹲在其身边亲切地注视、耐心地倾听，给幼儿一个抒发缓和的机会，一个与教师进行情感交流的机会。

（三）做好来园活动准备工作

来园活动的组织要科学合理，符合幼儿的兴趣需求。保教人员应在和幼儿的讨论中达成共识，引导幼儿轮流为集体做事情，培养归属感，如晨间签到、给植物浇水等，或者引导幼儿选择喜欢的玩具和游戏进行区域活动等，建立起持续、简单的晨间入园常规。

（四）进行晨检工作

晨检即晨间检查，是幼儿园晨间接待中的重要内容，也是幼儿园的一项重要保健措施。应注意，晨检绝不是一种可有可无的形式，而是一项对幼儿生理、心理健康有着重要意义的工作。

幼儿进入园门时，保健老师会对幼儿进行身体检查，但由于幼儿数量多，保健老师很难对每个幼

---

① 赵继忠，鲁印服，邢莉莉. 幼儿园一日活动指导 [M]. 北京：北京师范大学出版社，2017.

儿做到细致、全面的检查。因此，幼儿进入本班教室前，教师需要对幼儿进行第二次身体检查，同时还要对幼儿随身带来的物品进行检查，以防止幼儿携带危险物品进入幼儿园。

保育老师要协助教师做好来园幼儿的晨检工作。晨检中如发现幼儿身体不适或异常，或发现可疑传染病患儿，应立即将其交由保健老师诊断，或者建议家长及时带幼儿去正规医院诊治。若幼儿带来药物需要服用的，保教人员须提醒家长晨检时在保健室做好服药委托登记，同时要向家长了解幼儿身体情况，认真询问幼儿带药和服药的情况，保健老师按要求给幼儿服药后要注意观察幼儿身体各方面的情况。

（五）指导幼儿摆放衣物和玩具

幼儿来到班级后，保育老师要协助教师引导幼儿将其所带的小书包以及玩具放到自己的书包柜中。如有需要回收的资料、通知等，交给教师或者将其放入指定的回收筐。在冬季，要引导幼儿脱去厚重的外套，换上小背心或者轻便的外套，在桌面上将外套折叠好放入指定的柜子，或者挂在敞开式的衣架上。

任务3　来园后的保育指导

案例导入

今天想想来园后依然没有跟冯老师问好，于是冯老师走过去，说："想想，早上好！"他看了看冯老师，没有回应就走进了盥洗室。于是冯老师跟他进了盥洗室，继续说："想想，早上好！"他仍然没有回应。接着，冯老师蹲下来，说："想想为什么不理冯老师啊？老师特别喜欢想想，我也相信想想是个懂礼貌的好孩子。"冯老师又一次说："想想早上好！"这一次，想想大声地说："冯老师，早上好！"从此以后，每次想想来园，冯老师都主动跟他问好，他也快乐地回应教师，慢慢地，想想来园能主动跟教师问好了。[①]

请评析冯老师的做法。

任务要求

1. 了解幼儿来园后保育工作的重点。
2. 理解幼儿来园后保育工作的内容与要求。
3. 掌握幼儿来园后保育工作的实施。

一、来园后保育工作的重点

幼儿来园后，保教人员的工作重点从晨间接待、安抚幼儿不安情绪转向引导幼儿积极加入丰富精彩的一日活动。同时，注意培养幼儿文明礼貌的行为及物归原处的好习惯，进而愉快地生活。

二、来园后保育工作的内容与要求

（一）组织晨间活动

幼儿园晨间活动的安排不尽相同，各有特色。晨间活动的组织可以根据幼儿的年龄特点以及晨间

---

① 北京师范大学实验幼儿园.保育员工作指南[M].北京：北京师范大学出版社，2012.

活动时间的长短来安排。例如，小班8：20进班以后，到9：00教学活动之间有半个多小时的时间，保育老师可以协助教师组织幼儿玩角色游戏、桌面游戏、建构游戏（见图1-2-2）或美工游戏等；大班幼儿8：00进班级后，8：15开始户外活动（见图1-2-3），可以让幼儿玩一些自主游戏，如照料自然角、玩自己带的玩具、看图书等。

图1-2-2　建构游戏

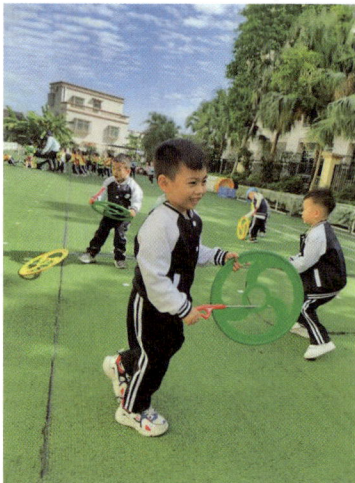

图1-2-3　户外活动

阅读拓展

表 1-2-1　幼儿可以和应该做的 [①]

3～4岁	4～5岁	5～6岁
1. 学会将个人物品摆放在指定位置 2. 在教师的指导下尝试整理教室环境、照顾动植物等 3. 跟随教师参加晨练活动 4. 尝试参与值日生工作	1. 能将个人物品摆放在指定位置 2. 主动参与整理教室环境、照顾动植物等工作 3. 在教师的指导下到相应的场地参加晨练活动	1. 将个人物品在指定位置摆放得整齐有序 2. 积极做好整理教室、照顾动植物等工作 3. 根据教师的要求，自主到相应场地参加晨练活动

图1-2-4　为植物浇水

（二）指导幼儿进行自我服务

幼儿进班以后，要先指导幼儿认真、有序地做一些力所能及的事情，如将自己的衣物叠放整齐、搬椅子、盥洗、喝水等。对于能力比较弱的幼儿，保教人员需要示范指导，把衣服平摊在桌子上，然后把衣架的两边伸进衣袖里面。如果是拉链衫的话，要把拉链拉上，如果是纽扣衫，要把纽扣扣好，在这个过程中，可以让幼儿边看边动手做一些辅助工作。对中、大班幼儿，可指导他们做些自我服务性劳动，培养幼儿从小热爱劳动的好习惯，如擦擦小椅子；或者引导幼儿担任值日生工作，比如照顾植物角，给植物浇水、剪掉黄叶、做好简单的观察记录等（见图1-2-4）。小班幼儿可以观察保教人员浇水，或者在保教人员指导下拔草，以保教人员为主，幼儿跟着做、

---

① 　吕颖. 幼儿园一日生活实施指引 [M]. 北京：北京师范大学出版社，2015.

学着做。

（三）做好全班幼儿出勤统计工作

晨间接待结束时保育老师要清点人数，做好出勤记录。根据幼儿的出勤情况，及时向教师报告缺勤幼儿情况，以便教师与未到园幼儿的家长取得联系，了解原因。有校车接送幼儿的幼儿园，保育老师要亲自迎接乘车幼儿进班，及时清点人数，履行交接手续。交接内容应包括应到、实到人数，未到人数及原因，幼儿带药情况及其他需注意的问题等。

（四）沟通体弱幼儿情况

保育老师要关注幼儿来园以后各方面的表现，对于一些精神不佳、情绪低落、食欲不振的幼儿，应主动向家长和幼儿了解情况，做好开导工作并汇总记录，及时向带班教师汇报情况，配合带班教师做好体弱儿的照护工作。如询问体弱儿早上的进餐情况，引导体弱儿在早点的时候吃完自己的一份小点心和牛奶，适当的时候可以加一点猪肝或者半个鸡蛋，关注幼儿早点的用餐情况，及时和教师、家长做好沟通。

阅读拓展

晨 检 内 容

一摸：
- 摸额头。用手轻摸幼儿的额头，检查幼儿是否发热。
- 摸两腮。检查幼儿是否腮腺肿大，扁桃体是否发炎。

二看：
- 观察幼儿的双手。看其指甲是否太长，皮肤是否有红点，以排查出疹性皮肤病、手足口病等症状。
- 观察幼儿的口腔。看上下唇、牙龈有无红点、脓疹等症状。
- 观察幼儿的舌头。看舌头上有无红点，舌苔是否太重。
- 观察幼儿的咽。让幼儿张大嘴，用压舌板压舌，检查幼儿的咽部有无红肿。
- 观察幼儿的眼睛及面色。观察幼儿面色是否正常；观察幼儿的眼睛，看是否患有结膜炎；观察幼儿的精神状态是否良好。

三问：
- 向家长询问，幼儿在家里的情况，包括饮食、睡眠、大小便等情况。
- 向幼儿询问，身体是否有不舒服，情绪是否良好。

四查：
- 检查幼儿的口袋，看有无携带不安全的物品或食品，若有的话，要将幼儿带来的物件暂时存放起来。

五记：
- 带药的幼儿家长认真填写《幼儿服药委托书》，对有外伤幼儿进行详细登记并让家长签字。

·家 园 共 育·

为了保证幼儿服药的安全，建议家长进行书面的委托，填写登记服药委托书，防止口头的交代导致忘记喂药或者喂错药、用错量等。家长需填写清楚服药日期、班级、幼儿姓名、药物名称、每次用量等。

1. 电子委托书。幼儿园可以设计"服药委托书"，放在班级群里，家长可以根据需要自行下载，填写幼儿服药的具体要求，上传医生处方。

2. 纸质委托书。家长可以在家里填好纸质委托书，和药品一起装在小袋子中，晨检时连同医生的处方一同交给保健老师。

▶▶ 课后练习

一、单项选择题

1. 对幼儿园的物品表面用消毒水进行擦拭后，至少要等待（　　）分钟，才能用蒸汽毛巾把物体表面残留消毒液擦干净。

   A. 5　　　　　　　　B. 10　　　　　　　　C. 15　　　　　　　　D. 20

2. 除雾霾天气外，幼儿园班级每天通风至少（　　）次。

   A. 1　　　　　　　　B. 2　　　　　　　　C. 3　　　　　　　　D. 4

3. 保育老师每天早上可指导（　　）幼儿做些自我服务性劳动。

   A. 小班　　　　　　B. 小、中班　　　　C. 中、大班　　　　D. 小、中、大班

4. 幼儿每天入园时，保健老师都要进行晨检，了解每个幼儿的健康状况，检查有无携带（　　）。

   A. 玩具　　　　　　B. 图书　　　　　　C. 不安全物品　　　　D. 书包

5. 以下物品，不可以用消毒液进行消毒的是（　　）。

   A. 地面　　　　　　B. 玩具　　　　　　C. 椅子　　　　　　D. 饮水桶

二、是非判断题

1. 幼儿进班前，保育老师要做好环境卫生，开窗通风，检查安全及其他各项准备工作。　（　　）

2. 保教人员可以化浓妆，可以穿高跟鞋。　（　　）

3. 通风的形式有两种，自然通风和人工通风。　（　　）

4. 保育老师每天早上要清洗茶水桶，备好消毒好的杯子，根据气候和活动量等情况
   准备好足量的温开水。　（　　）

5. 每天早晨用抹布擦拭活动室门窗、物体表面的积灰，就是对环境做消毒工作。　（　　）

▶▶ 聚焦考证

1. 模拟来园前对桌面进行清洁消毒的规范操作。

2. 阐述来园中保育工作的主要内容。

项目三

盥洗保育指导

任务 1 盥洗前的保育指导

案例导入

　　幼儿园的洗手间里突然传来贝贝大哭的声音，保育老师罗老师慌忙跑进洗手间，只见贝贝摔倒在地，罗老师连忙把贝贝扶了起来。罗老师看了一下，是地面的积水导致贝贝脚滑摔倒。

　　请评析案例中罗老师的做法是否妥当？

任务要求

　　1.了解盥洗的重要性。

　　2.能按照要求，保持盥洗室的干爽整洁。

　　3.掌握盥洗前的各项保育工作。

一、盥洗的重要性

　　盥洗是幼儿园卫生保健的基本工作，也是幼儿一日生活中重要的过渡性生活活动。目前，勤洗手、讲卫生成为全国人民的共识，良好的卫生习惯能让幼儿受益终身。幼儿园中盥洗的内容主要包括洗手、洗脸、刷牙、漱口、洗澡、洗脚、梳头和剪指甲等，其中，洗手、漱口最为常见，因此本项目重点从这两个方面展开。具体来说，盥洗有以下三个方面的作用：

　　盥洗能保持幼儿双手和皮肤干净，有助于阻断病毒的传播，预防传染病的交叉感染，提高幼儿免疫力，促进其健康成长；盥洗能提高幼儿的自我服务意识，有利于培养幼儿受益终生的良好习惯；盥洗环节蕴含丰富的教育机会，保教人员可对幼儿进行谦让意识、规则意识等方面的教育，为幼儿适应社会打下基础。

二、盥洗室的基本要求

（一）盥洗室的卫生管理

　　盥洗室应做到洁净、无味、无蝇且安全（见图1-3-1）。保教人员要及时检查盥洗室中是否存在危害幼儿健康的因素，如容易让幼儿滑倒的水渍、未安全放置的消毒液等。

图1-3-1　盥洗室的管理

（二）盥洗室的消毒管理

保育老师每日须利用化学消毒法，在盥洗室不同位置（如地面、水龙头、厕所等）使用调配比例适当的消毒液进行消毒，具体消毒要求如下。

（1）对盥洗室的地面，应每日清洁之后用1∶300的消毒液进行消毒。

（2）对于盥洗室的场地，应每天下班后用紫外线消毒一小时，消毒完毕之后告知值班教师或者门卫负责开窗通风。

（3）对于卫生清洁用品，如拖把、抹布等保洁工具，每日午睡前或者下班后用1∶100的消毒液浸泡10～15分钟，消毒后进行专门整理和保管。

三、盥洗前的保育指导

（一）盥洗前的安全检查

幼儿盥洗前，保教人员须检查盥洗室是否有积水、是否干净、是否无异味，同时检查并排除盥洗室中可能存在的危险因素，以确保盥洗室保持干净、整洁且安全。

（二）盥洗前的准备

1. 洗手前的准备

（1）开窗通风，清洁污物，冲洗便池，用干净的抹布擦干净水池、墙壁、灯、镜子和地面。

（2）摆放好消毒的毛巾，毛巾的数量要大于幼儿的数量。

（3）准备好卫生纸、洗手液或香皂。

（4）按幼儿园盥洗室水龙头的数量给幼儿分组，组织每组幼儿有序进入盥洗室（见图1-3-2）。

（5）在盥洗室洗手台处张贴洗手步骤图，图片的位置应与幼儿视线高度一致。在中、大班的洗手台处，可在张贴洗手步骤图的同时配上简单的文字说明（见图1-3-3）。

图1-3-2　保育老师组织幼儿盥洗

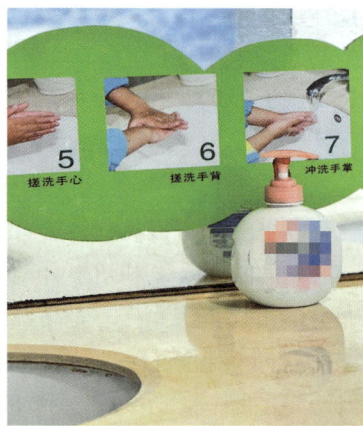

图1-3-3　洗手步骤图

2. 漱口前的准备

（1）为每名幼儿准备消毒完毕的漱口杯。

（2）为避免刚练习漱口的幼儿吞下漱口水，尤其是小班幼儿，应准备温开水或纯净水。

（3）准备好消毒好的毛巾，用于幼儿漱完口擦嘴。

（三）盥洗前的幼儿指导

（1）引导并协助幼儿卷起衣袖。

（2）引导幼儿在协助下或者独立拧开水龙头。

（四）保教合作

（1）保育老师与教师进行有效沟通，减少分组洗手时幼儿的无效等待，配合教师做好等待时间的活动。

（2）了解盥洗前活动的内容，检查幼儿的双手是否在活动时受伤，避免受伤的幼儿伤口感染；检查幼儿漱口时嘴中是否还有食物未吞下，避免幼儿含着食物漱口。

（3）保教人员通力合作，关注全体幼儿，特别是特殊幼儿，必要的时候及时提供帮助。

任务 2　　盥洗中的保育指导

案例导入

浩浩在漱口的时候，将正确的漱口方式变成了"花式"漱口：他将漱口水对着洗手盆上的镜子直接喷洒，喷到了镜子上、毛巾上，甚至喷到了同伴衣服上。其他幼儿见到，也觉得这样喷水太有趣了，互相喷漱口水，喷得到处都是，使整个盥洗室都变得脏兮兮的。

如果你是保育老师，你该怎么办？

任务要求

1. 了解盥洗过程中的安全隐患。
2. 明确盥洗活动中保育工作的操作规范。
3. 能够指导不同年龄段幼儿洗手和漱口。

一、安全隐患排查

幼儿在盥洗中可能存在一些安全隐患，保教人员要注意排查、调查，使幼儿能够安全盥洗。

（1）在盥洗过程中，幼儿分布在活动室、盥洗室等不同区域，如果保教人员站立的位置不合适，视野受限制，又未能与其他同事有效配合，可能会出现幼儿脱离保教人员视野的情况，发生不可预知的危险。

（2）盥洗室空间较为狭窄，很难供全部幼儿同时使用，因此幼儿需要轮流使用。但如果组织不当，容易发生推挤、打闹的现象。

（3）喜欢玩水是幼儿的天性，有的幼儿常常一边盥洗一边玩水，特别是小班幼儿，会因控制不好水龙头而将水溅在地上、墙上和自己的衣服上。地面有积水，会使幼儿走动时容易滑倒或者磕伤。

（4）冬季有些幼儿园的水龙头会先出一会儿凉水再出热水，如水温未经调控，洗手时容易烫伤幼儿。

（5）一日生活中，多数幼儿如厕、洗手等是根据自己的需求进行的，而单独如厕也可能存在安全隐患。

二、盥洗中的操作规范

（一）洗手的操作规范

（1）洗手掌，流水湿润双手，涂抹洗手液，掌心相对，手指并拢相互揉搓。

（2）洗背侧指缝，手心对手背沿指缝相互揉搓，双手交换进行。

（3）洗掌侧指缝，掌心相对，双手交叉沿指缝相互揉搓。

（4）洗指背，弯曲各手指关节，半握拳把指背放在另一手掌心旋转揉搓。

（5）洗指尖，弯曲各手指关节，把指尖合拢在另一手掌心旋转揉搓，双手交换进行。

（6）洗拇指，一手握另一手大拇指旋转揉搓，双手交换进行。

（7）洗手腕、手臂，揉搓手腕、手臂，双手交换进行。

（二）漱口的操作规范

（1）卷起袖子。

（2）拧开水龙头，在杯中装入适量的水。

（3）喝一口水，并发出"咕噜咕噜"的声音。

（4）对准漱口桶或水池，吐出口中的脏水。

三、不同年龄段幼儿的指导方法

（一）洗手

1. 小班幼儿的指导方法

对于小班及更小的婴幼儿，保教人员应以帮助为主，针对每一个盥洗内容要反复指导幼儿练习，切勿认为幼儿洗不干净而包办代替，应注意借助盥洗增强幼儿的自我服务意识和独立自主意识。盥洗时保教人员要协助幼儿挽袖子，认真示范、指导洗手的各个环节，并可通过儿歌等提示、帮助幼儿。

2. 中班幼儿的指导方法

对于中班阶段的幼儿，简单的盥洗环节让幼儿独立完成，有困难的环节（如洗手背、手指缝、洗手腕等）由保教人员协助完成；注意个别指导，对待不同的幼儿要用不同的指导方法，在幼儿敷衍了事的时候及时纠正，持之以恒地指导和训练，才能获得良好的效果。

在中班洗手环节中，指导幼儿洗手可分为以下三步。

（1）指导幼儿将袖口挽起，拧开水龙头。

（2）将七步洗手法编成儿歌，边示范洗手步骤边和幼儿共同念儿歌：

自来水，清又清，洗洗小手，讲卫生。

饭前便后要洗手，细菌不会跟着走。

一、手心相对搓一搓，

二、手心手背蹭一蹭，

三、手指中缝相交叉，

四、握成拳搓一搓，

五、拇指拇指别忘掉，

六、指尖指尖揉一揉，

七、手腕手腕转一转，

做个清洁好宝宝。

（3）关上水龙头，用消毒过的毛巾擦干净双手。

3. 大班幼儿的指导方法

对于大班阶段的幼儿，保教人员应侧重困难环节的个别指导，以及对幼儿的盥洗进行监督和检查，确保幼儿熟练掌握盥洗的技能，形成自觉盥洗、自我服务、不依赖他人的良好盥洗习惯。

（二）漱口

1. 小班幼儿的指导方法

小班幼儿要在保教人员的指导下，拿取消毒过的漱口杯，自行去饮水机倒半杯水，将水含入口中，"咕噜、咕噜、咕噜"三下。允许小班幼儿在无法吐出水的情况下，吞下漱口水，或者在集体教学活动中以示范的方式教幼儿正确漱口，讲述漱口时的规范方式及注意事项。

2. 中班幼儿的指导方法

中班幼儿可以在保教人员的指导下将温水含在嘴巴里"咕噜"三次，并把水吐出来。保教人员可以根据幼儿能力发展的不同，适当分组来指导幼儿正确漱口，并及时有效地帮助幼儿改正错误的漱口方法，教育幼儿养成良好的漱口习惯。

3. 大班幼儿的指导方法

大班幼儿由于个体差异较大，行为能力发展有先后，保教人员应采用个别指导的方法来帮助其更快、更好地发展。整体来说，大部分幼儿应可以在保教人员的提醒下，在饭后漱口环节主动完成漱口、"咕噜"、吐水等一系列动作，并自觉坚持饭后漱口。

四、保教合作

除了在盥洗活动中进行保育指导，也要结合教育教学活动，合力提升幼儿的盥洗能力，助其养成良好的盥洗习惯。

（1）在健康活动中让幼儿了解洗手和漱口等盥洗活动的重要性。

（2）通过绘本故事、小游戏、PPT演示等多种方法，在各种活动中渗透正确洗手和漱口的方法。

（3）保育老师与幼儿教师配合，培养幼儿饭前便后、活动前后洗手的习惯，并允许幼儿有需求随时洗手；同时，帮助幼儿养成进食之后坚持漱口的习惯。

阅读拓展

幼儿洗脸的五步骤

幼儿的皮肤非常娇嫩，如何洗脸才能保护好幼儿的皮肤呢？保教人员可以遵循以下五个步骤。

1. 用幼儿专用的小脸盆装好凉开水或温水，放入小方巾或者清洁纱布。

2. 保教人员固定幼儿的头部，将浸湿的毛巾拧干，洗眼睛要从内向外，由眼睛内侧开始擦拭，洗好一只眼睛更换一次毛巾，用同样方法洗另一只。

3. 用湿毛巾擦洗幼儿的耳朵外部以及耳后，然后用干毛巾拭擦，清洁时不要让水滴入耳道。

4. 用消毒面巾沾温水，将堵塞在幼儿鼻腔的鼻涕拭出，有利于呼吸顺畅。

5. 最后用干净的湿毛巾擦洗幼儿的额头、两颊、口与鼻周围、下颌以及颈部前后。

任务3　盥洗后的保育指导

案例导入

每周一保教人员都会发现，一些幼儿洗手和漱口的态度不够端正，经常敷衍了事。经过家访和观察了解，幼儿回家之后，家长没有和幼儿园步调一致地指导幼儿在家洗手和饭后漱口，导致很多幼儿周末放假之后就不按照要求进行盥洗。

如果你是保育老师，你该如何解决？

任务要求

1. 了解盥洗后盥洗室的清洁和消毒工作。
2. 能够在幼儿一日生活中做到保育与教育结合。
3. 掌握家园共育的有效方法，共育幼儿良好的盥洗习惯。

一、盥洗后的消毒与整理

幼儿盥洗后，保教人员应对盥洗室进行消毒，具体操作如下。

（1）清洁便池。用漂白粉对便池进行浸泡、刷洗，池底、拐角和下水道10厘米处应重点洗刷，做到无尿渍、无臭味。

（2）清洁水池。用消毒粉或者洗涤剂擦拭水池，清除水池中的油污、水渍，做到水池光滑，无毛发、饭粒、菜渣，无异味。

（3）清洁地面。扫净地面，倒干净纸篓，用水冲洗后再用干拖把擦地两三次，直至地面无积水、无污渍，干净明亮。

（4）擦拭镜子。用半干的抹布擦拭镜子两三次，做到无擦痕、无水渍，干净明亮。

（5）准备卫生纸。将卫生纸放在幼儿容易拿到的地方。

（6）准备香皂和洗手液。应在两个水龙头中间放置香皂和洗手液，方便幼儿拿取。

（7）挂好毛巾。将消毒好的毛巾摆放整齐，毛巾数量多于幼儿数量。

二、盥洗后的保育指导

（一）盥洗后的安全

《幼儿园教育指导纲要（试行）》（以下简称《纲要》）中指出，幼儿园必须把保护幼儿的生命和促进幼儿的健康放在工作的首位。因此，盥洗室的清洁与消毒尤其重要。幼儿盥洗后，保育老师要对盥洗室的地面、水龙头、洗手池、毛巾架等盥洗区域进行清洁、消毒；对盥洗后的用具进行晾晒和消毒；将盥洗室的窗户打开通风。及时排查、总结幼儿在盥洗过程中存在的一些问题，并通过体验式教育引导幼儿养成良好的盥洗习惯。

（二）盥洗后的操作规范

（1）盥洗完成后，提醒幼儿卷下袖子。

（2）引导幼儿用消毒过的毛巾擦干净双手的水。

（3）引导幼儿有序离开盥洗室，进行下一个活动。

（4）有针对性地对能够及时盥洗、主动盥洗的幼儿进行表扬。

（5）做好档案记录，并根据记录情况调整教育策略，以促使幼儿养成主动、正确盥洗的习惯。

（三）盥洗后的幼儿指导

幼儿盥洗后，保教人员应引导幼儿及时离开盥洗室。同时，针对幼儿盥洗中存在的问题，保教人员可通过手把手的指导、示范、念儿歌、提醒等方式，引导幼儿掌握正确的盥洗方法。比如，教师发现幼儿洗手动作不到位时，可通过提问"你的小螃蟹有没有爬一爬呀""你的小猴子爬大山了吗"等予以提醒。

保教人员要引导幼儿洗手后使用个人专用毛巾或一次性纸巾擦手，并做到把小手擦干，因为潮湿的皮肤比起干燥的皮肤更易传播病毒和细菌。保教人员可以用"擦手就把小花开"之类的语言来增加幼儿对用毛巾擦手的兴趣。

（四）保教合作

（1）为了让幼儿养成主动洗手和漱口的行为习惯，可组织相关活动来帮助幼儿了解病菌、病毒等概念，以及疾病产生的原因等。

（2）可以通过体验式参与教育、视频播放、游戏引导等方式，促进幼儿明确洗手、漱口等盥洗内容的重要性，从而逐渐养成良好的卫生习惯。

（3）在健康活动、绘本阅读等环节中渗透洗手和保护牙齿的小知识，如，与幼儿共同阅读《细菌大作战》《鳄鱼怕怕，牙医怕怕》等绘本故事，将保育与教育相互渗透，合力达成良好的保教效果。

（五）家园共育

幼儿在幼儿园中形成的良好卫生习惯，应在家庭中继续巩固。比如洗手，家长在家中也应让幼儿做到正确地洗手和勤洗手。从幼儿园回到家中，幼儿可能会通过触摸家人的脸、眼睛、鼻子等身体部位，把手上的病菌传染给家人。因此，幼儿回家后第一件事情就是要脱掉外衣、鞋子并及时洗手。当幼儿洗手时，家长最好能够在一旁观察，确保幼儿使用肥皂、洗手液等清洁用品。家长要在日常生活中对幼儿起榜样和示范作用，家长的观念和行为会潜移默化地影响幼儿，因此，家长若能做到勤洗手、饭后漱口等，幼儿就会看在眼里、记在心上，再加上家长循循善诱，耐心指导与帮助，及时肯定与表扬，自然会对幼儿良好卫生习惯的养成产生积极影响。

除了家长的积极配合，保教人员还要发挥幼儿身边重要他人的作用。可以请幼儿采访家人以及托幼机构的厨师、医生、护士、清洁工等，问问他们是否经常洗手以及是如何洗手的。对于年龄大一些的幼儿，如大班幼儿，可以组织他们到超市了解各种各样的洗手用品，如香皂、常规洗手液、免洗洗手液等，比较它们的功能有何不同。

🎯 阅读拓展

幼儿龋齿预防小妙招

龋齿是幼儿时期常见的口腔疾病。乳牙龋齿对幼儿的生长发育会造成严重危害，所以要做好幼儿口腔保健工作。保护好幼儿的乳牙，预防龋齿应注意以下四个方面。

1. 养成良好的饮食习惯

多吃富含蛋白质和钙的食物，少吃甜食，有助于乳牙坚固。

2. 养成良好的口腔卫生习惯

从小培养幼儿饭后漱口、早晚刷牙的习惯，并教给他们正确的刷牙方法。

3. 定期进行口腔检查

每半年进行一次口腔检查，做到早发现、早治疗。

4. 发挥家长的教育监督作用

幼儿龋齿的形成是一个缓慢渐进的过程，幼儿的自控能力差，养成良好的口腔卫生习惯离不开家长的教育和监督。所以在日常生活中，家长应重视幼儿口腔保健工作，做到预防为主，防治结合。

活动视频

我爱刷牙

课后练习

习题测试

一、单项选择题

1. 洗手前幼儿应先（　　　），以防洗湿袖子。
   A. 卷衣袖　　　　　　　　B. 抹肥皂　　　　　　　　C. 拧水龙头　　　　　　　D. 用干毛巾擦

2. 幼儿学习漱口的年龄为（　　　）。
   A. 1 岁　　　　　　　　　B. 2 岁　　　　　　　　　C. 3 岁　　　　　　　　　D. 4 岁

3. 成人应该提醒幼儿在（　　　）洗手。
   A. 外出归来　　　　　　　B. 玩玩具时　　　　　　　C. 看书后　　　　　　　　D. 穿衣后

4. 指导幼儿拧水龙头应（　　　）。
   A. 水流要大　　　　　　　B. 水流不能太大　　　　　C. 不关水龙头　　　　　　D. 水流要小

5. 在指导小班幼儿漱口的时候可以做到（　　　）。
   A. 允许小班幼儿在无法吐出水的情况下，吞下漱口水
   B. 不允许幼儿吞下漱口水
   C. 一定要求幼儿发出"咕噜咕噜"的声音
   D. 可以边漱口边玩水

二、是非判断题

1. 保育老师应该保证幼儿快速洗手，帮助每个幼儿卷袖子。　　　　　　　　　　（　　　）
2. 龋齿是幼儿时期不常见的口腔问题。　　　　　　　　　　　　　　　　　　　（　　　）
3. 幼儿刷牙的时间应该控制在3分钟以内。　　　　　　　　　　　　　　　　　（　　　）
4. 为了帮助幼儿养成良好的饭后漱口的习惯，教师可以设计丰富多样的环境来提醒幼儿。（　　　）
5. 保育老师认为小班幼儿洗手洗不干净，可以每次帮助幼儿洗手。　　　　　　　（　　　）

聚焦考证

请准备一首有动作的洗手儿歌，并进行表演。

项目四
如厕保育指导

任务 1　如厕前的保育指导

案例导入

小便时，悦悦裤子脱了一半就横跨小便槽，小脚踩在了便槽里，整个身体随之摔倒在了小便槽里。从那次受到惊吓以后，悦悦再也不敢独自上厕所了。

如果你是保育老师，会如何避免幼儿如厕时发生类似意外情况？

任务要求

1. 科学指导幼儿大小便。
2. 营造良好的如厕环境。
3. 明确幼儿如厕前的各项保育工作。

一、如厕的重要意义

如厕，即大小二便，是幼儿一日生活中非常重要的一环，可以体现幼儿最基本的卫生习惯。关注幼儿如厕能力的发展，对幼儿的生理健康、排泄习惯、生活自理能力以及性保护能力的培养有重要影响。《3～6岁儿童学习与发展指南》（以下简称《指南》）中对于幼儿生活习惯和生活能力做出了明确的培养要求，在幼儿的日常生活中，要培养幼儿良好的卫生和生活习惯，让幼儿学会基本的生活自理能力和良好的文明礼仪习惯。因此，保教人员要肩负起科学指导幼儿大小二便的责任，并要联合家庭，加强对幼儿如厕能力的培养。

在幼儿园的如厕环节中，保教人员既要满足幼儿受保护的需求，也要尊重幼儿自理能力发展的特点，避免过度保护或照顾幼儿，应积极鼓励幼儿养成自理和自立的良好习惯。

二、常见的幼儿如厕问题

如厕是日常生活中必不可少的一种行为，对于成人而言习以为常，但是对于幼儿来说并不容易。尤其是初入幼儿园的小班幼儿，让他们自己找到厕所、拉开裤子、蹲下如厕，顺利完成这一系列动作几乎不太可能。很多幼儿入园一个多星期后都不能适应在公共环境中如厕，因此，如厕已经成为他们难以逾越的"鸿沟"，直接影响他们在园的生活与学习。幼儿在如厕时常出现以下问题。

（一）如厕能力太差

很多幼儿在家中过着饭来张口、衣来伸手的生活，在如厕的过程中，往往是家长在一旁协助。久而久之，幼儿的动手能力变得非常差，甚至连提裤子、脱裤子这种最基本的事情都很难独立完成。因此，很多幼儿在如厕的过程中不能顺利整理衣服，屁股擦得也不干净。尤其是在秋冬季节，更是难以独立如厕，还常常尿裤子。

（二）缺乏基本的安全意识

很多幼儿缺乏基本的安全意识，容易忽略如厕过程中的一些危险因素。卫生间的地面比较湿滑，但幼儿往往意识不到其中的潜在危险，还常常把水弄得满地都是。如有的幼儿如厕后，在洗手的过程中把水洒到地上，还有的幼儿边洗手边玩水，弄得满地都是水，这就给自己以及其他幼儿的如厕埋下很大的安全隐患。

（三）如厕时间过长

厕所的空气流通性相对较差，在这种环境下，细菌极易滋生。因此，幼儿在如厕过程中应该快进快出，及时洗手，这样才能最大限度地保障安全和卫生。然而，有很多幼儿如厕时非常散漫，在如厕过程中也不忘玩耍，还会跟其他幼儿逗趣说笑，注意力不集中，如厕时间过长。这不仅会影响幼儿专注力的培养，还会对其健康成长产生不利影响。

（四）有憋尿的不良习惯

憋尿对幼儿的泌尿系统、神经系统等会造成损伤，影响幼儿身体健康。因此，保教人员要对幼儿的不良如厕行为及时进行纠正，让幼儿了解憋尿的危害，自觉改正这种不良习惯。

三、如厕前的保育指导

（一）安全保障

便池应做到洁净、无味；应注意盥洗室开窗通风，时刻保持便池附近地板干爽，谨防幼儿因水渍而跌倒；每日应调配比例适当的消毒液对便池消毒一至两次，确保幼儿处于干净、卫生、安全的如厕环境。

（二）操作规范

（1）引导幼儿参观厕所环境，减少幼儿如厕的心理压力。

（2）组织幼儿认识厕所，知道厕所是解便的地方。

如厕

（3）按照不同性别进行如厕教育，介绍女孩、男孩惯用的如厕方式，让幼儿感觉到幼儿园厕所和家里的厕所一样，幼儿可以保持以往的如厕习惯。

（4）为幼儿提供多种可以选择的如厕方式，如马桶、蹲厕、立式小便池等，让幼儿自由选择蹲、站、坐，营造轻松安全的心理环境。

（5）小班的幼儿如厕时保教人员须全程陪同，随时帮助有困难的幼儿。

（三）指导幼儿

1. 小便前指导

保教人员应观察和了解幼儿的情绪与表情，适时提醒幼儿小便。例如，有些幼儿有憋尿的习惯，当幼儿无意识地抓弄自己的生殖器，或者两条腿紧紧夹在一起的时候，保教人员要及时提醒，以免幼儿尿到裤子上。每个幼儿的生理发育成熟程度不同，培养小便习惯要因人而异，提前几分钟要求幼儿如厕小便，会让幼儿养成良好的如厕习惯。

2. 大便前指导

（1）幼儿在排便前可能会排出气体，同时伴有身体上的动作，小脸憋得通红，目光坚定并发出使劲的声音，保教人员可用温和的语言提醒幼儿排便，让幼儿不要过于着急。

（2）协助小班的幼儿脱裤子，指导中、大班的幼儿掌握正确的蹲厕姿势。

（3）指导幼儿站稳后将裤子脱到小腿肚子的位置，慢慢蹲下。

（四）保教合作

近年来，性教育的价值越来越被公众认可，学前阶段性教育的重要性也日益凸显。我们强调保护幼儿身体隐私，可是却忽视了幼儿在如厕环节时常在异性面前暴露自己的身体隐私，将性教育与如厕环节相结合，有助于使幼儿真正意识到保护身体隐私的重要性。所以，幼儿园男女分厕很有必要，这也是尊重幼儿隐私的表现。而在幼儿园实行男女分厕，是一次有效的性别意识教育，也是幼儿教育中的重要一课。

由于条件的限制，没有将男女厕所分开的幼儿园可采用屏风作为隔断，以引导男女幼儿从不同的通道进入各自的如厕区域。这样既起到分隔作用，实现男女分厕，又不会阻挡教师的视线，便于教师对如厕环节的管理。同时，有助于幼儿从小树立尊重异性隐私的观念。

若无法在厕所安装分隔板，或可考虑安排男女幼儿错时如厕。除此之外，幼儿园应营造整洁温馨的如厕环境，可以在厕所的地面贴上富有童趣的指示贴，也可以在幼儿视线可及的地方张贴卡通漫画和温馨提示（见图1-4-1）。

图1-4-1　男孩和女孩图示标志和指示牌

任务2　如厕中的保育指导

案例导入

午饭前幼儿到洗手间小便洗手时，保育老师张老师跟随幼儿进入厕所，发现男孩多多站在厕所里看女孩小便，而后也在女孩的厕所里站着小便。多多小便后，指着裤子对张老师说："湿了，湿了！"张老师发现多多裤子没脱好，小便滴湿了裤子。

请问：该如何处理幼儿如厕过程中发生的问题？

任务要求

1. 科学指导不同年龄段的幼儿如厕。
2. 正确记录幼儿如厕的次数。
3. 能对如厕能力差的幼儿进行个别指导。

一、安全保障

保教人员应检查盥洗室是否有积水、是否干净、是否无异味，应在地面铺上渗水地垫，检查并排除盥洗室的环境中可能存在的危险因素，确保盥洗室保持干净、整洁。确保男孩、女孩的便池分开，不具备分开条件的，可安装遮挡板，或者安排男孩、女孩错时如厕。

二、操作规范

（一）针对小班幼儿

（1）指导幼儿掌握正确的如厕姿势，协助幼儿蹲稳。

（2）提醒幼儿专心排便，对幼儿的排便时间进行记录，引导幼儿控制好排便时间。

（3）特别关注如厕能力弱的幼儿，能全程陪伴并允许幼儿随时按需如厕。

（二）针对中、大班幼儿

（1）规范中、大班幼儿的蹲厕姿势，指导幼儿将裤子脱至大腿根部。

（2）幼儿排泄之后，指导幼儿正确擦屁股的方法，从前往后擦干净屁股。

（3）创设适合幼儿如厕的厕所墙面文化。

（4）提醒幼儿将脏纸巾放入纸篓。

三、指导幼儿

（一）小便中的指导

（1）幼儿如厕时须保证有一名保教人员陪伴，以随时帮助有困难的幼儿，如牵着幼儿的小手，蹲上厕所台阶或坐上马桶，帮幼儿脱下裤子、提拉裤子。

（2）帮助小班幼儿脱裤子，指导和协助中、大班幼儿自己穿脱裤子。

（3）督促幼儿专心小便，鼓励幼儿蹲稳、站稳，不摔倒，不害怕。

（二）大便中的指导

刚入园的小班幼儿尚未建立良好的排大便的习惯，很难做到每日定时大便，因此，在园一日生活中幼儿随时都有大便的可能。大便除了要脱裤子之外还有擦屁股的步骤，这个步骤给小班幼儿增加了难度，需要保教人员帮助解决。针对幼儿的大便，保教人员要引导幼儿，有便意就要向自己求助，保育老师面对幼儿的请求要做到随叫随到，有求必应。在指导幼儿排便的过程中，保教人员要做到如下几点。

（1）允许幼儿随时按需如厕排便，指导幼儿有如厕需求时及时告诉教师。

（2）指导幼儿使用蹲厕进行排便，也可以尊重幼儿在家原有的习惯提供便盆。

（3）督促幼儿专心排便，排便时不可嬉戏、打闹。

（4）引导幼儿控制好排便时间。通常排便时间应在5～10分钟为宜，时间不可过长，较长时间的排便易造成幼儿肛门脱出和腿部、臀部的疲劳麻木，不利于幼儿的健康。

四、保教合作

（1）幼儿尿裤、尿床是常见的一种现象，在小班幼儿中比较常见。保教人员要提醒幼儿家长每天为幼儿准备一套备用的衣裤，幼儿如尿湿，保育老师马上进行换洗。

（2）保教人员应该做好幼儿如厕的记录，每天要在班务日志中记录尿床、尿裤幼儿的人数、名单和时间，到月底进行汇总。

（3）通过观察记录找到幼儿尿裤、尿床的原因，并采取有效的措施，在幼儿尿裤、尿床前提醒幼儿及时如厕。如果幼儿尿裤子的行为发生在中午前后的较多，那么要特别关注幼儿中午上厕所的情况，提醒幼儿在中午前后及时上厕所。

（4）关注个别幼儿，如果同一个幼儿一日之内多次尿裤子，或者一个月之内多次尿裤子，要细致观察幼儿是否身体不适，或者存在不良的如厕习惯，如喜欢憋尿或者小便的姿势不对而尿湿裤子。

保教人员要针对每个幼儿的不同情况"对症下药"培养幼儿的如厕能力，这对提高幼儿的生活自理能力，以及智力、情感、独立性的发展都具有重要意义。

任务 3　如厕后的保育指导

案例导入

中班幼儿城城在幼儿园已经学会了自己如厕，可是周末回到家中，奶奶总是觉得城城脱裤子太慢，自己擦屁股擦不干净，因此奶奶完全包办。城城周一回到幼儿园之后，如厕能力又变弱了，因此总是请求保育老师的帮助。

试问：如果你是城城的保育老师，该如何处理这种情况？

任务要求

1. 能对盥洗室进行清洁消毒，能开展与如厕相关的教学活动。
2. 在如厕环节加强家园合作。
3. 掌握幼儿如厕的注意事项。

一、盥洗室的清洁消毒工作

1. 清洁便池

用漂白粉对便池进行浸泡、刷洗。池底、拐角和下水道10厘米处应重点洗刷，做到无尿碱、无臭味。

2. 清洁水池

用消毒粉或者洗涤剂擦拭水池，将水池中的油污、水渍清除，做到水池光滑，无头发、饭粒、菜渣，无异味。

3. 清洁地面

扫净地面，倒干净纸篓，用水冲洗后再用干拖把擦地两三次，直至地面无积水、无污渍、无死角，干净明亮。

4. 擦拭镜子

用半干的抹布擦拭镜子两三次，做到无擦痕、无水渍、干净明亮。

5. 准备卫生纸

将卫生纸放在幼儿容易拿到的地方。

6. 准备香皂和洗手液

应在两个水龙头中间放置香皂和洗手液，方便幼儿拿取。

7. 挂好毛巾

将消毒好的毛巾摆放整齐，毛巾数量多于幼儿数量。

二、如厕后的保育

（一）安全保障

幼儿如厕后，保教人员应及时对盥洗室进行清洁，用清水清洁便池，将地板上的水渍清理干净，保持盥洗室的干净、整洁，确保幼儿下次如厕正常使用。

（二）操作规范

（1）及时为需要帮助的幼儿擦屁股或者穿好裤子。

（2）提醒幼儿冲厕所。

（3）随时保持盥洗室的干净、卫生。

（4）引导幼儿有序离开厕所。

（三）指导幼儿

1. 小便后

（1）及时为小班幼儿擦屁股、冲厕所，提醒中、大班幼儿自己冲厕所、擦屁股。

（2）提醒幼儿整理好自己的衣服和裤子。

（3）督促幼儿在便后洗手，培养幼儿主动自我服务的意识，提高幼儿的自理能力。

2. 大便后

（1）幼儿成功排出大便后，应该对其进行赞扬和鼓励，不要对幼儿的粪便表现出厌恶的神态，防止幼儿出现生理性便秘。

（2）小班幼儿，排便后由保育老师擦屁股；中、大班幼儿，保育老师应该指导其从前往后擦屁股。

（3）培养幼儿便后冲厕所、洗手、整理衣裤的习惯。

（四）保教合作

幼儿的自控能力相对较差，常常会全身心地投入当前的游戏活动而忘记生理需求，等想起来时已经来不及了，从而产生大小便失禁的现象。因此，保教人员在组织幼儿如厕之后，还应该针对幼儿如厕过程中出现的一些问题组织相关的教学活动。

（1）针对幼儿玩耍过程中忘记如厕的情况，保育老师可在集体活动中，开展故事教学"小猴尿湿了"，这是一个关于小猴贪玩尿湿而被同伴嘲笑的故事。在活动中教会小班幼儿学说"我要大小便"，让幼儿明白尿裤是一种正常的生理现象，要及时去厕所，不应该嘲笑同伴，更让幼儿知道尿湿裤会让自己心理和身体都感觉不舒服。

（2）针对幼儿如厕过程中对同伴身体好奇的情况，可以进行"我们的身体"绘本教学活动，引导幼儿了解自己的身体结构，具备初步的"性别"意识。

（3）保教人员还可以设计一些短小的儿歌和故事，通过木偶剧和童话剧的形式表演给幼儿观看，使其学习、了解如何大小便。

（4）在日常生活中，保教人员应有目的地引导幼儿加强练习，使幼儿大小便的自理能力得到有效提高。

（五）家园共育

保教人员应建议家长在幼儿入园时尽量穿戴结构简单的衣服，以便幼儿轻松掌握独立穿脱裤子的技巧。在如厕中，简单易脱的裤子可以让幼儿更顺利地掌握如厕技巧，进而使幼儿产生自我服务的成就感。

幼儿园可以营造家庭式的如厕环境，给不会蹲厕的小班幼儿准备一些可移动的坐便器，还可以在单调的厕所内创设出比较有趣的厕所文化等，满足不同幼儿的需求。

无论是在幼儿园还是在家庭中，养成良好的排便习惯，对幼儿的健康有重要影响，也能较好地保障幼儿的正常情绪和生活。有效的家园沟通更加不可或缺，需要保教人员和家长共同携手，关注幼儿如厕问题。

三、注意事项

发现幼儿有大小便的需求，保教人员应该有条不紊地处理，不可表现得过分紧张，影响幼儿排便的情绪。在指导幼儿如厕时，保教人员应时刻关注安全问题，防止出现滑倒、摔伤、磕伤等事件，具体事项主要表现在以下四点。

（1）组织幼儿大小便时，保育老师应保持厕所安静，不要给幼儿讲故事、唱歌，防止幼儿注意力不集中，影响排便反射的形成。

（2）掌握每个幼儿的排便规律，灵活做好排便的组织工作，做到不强迫、不放任。

（3）正确对待幼儿排便失误。幼儿学会控制排便后，可能会因为各种原因出现排便能力倒退现象，如陌生环境、陌生人照顾、专注于游戏、情绪低落、恐惧等会使幼儿出现排便失控。保育老师应态度温和，从幼儿的角度出发，寻找原因，排除一切不利因素，鼓励、帮助幼儿形成和巩固控制排便的能力。

（4）控制幼儿的如厕时间，及时清点如厕人数，确认盥洗室无幼儿之后方可离开。

▶▶▶ 课后练习

一、单项选择题

1. 为遗尿幼儿更换衣物和被褥的动作应该（　　　）。
   A. 声音大　　　　　　B. 磨蹭　　　　　　C. 不成熟　　　　　　D. 迅速熟练

2. （　　　）有助于幼儿遗尿的好转。
   A. 紧张　　　　　　　　　　　　　　　　B. 担心
   C. 精神放松　　　　　　　　　　　　　　D. 成人在幼儿面前谈论其尿床的事情

3. 幼儿排大便时间不应过长，一般以（　　　）为宜。
   A. 30分钟　　　　　　B. 20分钟　　　　　C. 5～10分钟　　　　D. 2～3分钟

4. 幼儿肝脏储存糖原少，饥饿时容易产生（　　　）。
   A. 咳嗽　　　　　　　B. 发热　　　　　　C. 肚子疼　　　　　　D. 低血糖

5. 正确擦屁股的方法是（　　　）。
   A. 从前往后　　　　　B. 从后往前　　　　C. 只擦前面　　　　　D. 只擦后面

二、是非判断题

1. 发现幼儿尿床之后，应马上找医生。　　　　　　　　　　　　　　　　　　（　　　）
2. 保育老师可以允许幼儿按照自己的需求随时如厕。　　　　　　　　　　　　（　　　）
3. 睡眠中提醒排尿，应该唤醒幼儿。　　　　　　　　　　　　　　　　　　　（　　　）
4. 在如厕环节，保育老师应该尽量让幼儿分性别如厕。　　　　　　　　　　　（　　　）
5. 指导幼儿正确擦屁股的方式是从后往前。　　　　　　　　　　　　　　　　（　　　）

▶▶▶ 聚焦考证

请从幼儿大便的量、形状、颜色、气味等方面，观察、记录并分析幼儿的大便是否正常。

项目五
饮水保育指导

任务 1　饮水前的保育指导

案例导入

班里正在开展有关种植的主题活动，看着幼儿每天认真地给种子浇水，教师想到有些幼儿喝水经常不够量，需要教师提醒。于是教师想了一个办法，希望能够帮助这些幼儿养成自觉喝水的习惯。在幼儿给种子浇水的时候，教师说："小种子要每天喝足够的水才能长大，那我们小朋友也像种子一样每天都喝足够的水，长得壮壮的，好不好呀？"幼儿异口同声地说："好。"从那以后，只要给种子浇水，幼儿就会给自己接一杯水喝。几天后，种子渐渐冒出小芽，幼儿看后兴致大涨，对喝水这件事更有兴趣了……①

请评析该教师的做法。

任务要求

1. 了解饮水的重要性。
2. 理解幼儿饮水前保育工作的内容与要求。
3. 掌握饮水前保育工作的具体操作。

一、饮水的重要性

水是人体中含量最多和最重要的组成部分，人体所有的物质代谢和生理活动都需要水的参与，水能够促进机体的新陈代谢，维持人体正常的呼吸、消化以及排泄等生理活动，人体中水的含量直接影响人体的健康状况。幼儿体内含水量明显高于成人，前者含水量占体重的70%～75%，后者为60%～65%。幼儿由于新陈代谢旺盛，以及摄入蛋白质和矿物质较多，对水的需求也相对较大，每天消耗水分占体重的10%～15%，而成人仅为2%～4%。因此，幼儿的水分补充非常重要。

二、饮水前保育工作的内容与要求

（一）清洁饮水设备

为保证幼儿饮用新鲜卫生的饮用水，保育老师应每天对水桶和幼儿的水杯进行清洗消毒，避免细菌、病毒侵害幼儿。

（1）保育老师要做到每天清洁消毒水杯，保证每个幼儿一个杯子，并摆放在标有对应名字的水杯格

饮水前保育工作的内容与要求

---

① 北京师范大学实验幼儿园.保育员工作指南[M].北京：北京师范大学出版社，2012.

里。小班可用幼儿的照片，中班可用幼儿的学号数字，大班可用幼儿的姓名进行标记，标记物贴在水杯格显眼的位置，方便幼儿辨识、取放自己的水杯（见图1-5-1）。

阅读拓展

水杯柜的清洁与消毒

　　保育老师每天用专用毛巾对水杯柜进行表面清洁，再用250 mg/L含有效氯（溴）消毒剂擦拭，作用时间至少30分钟。如发生传染病后，每日用专用毛巾进行表面清洁，再用500 mg/L含氯（溴）消毒剂进行擦拭，作用时间至少1小时。如发生特殊传染病（诺如病毒、轮状病毒、甲戊肝等），每日先用专用毛巾进行表面清洁，再用1 000 mg/L有效氯（溴）消毒剂进行擦拭，作用时间至少1小时。注意表面清洁时，毛巾不宜过湿。

图1-5-1　水杯放置

　　（2）保育老师先用洗洁精浸泡水杯，然后用食具专用抹布进行清洗，再用流动水反复冲洗干净，杯子内外壁、杯口、底、柄均应清洗干净。清洗完毕将茶杯全部倒扣放入蒸箱内，水开冒汽后再蒸30分钟，消毒完毕后放在已消毒柜中备用。或采用煮沸消毒法，水面应该浸没所有杯子，水沸腾后再煮10分钟。

阅读拓展

发生传染病后水杯消毒的注意事项

　　如发生肠道传染病，需遵循"消毒—清洁—消毒"的顺序进行餐具消毒，消毒的方法同预防性消毒，可采用蒸汽消毒法或煮沸消毒法，消毒时间翻倍。消毒后的水杯不能用清洗水杯的抹布擦干，附着于杯壁上的水分，让其自行干燥或用经消毒处理后的清洁抹布擦干。

　　（3）保育老师每日用流动水清洁水桶内外壁及桶盖，然后在桶内倒入沸水至三分之二高度处，盖上桶盖进行反复震荡，使沸水充分接触水桶内壁，放置20分钟后，将水经水龙头流出，对水龙头进行清洗，最后把桶内的水倒净。水桶每周消毒一两次，使用75%酒精将水桶内壁、水龙头及桶盖进行擦拭消毒，并用沸水冲洗干净，再用250 mg/L含有效氯（溴）消毒剂对桶外壁以及桶盖进行擦拭消毒，作用时间30分钟，最后用清水冲洗干净，清除残留。

阅读拓展

发生传染病后水桶消毒的注意事项

　　如发生传染病，保育老师需每日用75%酒精对水桶内壁及水龙头进行擦拭消毒，并用沸水冲洗干净。再用500 mg/L含有效氯（溴）消毒剂对水桶外壁及桶盖进行擦拭消毒，作用时间1小时，并用清水去除残留。如遇特殊传染病（诺如病毒、轮状病毒、甲戊肝等），水桶外壁、水龙头、桶盖建议用浓度1 000 mg/L的有效氯（溴），作用时间至少1小时。

（4）保育老师要保证水桶内的水质新鲜，水量能满足幼儿一天的饮水需求。如果水质不好或水量不足，保育老师应及时更换或补充。

（5）幼儿喝水前保育老师先放空两杯再让幼儿饮用，目的是将水龙头和水嘴过滤一下。

（6）水桶应放在幼儿活动区之外的固定位置，放置高度要适合幼儿身高，方便幼儿取水。最好是开水不进班，以免烫伤幼儿。

（二）选择适宜的饮用水

白开水是最好的饮料，应作为幼儿饮用水的首选。给幼儿饮用的水应事先充分煮沸，饮用时不能是冰水、烫水，不可让幼儿直接饮用生水或经净水器净化后的水。

保育老师可以根据季节的变化选择幼儿饮用水的种类。如夏季可以在早操后或午睡后饮用绿豆汤或酸梅汤进行防暑降温；冬季可让幼儿饮用温热的豆浆；流行病高发季节，可以让幼儿每天早餐后饮用板蓝根水。

（三）控制适宜的水温

保育老师应该根据幼儿的活动量、饮食和天气情况，准备温度适宜且充足的饮用水。在秋冬季节，可以采用在水桶外壁包裹棉垫子的方法保持水温；在春夏季节，可以尽早打水，或将水桶放置在阴凉处，把桶盖打开以加快桶内热水散热。打开桶盖后应及时加盖防蝇罩，以免饮用水受到污染。

任务2 饮水中的保育指导

案例导入

晨操活动结束后，小班幼儿陆续回到教室里，坐在自己的位子上休息。小田老师要求幼儿先去上厕所然后去喝水。当时班里的两位教师都在盥洗室照看幼儿，没有注意到慧慧偷偷来到水桶前倒水喝。当时天气有点冷，水桶里的水还有点烫。不知道如何正确倒水的慧慧不小心被热水烫到小手，杯子也掉落在地。慧慧大哭起来。小田老师急忙跑过去，将她送到保健室让保健老师处理。

请分析案例中保教工作存在的问题。

任务要求

1. 了解饮水中的工作重点。
2. 理解幼儿饮水中保育工作的内容与要求。
3. 掌握饮水活动中的保育操作。

一、饮水中的保育工作重点

饮水过程中，保教人员最重要的工作是要建立良好的饮水秩序，以保证幼儿的饮水安全。同时，应进行合理分工，保证每名幼儿都在保教人员的视线范围内，以避免安全事故的发生。由于幼儿的年龄较小，自我保护意识和能力较差，帮助幼儿形成正确的安全意识和安全自护能力非常重要。在幼儿饮水中，保教人员要引导幼儿科学饮水，保证每个幼儿的饮水量，提醒并允许幼儿按需饮水，特别要提醒有特殊需求的幼儿适量饮水。

二、饮水中保育工作的内容与要求

饮水过程中，保教人员要严格履行"一人一杯"卫生制度，随时关注每个幼儿的饮水量，保证幼儿日饮水量（见表1-5-1）。要特别注意照顾饮水量小以及身体不适的幼儿，提醒他们随时根据需要增加饮水的次数。

表 1-5-1　各年龄幼儿每日所需饮水量 [①]

年　　龄	需　水　量
0～1岁	120～160 mL/kg
2～3岁	100～140 mL/kg
4～7岁	90～110 mL/kg

（一）组织幼儿做好饮水前的准备

保教人员应在幼儿饮水前组织幼儿洗手，然后提醒、帮助幼儿安全有序地到水杯放置处拿取自己的水杯，并有序地在水桶前排队接水（见图1-5-2）。

（二）指导幼儿正确接水

小班幼儿在保教人员指导下接水，中、大班幼儿可在保教人员组织下独自接水，保教人员在边上观察幼儿接水情况，对于能力比较弱的幼儿进行口头指导或者适当帮助。

接水的方法：将水杯放置在水龙头正下方，一手握杯柄，一手按压（拧）水龙头接水。保教人员注意引导幼儿根据自己的饮水量，采取少接多次的方法，

图 1-5-2　幼儿排队接水

每次接半杯或三分之二杯水即可，接完及时关闭水龙头，不浪费水。幼儿接完水，保教人员引导他们端稳水杯慢慢离开水桶区域，不在水桶前逗留，以免拥挤发生意外伤害。

（三）组织指导幼儿正确喝水

保教人员引导幼儿坐在自己的位子上喝水，一手握杯柄，一手扶杯，小口喝水，避免因吞咽不当而呛咳，并教育幼儿在喝水时不嬉笑打闹、不东张西望，保持安静。

（四）饮水保育工作及要求

在饮水环节，保教人员要教育幼儿接水时互相谦让，不浪费水；饮水时不可说笑打闹，不可到处走动；喝完后将水杯放回原处，杯口朝上。

保教人员特别要关注对小班幼儿饮水的指导，可通过适当鼓励，正确示范饮水动作，运用实物引导，或者通过游戏的方式促进幼儿掌握饮水动作。在指导过程中，保教人员应操作规范、动作熟练、态度和蔼，指导过程动作轻柔，避免给幼儿造成压力。

---

① 马士薇，史静敏.保育员中级 [M].北京：中国劳动社会保障出版社，2009.

任务3　饮水后的保育指导

案例导入

每次活动结束后，小田老师会让幼儿排队接水喝，旦旦每次喝完水后总不按要求把自己的水杯放回原处，其他幼儿已多次向教师告状。小田老师每次和旦旦沟通，他总是说知道了，下次一定放好，但过几天他又恢复原样。小田老师也很无奈，不知如何处理。

请帮助小田老师想想对策。

任务要求

1. 了解饮水后保育工作的内容与要求。
2. 培养幼儿良好、健康的饮水习惯。
3. 掌握饮水后保育工作的具体操作。

一、饮水后的保育工作内容与要求

（一）指导幼儿收拾整理

幼儿饮水后，保教人员帮助或提醒幼儿用纸巾将嘴擦干净，指导和帮助其用小抹布将自己桌面上的水擦干净，并将水杯放回水杯柜中固定的位置，杯口朝上，杯柄朝外，手不接触杯口。

（二）及时检查水量，按需补充水量

一般中午补水一次，但是天热或者幼儿饮水较多的情况下，保育老师要及时检查水桶里的水量并添加水，以保证幼儿饮水需要。

（三）注意保持环境干爽

保育老师如发现地面有水渍，要及时清理，以保证幼儿出入安全。如果发现幼儿把水洒在桌上、身上，要及时清理并为幼儿更换衣服。

（四）清洁维护饮水设备

为保证幼儿饮用新鲜卫生的饮用水，保教人员每天工作结束后要对水桶和幼儿的水杯进行清洗消毒，避免细菌、病毒侵害幼儿。

（1）每天都要对幼儿使用过的水杯进行清洁消毒。

（2）将水桶内的剩水倒掉，用清水清洗饮水桶的内胆、外壁以及水龙头和出水口。

（3）注意要盖好水桶的盖子，以免有昆虫掉进桶内，造成污染。

儿童多喝白开水的好处

二、培养幼儿良好、健康的饮水习惯

（一）培养幼儿喝白开水的习惯

人体每天需要补充大量水分，尤其是幼儿，年龄越小，新陈代谢越旺盛，身体所需的水分就越多。

营养专家指出，对幼儿来说，最好的饮料就是白开水，因为白开水最容易解渴，进入体内后能迅速进行新陈代谢，特别是凉白开水，能消除疲劳，提高机体抵抗疾病的能力。所以，培养幼儿喝白开水的习惯，有利于幼儿的身体健康。

（二）培养幼儿定时饮水的习惯

幼儿天性活泼好动，一旦玩起自己感兴趣的游戏来，往往吃饭、喝水、大小便什么都顾不得了，因此每天要安排幼儿定时喝水的时间，以保证幼儿身体及时补充水分。饮水的时间和次数应根据季节变化和幼儿的实际情况而定，在学前教育机构中，幼儿饮水大致会在以下活动之后，如集体教育活动之后、户外活动之后、午睡起床之后等（见表1-5-2）。

表 1-5-2　幼儿在园饮水时间安排

饮水时间段	饮水的大体时间
上午	集体教育活动后
	户外活动后
	区域活动后
下午	午睡起床后
	集体教育活动后
	户外活动后

（三）培养幼儿自主补水的习惯

在培养幼儿定时饮水习惯的同时，还要有意识地鼓励他们根据自身需求随时饮水。因为气温、活动量、饮食结构、身体状况等因素都会影响幼儿对水的需求，所以当定时喝水不能很好地满足幼儿的需求时，保教人员要及时提醒幼儿随渴随喝。例如，天气炎热、活动量大、出汗较多时，要及时补充水分；饮食过咸、过干也要及时补水。此外，当幼儿患有感冒、咳嗽等疾病时，更要让幼儿多饮水。这样不仅可以使幼儿学会满足自我需求，而且有利于培养幼儿独立做事的能力。

（四）培养幼儿剧烈运动后不马上饮水的习惯

剧烈运动后幼儿的心脏会加速跳动，喝水会增加循环血量使心脏负担加重，容易导致供血不足。所以剧烈运动后一定不要马上大量饮水，可让幼儿分多次喝少量的水。

（五）培养幼儿不饮冰水的习惯

大量喝冰水容易引起胃黏膜血管收缩，影响消化，刺激胃肠，使胃肠的蠕动加快，甚至引起肠痉挛，导致腹痛、腹泻，对幼儿的身体健康十分不利。

（六）培养幼儿吃饭时不饮水的习惯

食物在嘴里混合唾液，经过牙齿的咀嚼，才能被分解、消化和吸收。如果吃饭时喝水，水会把食物带走，不但影响食物的消化吸收，还会影响幼儿的咀嚼能力。长期如此，不利于幼儿身体健康。

阅读拓展

幼儿主动饮水意识淡薄的应对方法

1. 通过集体教学活动，让幼儿知道饮水的重要性。
2. 通过讲解植物和动物的生长特点及生活习性，让幼儿知道植物和动物的生长离不开水。
3. 设计"宝宝爱喝水"主题墙，培养幼儿自觉饮水的习惯。
4. 开展丰富的教育活动，采用念儿歌、说童谣等幼儿感兴趣、易接受的方式，激发其饮水兴趣。
5. 家园协作，取得家长的支持和配合，共同培养幼儿良好的饮水习惯。

•家园共育•

饮料不能代替水

保教人员应引导家长在日常生活中鼓励、帮助幼儿养成多喝白开水的好习惯，以及树立"饮料不能代替水"的观念。如今，饮料种类繁多、随处可见，如含乳饮料、果味饮料、碳酸饮料、运动饮料、茶饮料等，有的家长为了让幼儿能多饮一些水，就购买各种含"营养"成分的美味饮料。事实上，这种做法对幼儿的健康非常不利，容易导致幼儿非饮料不喝，并且这些饮料当中含有对幼儿身体发育有害的糖精、色素、防腐剂等，白开水才是最适合幼儿饮用的。

课后练习

一、单项选择题

1. 3～6岁幼儿饮水量为每日每千克体重应摄取（   ）毫升，可根据季节变化酌情调整。

　　A. 120～160　　　　　　B. 100～140　　　　　　C. 90～110　　　　　　D. 100～120

2. 以下哪种喝水行为是错误的？（   ）

　　A. 剧烈运动后大量喝水　　　　　　　　　　B. 按需喝水

　　C. 渴了就喝水　　　　　　　　　　　　　　D. 主动喝白开水

3. 幼儿最好的饮用水是（   ）。

　　A. 白开水　　　　　　B. 碳酸饮料　　　　　　C. 矿泉水　　　　　　D. 绿豆糖水

4. 水桶应（   ）消毒一次。

　　A. 每天　　　　　　　B. 每月　　　　　　　　C. 每周　　　　　　　D. 每学期

5. 用蒸汽法预防性消毒茶杯，消毒时间是水沸腾冒汽后再蒸（   ）。

　　A. 5分钟　　　　　　　B. 10分钟　　　　　　　C. 20分钟　　　　　　D. 30分钟

二、是非判断题

1. 婴幼儿体内的水分比成人多。　　　　　　　　　　　　　　　　　　　　　　　（　　）

2. 保育老师为幼儿每天准备饮用水的量主要取决于每班幼儿的人数。　　　　　　　（　　）

3. 8个月小儿体重9 kg，每日应摄取1 080～1 440毫升水。　　　　　　　　　　　（　　）

4. 对感冒、咳嗽的幼儿，要提醒他们多喝水。　　　　　　　　　　　　　　　　　（　　）

5. 保育老师应该根据幼儿的活动量、饮食、教师的要求等准备温度适宜、数量充足的饮用水。（　　）

聚焦考证

1. 按规范要求模拟清洁、消毒水桶及水杯。

2. 简述幼儿接水时的指导要求。

项目六
进餐保育指导

案例导入

幼儿正在进行游戏活动，保育老师李老师把午餐的饭菜用推车推进了教室，大声对带班教师张老师说："收了，收了，要开饭了！"张老师连忙让幼儿收拾玩具，到盥洗室洗手，然后让幼儿坐在座位上等李老师开饭。

请评析该保育老师的做法。

任务要求

1. 知晓进餐前的准备工作。
2. 熟悉和掌握进餐前的保育指导内容。
3. 关爱幼儿，树立一日生活皆教育的理念。

进餐是指幼儿园根据幼儿在园的时间、生长发育的需求及其消化系统的特点，每天定时、定量组织幼儿进食餐点。通常，幼儿园每天会为幼儿安排"一餐两点"，即上午点心、午餐及下午点心。也有一些幼儿园为了更好地解决家长的后顾之忧，会为幼儿安排"三餐两点"，即早餐、上午点心、午餐、下午点心和晚餐，正餐间隔时间为3.5～4小时。

一、进餐前的准备

幼儿的进餐活动应该在整洁、轻松、愉快的氛围中进行，进餐前准备是幼儿进食餐点前的必要环节，要求保教人员必须做好进餐前的各项准备工作。做好进餐前准备工作可以使幼儿的进餐过程更加顺畅、愉快，促进幼儿的食欲，有利于幼儿健康身心的成长和良好进餐习惯的培养。进餐前准备工作一般分为两个方面。

环境视频 点心桌展示　　微课 进餐前的准备

（一）创设良好的进餐物理环境

幼儿的进餐物理环境应该清洁、美观、舒适、安全、明亮，空气流通，温度适宜。一般进餐前半小时左右结束幼儿的活动，请幼儿收拾玩具，整理活动室，分组进行如厕、洗手等生活活动。具体的进餐物理环境创设包括以下五点。

（1）进餐前保教人员应将幼儿餐桌之间至少保留0.6米宽的距离，以保证幼儿有足够的进餐空间，同时便于幼儿和保教人员进出。

（2）保教人员在幼儿进餐前调节好室内的温度及光线，确保环境安静、温度适宜、光线明亮。

阅读拓展

呼吸道传染病防控期间幼儿进餐的注意事项

1. 合理安排进餐空间和秩序

按同一方向安排幼儿的进餐座位，即后一个幼儿面对前一个幼儿的背，而非面对面地对坐、围坐进餐，以避免呼吸道飞沫传播；适当拉大就餐座位距离，避免幼儿进餐时有身体接触。人数较多的班级，可考虑分批次进餐。

2. 不提倡幼儿排队取餐

由保教人员分餐，分餐时佩戴一次性手套和口罩。

图 1-6-1　值日生分发餐具和协助分餐

（3）保育老师用规范的清洁方法消毒幼儿餐桌，确保幼儿进餐时用的餐桌清洁、卫生。

（4）保育老师提供清洁、卫生、符合幼儿年龄特点的餐具。一般托、小班使用调羹，中班开始使用筷子。

（5）保教人员根据餐具的用途、材料及进餐的幼儿人数，可指导中、大班幼儿值日生分发、摆放并协助分餐（见图 1-6-1）。

（二）营造和谐的进餐心理环境

进餐的心理环境是指进餐时的气氛和幼儿的精神状态。营造和谐的进餐心理环境，可以促进幼儿消化腺的分泌，增进食欲，提高对食物的消化吸收。

1. 帮助幼儿拥有轻松、愉快、和谐的进餐心情

进餐前不批评、呵斥幼儿，对于进食慢或挑食的幼儿，有足够的耐心，不责备和催促，可以请他们提前进餐，即进餐时最先邀请这些幼儿就餐。为其盛第一碗饭时，可盛得略少些，减少其进餐的畏难情绪，鼓励、赞赏其吃完后添加。

2. 营造进餐心理环境的方法

（1）请幼儿自由选择进餐时的座位，如和自己的好朋友坐在一起进餐。

（2）可以播放舒缓、温馨的背景音乐，音量适宜。

（3）为幼儿提供自我服务的机会，只在幼儿请求帮助时，保教人员才给予帮助或采取必要的措施。

（4）进餐前保教人员可以通过阅读绘本或向幼儿介绍当天的食物，激发幼儿的食欲。同时，帮助幼儿克服挑食和偏食，引发其进餐的兴趣，培养其良好的饮食习惯。

阅读拓展

很多图画书，如《我绝对绝对不吃番茄》《我可爱的身体》《肚子里有个火车站》等，可以帮助幼儿了解自己的身体，知道食物消化的过程，明白均衡膳食的重要性。和幼儿一起共读图画书也是进行营养和健康教育的重要途径，保教人员可以通过指导幼儿阅读与倾听、与幼儿进行讨论等方式帮助幼儿形成良好的进餐情绪，养成良好的进餐习惯。

对于中、大班幼儿，也可以采用值日生餐前播报的方法，向班级同伴介绍当日食谱。这样不仅可以让幼儿简单了解食物的营养成分和平衡膳食知识（见图 1-6-2 及图 1-6-3），培养幼儿珍惜粮食、感

恩以及主人翁的意识，同时，通过值日生轮流播报菜名，可以锻炼幼儿的语言表达能力，培养幼儿为他人服务的意识，更好地调动幼儿进餐的积极性、主动性，并让幼儿对每天餐点的饭菜感兴趣，帮助幼儿愉快进餐。

食谱介绍方式

图 1-6-2　中国学龄前儿童平衡膳食宝塔[①]

图 1-6-3　中国儿童平衡膳食算盘[②]

二、进餐前的保育指导

（一）安全保障

（1）为幼儿提供安全、营养、易于消化和吸收的健康食物。

（2）避免给刚入园的小年龄幼儿提供容易导致气管异物堵塞的食物，如小颗粒的坚果，以及易引起伤害的带骨、带刺的鱼和肉等。

（3）注意夏季散热、冬季保温，提供的饭、菜、汤要放在安全处，确保温度合适，不能过烫，以免烫伤幼儿。

（4）不要让幼儿坐在餐桌旁等着开饭，以免幼儿出现一些不良行为或造成安全隐患，如推拉桌椅等。

（4）保教人员合理分工、科学站位，视线范围便于看到全班幼儿，组织、帮助幼儿分组进行如厕、洗手等，做好进餐前的准备。

（6）进餐前清点幼儿人数，知晓有特殊进餐需求（如食物过敏）幼儿的座位，及食堂是否派送相应的饭菜。

阅读拓展

幼儿餐前盥洗注意事项

指导幼儿餐前盥洗时，应注意洗手的时间、秩序和方法三方面内容。

1. 洗手的时间

应等饭菜刚刚取送到班内时再请幼儿洗手，不要早早地让幼儿洗完手坐在桌前等着开饭，以

---

①　中国营养学会. 中国学龄前儿童平衡膳食宝塔 [EB/OL].(2022-06-01)[2023-04-30].http://dg.cnsoc.org/upload/affix/20220601170023894.jpg.

②　中国营养学会. 中国儿童平衡膳食算盘（2022）[EB/OL].(2022-05-07)[2023-04-30].http://dg.cnsoc.org/upload/affix/20220507143934668.jpg.

免先前洗干净的手再次弄脏。

2.洗手的秩序

为了避免集中盥洗发生拥挤，可让幼儿分组盥洗。一位保教人员在盥洗室指导幼儿正确洗手、如厕等，另一位保教人员可带领其他幼儿一起做小范围游戏。

3.洗手的方法

指导幼儿洗手的方法参见项目二"盥洗中"的相关内容。保教人员要及时将盥洗室地上的水渍拖干，待最后一名幼儿洗完手后将自己的手洗干净，戴好口罩，协同其他保教人员指导幼儿进餐。

（二）规范操作

（1）保育老师穿反穿衣，戴口罩和帽子，保持"三白"，洗净双手。

（2）餐桌摆放适中，便于幼儿餐前行动及进餐，并利于保教人员进行餐点操作。

（3）按照规定进行餐前餐车、餐桌消毒。

（4）在幼儿活动区之外摆放饭菜，过热的饭、菜、汤等不进入教室。

（5）餐前二十至三十分钟分发餐具，不可过早，避免污染。

（6）分发餐具时，先发碗碟后分调羹或筷子，并放于碗碟上，以免调羹或筷子受到污染。

（三）指导幼儿

（1）结束活动收拾整理，在进餐位置摆放椅子。

（2）有序、分组盥洗后入座，养成餐前洗手的习惯，进餐前不把手弄脏。

（3）值日生参与力所能及的餐前准备工作，如中、大班幼儿用形象有趣的语言向同伴介绍当日食谱及其营养，分发餐具，分餐和摆放毛巾等。

阅读拓展

随着年龄的增长和心理的逐渐成熟，中、大班幼儿已经具备了一定的自我服务能力和为他人服务的意识，保教人员可以结合幼儿园教育教学的内容与要求，指导中、大班幼儿自主分发餐具。保教人员可将全班幼儿分成小组，每天安排值日生负责一日餐点的餐具分发和力所能及的卫生扫除工作。

让幼儿值日生分发餐具，可以通过实际操作，让幼儿进一步明确数的概念，使教育教学的内容在日常生活中得到巩固和延伸，锻炼幼儿的生活自理能力，培养幼儿为他人服务的精神。

（四）保教合作

（1）组织幼儿开展相对安静的餐前活动，如请幼儿讲述新闻、回顾上午的主要活动或值日生介绍当日食谱、营养健康知识等。

（2）分批组织幼儿洗手、如厕，减少幼儿等待现象。

（3）为了让每个幼儿都能有足够的时间从容地进餐，可以先为班级中吃饭慢和体弱儿分发饭菜，请其先进餐。

（4）不批评、训斥幼儿，避免影响幼儿进餐情绪。

（5）可以把坐在一起容易大声说话、嬉闹的幼儿分到不同的小组。

（五）家园共育

对于幼儿进餐，保教人员可以和家长沟通、交流以下事宜。

1. 做好幼儿进餐的示范

保教人员可以提醒家长以身作则，示范正确的用餐姿势和方法，比如在家进餐时，示范、引导幼儿一只手扶碗、一只手拿调羹（或筷子），能正确使用调羹或筷子，细嚼慢咽、不挑食等。

2. 营造轻松愉悦的进餐氛围

提醒家长尽量避免进餐前批评幼儿，以免造成幼儿情绪低落、食欲不振，进而导致消化、吸收困难。

3. 创设适宜的进餐环境，提供合适的幼儿餐具

家中尽量固定进餐时间和地点，提供适合幼儿就座的餐椅和便于使用、安全的餐具，使幼儿方便操作、愿意自主进餐。

4. 循序渐进，鼓励幼儿自主进餐

幼儿园和家庭应对幼儿进餐方面的要求达成一致，形成合力，鼓励幼儿自主进餐，促进幼儿良好进餐习惯的养成。

任务 2　进餐中的保育指导

案例导入

小一班幼儿刚开始午餐，就听见有幼儿大喊："李老师，小小把汤全部倒到饭碗里面去了。"保育老师李老师赶紧放下手机，环顾了教室一圈，走到小小旁边，一下夺过小小的饭碗，大声呵斥："小小，你怎么又汤泡饭？下次再这样就不给你吃饭了！"

请评析该案例中保育老师的做法。

任务要求

1. 了解正确进餐的要点。
2. 熟悉并掌握进餐中的保育指导。
3. 尊重幼儿，关注幼儿的个体差异。

一、正确的进餐方式和良好的进餐习惯

正确的进餐方式包括良好的进餐姿势，如进餐时的坐姿、使用各种餐具的方式、咀嚼的方式等，定时、定量进餐，不用零食代替正餐，不暴饮暴食等。这些都需要保教人员对幼儿进行长期、细致、耐心的指导，同时尊重幼儿，关注幼儿的个体差异，逐步帮助幼儿养成良好的进餐习惯。

（一）良好的进餐坐姿

良好的进餐坐姿是指幼儿的身体自然端正，靠近餐桌，双腿放到桌下，双脚平放在地面。保教人员应随时注意观察幼儿的进餐姿势，发现不良姿势时应用合适的方法及时纠正。幼儿进餐中常见的不良姿势有托腮，趴在餐桌上，身体倾斜斜靠着餐桌，身体后仰靠在椅背上，蹲坐在椅子上等。

（二）正确使用餐具

幼儿进餐时应一手扶饭碗，另一手握调羹（小班幼儿使用）或筷子（中、大班幼儿使用），一口一口将饭菜送入口中。中班初期，保教人员应将筷子和调羹都提供给幼儿，以便幼儿进餐时自主选择。

1. 指导幼儿使用调羹

当幼儿掌握了用调羹进餐的方法后，保教人员应进一步提出要求。

（1）拿调羹时不能一把握住，拇指应与其他四指分开，捏住调羹柄的两侧，手心朝上（见图1-6-4）。

（2）每一调羹不能盛得太多，以防泼洒；尽量一手拿调羹，一手扶碗（见图1-6-5、图1-6-6）。

图1-6-4　拿调羹的姿势　　图1-6-5　用调羹进餐1　　图1-6-6　用调羹进餐2

2. 指导幼儿使用筷子

（1）辨认筷子头部的形状，一般圆形一端为筷子头，方形一端为筷子的尾部。

（2）指导幼儿将筷子头戳齐，放在前面，手抓拿筷子的中后部。

图1-6-7　使用筷子进餐

（3）一只手扶碗，另一只手拿筷子，通常使用右手拿筷子。拿筷子时，右手同时握住两根筷子，两根筷子从大拇指和其余四指间穿过，外侧的一根筷子靠在食指和中指之间，内侧的一根筷子靠在无名指和小指上，中指放在两根筷子的中间，大拇指搭在两根筷子的中间偏上部，靠中指和食指夹住上面的筷子，上下夹动（见图1-6-7）。

知识拓展

指导幼儿使用筷子时的注意事项

阅读拓展

幼儿使用筷子进餐的重要意义

首先，使用筷子的过程可以很好地训练幼儿的拇指和其余四指对立抓握的能力，使幼儿的手部小肌肉群得到很好的锻炼，有助于发展幼儿手部的精细动作。

其次，使用筷子可以锻炼幼儿的手眼协调能力，眼和手的联合协调运动可以为幼儿今后掌握更复杂的动作奠定良好的基础。

最后，使用筷子夹取食物的动作能刺激脑细胞，有助于幼儿大脑的发育。当幼儿两三岁以后，在进餐时已不满足于用调羹，而是喜欢模仿成人使用筷子时，保教人员和家长可以因势利导，教幼儿正确使用筷子的方法，让幼儿学习用筷子进餐。这样既可以满足幼儿的心理需求，又可以使幼儿的肢体得到相应的锻炼。

（三）正确咀嚼食物

指导幼儿正确咀嚼食物，需要培养幼儿双侧牙齿轮流咀嚼的习惯。正确的咀嚼方法对幼儿十分重要，不仅能促进消化系统的功能，有利于颌骨的发育，还能帮助幼儿形成良好的进餐习惯。

幼儿常见的不良咀嚼习惯主要有：用切牙咀嚼食物，吃饭速度极其缓慢；进餐速度过快，虽能够使用槽牙咀嚼食物，但咀嚼不彻底，囫囵吞枣；上一口食物还未咽下时，就添另一口食物；用单侧牙咀嚼，致使两侧颌骨不对称等。

保教人员在指导幼儿进餐时，应注意对幼儿咀嚼的方式进行观察，及时对幼儿进行指导，帮助幼儿养成正确的咀嚼方式。

（四）独立、正确地进餐

进餐中，保教人员应指导幼儿饭、菜、汤交替吃，吃每一口食物时不能过多，不用汤泡饭，细嚼慢咽，一口咽下后再吃另一口。口中食物过干时，可喝一口稀的食物。同时，指导幼儿进餐中不含饭、不挑食、不偏食、不剩饭菜，也要提醒个别幼儿不过量进食。帮助幼儿逐步学会并主动剔刺、去皮和拆骨，能主动告知保教人员增减自己进餐的食物分量。

进餐中，保教人员应注意以下方面。

（1）当幼儿尝试用正确的方式独立进食时，保教人员应及时给予赞许，表现出对幼儿行为感到骄傲，让幼儿觉得自己很能干，这样有助于幼儿独立进食的良好行为再次出现。

（2）保教人员温暖的话语、轻柔的抚摸和鼓励的笑容都能给幼儿带来安全感和幸福感。

（3）保教人员应避免将食物作为奖赏，应多使用表扬、拥抱等精神鼓励。

（4）应留意幼儿情绪，不管幼儿是高兴还是低落，保教人员均应做出反应。要对幼儿支持鼓励，不能打骂幼儿，应有耐心，并且通过观察适时给予幼儿持续不断的指导。

二、进餐中的保育指导

（一）安全保障

（1）全面观察幼儿的进餐情况，保证幼儿安全、开心、自主地吃好、吃饱。

（2）提醒幼儿充分咀嚼后吞咽，安静就餐，不嬉闹，不拿着调羹、筷子等随意走动。

（3）给幼儿添加饭、菜、汤时，要注意从幼儿正面端送餐具，不从幼儿头顶越过，避免滴洒，烫伤幼儿。

（4）控制幼儿进餐时间，不能过短也不宜过长，最好在20～30分钟。

📖 阅读拓展

幼儿进餐情况观察事项

全面观察幼儿的进餐情况，有针对性地引导幼儿愉快、自主地进餐，尤其应注意以下五个方面。

1. 对于进餐情况不佳的幼儿，保教人员应先弄清楚原因，是否因为身体状况不好或是进餐方法不对。然后，针对幼儿的实际情况给予照顾或指导，切勿大声呵斥幼儿。

2. 不要随意催促幼儿快吃，也不要不问原因任意批评吃得慢的幼儿，更不要举行类似"比一比谁吃得快"的竞赛。

3. 对于饭量大、吃得太快或肥胖和超重的幼儿，要提醒其细嚼慢咽，可以让其饭前先喝汤。

4. 对于饭量小、吃饭慢的幼儿，要注意个别照顾。

5. 对于身体弱、有特殊需求的幼儿（如生病、对某种食物过敏、吃中药有忌口等），要告知厨房做"病号"饭，并有意识地让这些幼儿先洗手进餐。

（二）规范操作

（1）按照带量食谱进行首次到量分餐，饭菜不同碗，严禁汤泡饭，同时兼顾幼儿个体情况，及时添加饭、菜、汤，针对体弱儿可以采取少盛多添的方法。

（2）对体弱儿和个别进餐慢（困难）及服药的幼儿，及时给予帮助和指导。

（3）根据天气情况，观察饭菜的冷热是否合适，及时采取相应的控制措施。

（4）遵循人不等饭、饭不等人的原则。

（5）在幼儿进餐时不拖地、不扫地。

（6）鼓励食量小、进餐速度慢的幼儿，提醒进食快、容易暴饮暴食的幼儿。

幼儿不宜吃汤泡饭的原因

阅读拓展

"少盛多添"这样做

保教人员给有加餐需求的幼儿先盛一部分饭菜，等其吃完（碗内吃完、口中咽下）后再添加。保教人员要保证幼儿获得的营养不低于饮食标准或营养标准所规定的最低要求。一开始幼儿碗里的饭菜少一点，幼儿更容易控制，也更容易有进餐的成就感。分几次盛的饭菜远比一大碗满满的饭菜更容易让幼儿接受。

（三）指导幼儿

（1）用多种方式鼓励幼儿自己动手进餐，吃完属于自己的饭菜。对于年龄小尚没有独立进餐能力的幼儿，保教人员可以在刚进餐时鼓励幼儿自己进餐，后面适当喂幼儿，逐步过渡到幼儿能独立进餐。

（2）进餐时坐姿正确。

（3）能独立或在帮助下正确使用调羹、筷子（中、大班幼儿）等。

（4）干稀搭配吃，饭菜搭配吃，不挑食，不剩饭，样样食物都爱吃。

（5）文明、安静、有序地进餐，不抢食，不把自己的饭菜放在别人的碗里，不用袖子擦嘴，不边吃边玩。

（6）能主动向保教人员提出自己的进餐需求。

（7）保持桌面、地面及衣服清洁。

（8）咽下最后一口饭菜后才能离开座位。

（9）如对食物过敏，应知晓自己过敏的食物，养成及时告知保教人员的习惯。

（四）保教合作

（1）来回巡视，全面观察幼儿进餐情况，如餐具的使用方法（特别是中、大班幼儿筷子的使用方法），进餐时的坐姿，幼儿嚼、咽食物的方法及进餐时的情绪状态，尤其注意个别幼儿（早晨家长交代的特殊情况，幼儿身体有不适或吃药等）以及有食物过敏史、少数民族幼儿的进食情况，以便及时关注及离园时和家长交流、沟通、反馈。

（2）注意正面引导，不催促幼儿进餐，不利用进餐时间解决其他问题，不在幼儿进餐时讲故事、大声聊天。

（3）对呕吐的幼儿要及时处理呕吐物，询问身体状况，观察或向保健教师报备，并根据情况添盛新的饭菜等。

（五）家园共育

（1）2021年10月21日，中国营养学会教育培训中心发布了《2021学龄及学龄前儿童营养知行力报告》。报告显示，除水果外，3～5岁幼儿其他食物的摄入频率符合《中国居民膳食指南》推荐的幼儿比例不到50%（见表1-6-1）。保教人员在生活活动中须注意，并及时与家长交流，指导出现相关问题的幼儿家长逐步改善。

表1-6-1　2021年3～5岁幼儿其他食物的摄入频率

项　　目	餐餐有谷物	餐餐有蔬菜	天天吃水果	每日饮奶
3～5岁幼儿其他食物的摄入频率	39.70%	33.60%	61%	46.20%

（2）保教人员应及时将进餐时观察到的幼儿情况（偏食、挑食、厌食和暴食等）与家长交流、反馈，指导家长科学、合理安排幼儿膳食。

（3）指导体弱儿家长在家庭中做好幼儿膳食的相关工作，如食材的搭配、选择和烹饪等，并向家长介绍幼儿园对体弱儿膳食采取的各项措施。

任务3　进餐后的保育指导

案例导入

午餐后，保健老师拿着药片来到小一班，看见小小在教室里追逐其他同伴，连忙把他拉过来："小小，快点吃药了！你看看，你手上、脸上都是番茄酱啊！"

请评析案例中该班级餐点后的保育工作情况。

任务要求

1. 培养幼儿进餐后的自我服务能力。
2. 熟悉并掌握进餐后的保育指导。
3. 团结协作，促进幼儿全面、健康、主动发展。

一、进餐后幼儿的自我服务

（一）餐桌及餐具的整理

餐后，请幼儿检查自己是否做到"四净"：碗里干净、桌面干净、衣服干净、地面干净。请幼儿整理好自己的餐具，送到指定位置，并能根据要求分类，轻轻摆放，不挤不抢，懂得谦让。对于中、大班幼儿，可以请其及时捡起自己座位附近洒落的饭菜粒并扔到垃圾筒中。

（二）餐后个人卫生

餐后，保教人员要指导幼儿先擦嘴、再漱口，帮助幼儿养成良好的个人卫生习惯。

1. 擦嘴

擦嘴既可以用一次性餐巾纸，也可以用能重复使用的小毛巾。如果使用餐巾纸，保教人员要提前将餐巾纸放在固定的位置，供幼儿自取。擦嘴时，幼儿应双手捧住小毛巾或餐巾纸，放在嘴唇上，双手推动小毛巾或餐巾纸，从嘴角两边向中间擦，擦完一次后，对折，再擦一次。最后将手擦干净。擦过的小毛巾放在指定的地方待洗，餐巾纸放入干垃圾桶中。

若刚入园的幼儿不会擦嘴，保教人员可以将擦嘴的步骤和方法编成儿歌，帮助幼儿掌握正确的擦嘴方法；也可以引导幼儿将擦嘴变成折纸游戏，如擦一次变成一个长方形，擦两次变成一个正方形。

2. 漱口

饭后漱口有利于及时清除口腔中的食物残渣，保持口腔健康，同时避免幼儿含饭在口中。保教人员应指导幼儿按照正确的方法漱口，充分清洁口腔。

幼儿要用自己的汤碗或茶杯接饮用水漱口，小班幼儿可以从先咽下逐步过渡到吐出漱口水。幼儿手上如有油渍，要及时洗手，保教人员可提供面油，并引导幼儿学会涂抹。

（三）搬餐椅

做好个人餐后卫生的幼儿，轻轻地把椅子搬回教室中的特定位置或安静游戏的地方，如阳台、图书角等区域（见图1-6-8）。

（四）服药

若有餐后服药的幼儿，保教人员应提醒幼儿服药，并协助保健教师按时定量给幼儿服药。同时，还要指导幼儿逐步学习主动告知服药需求并安静等候保健教师辅助服药。

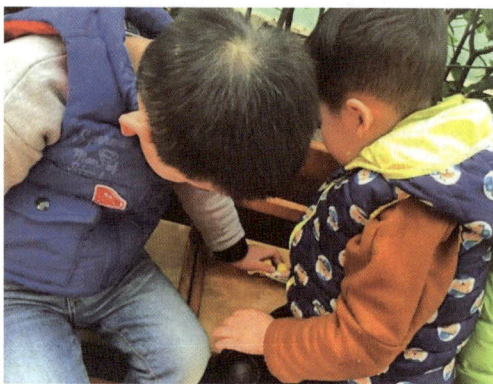

图1-6-8　餐后搬椅安静游戏

阅读拓展

对体弱儿的保育

1. 肥胖幼儿

先为其盛汤喝，提醒其充分咀嚼，适当提供多素少荤的饭菜。

2. 营养不良幼儿

为其准备营养餐，采用逐步加量的方法，观察进餐过程，及时予以鼓励。

3. 忌口或过敏幼儿

对有食物过敏的幼儿，为其提供相应的饭菜，提示其要知晓自己对某食物过敏，并能及时告知保教人员。

图1-6-9　餐后阳台安静游戏

二、进餐后的保育指导

（一）安全保障

（1）不论幼儿进餐是否完毕，保证所有幼儿都在保教人员的视线之内。

（2）幼儿陆续进入餐后活动时（见图1-6-9），关注幼儿的活动秩序，为有需要的幼儿及时提供帮助，并注意安全。

（3）注意观察幼儿进餐后的精神状态，特别是对某些食物有过敏史、身体不适以及吃药的幼儿。

餐后活动应注意的方面

（二）规范操作

（1）在所有幼儿完成进餐后进行清洁、整理工作。

（2）关注幼儿是否吃完自己碗里所有的饭、菜、汤。

（3）提醒幼儿咽下嘴巴里的最后一口饭菜，餐后擦嘴、漱口。

（4）或可提供面油，方便幼儿擦脸后涂抹。

（三）指导幼儿

（1）咽下最后一口饭菜，方能离开座位。

（2）整理碗筷，收拾餐具，并能清理饭菜残渣，做到"四净"（碗、桌面、衣服和地面干净）。

（3）有序送还餐具，并能分类摆放。

（4）养成餐后擦嘴、漱口等卫生习惯。

（5）用毛巾擦嘴、擦脸，并学会涂抹面油。

（6）进行值日生工作，鼓励幼儿自我服务及为他人、为集体服务，如提醒同伴餐后漱口、餐具分类摆放等。

阅读拓展

指导幼儿擦嘴、擦脸的方法

针对幼儿不会擦嘴、擦脸，可以试着这样做：将擦嘴、擦脸的步骤和方法编成儿歌，在日常生活中多强化，帮助幼儿掌握正确的擦嘴方法。例如，"餐巾纸（或小毛巾），手中拿，擦一次，变出一个长方形，擦两次，变出一个正方形"。通过游戏化的口吻，使幼儿对擦嘴、擦脸感兴趣。

针对幼儿擦不干净，可以试着这样做：在擦嘴、擦脸的地方贴上小镜子和"猫妈妈"的图片，设置"猫妈妈找宝宝"的情境。例如："猫妈妈要来看看它的宝宝们小嘴、小脸擦干净了没有，小朋友们可要把小嘴、小脸擦干净，千万别长出胡须来哟。"

（四）保教合作

（1）合理分工，科学站位，既照顾到仍在进餐的幼儿，又关注到就餐后的幼儿。

（2）关注幼儿进餐后整理餐具、收拾并清理饭菜残渣的情况，及时予以指导。

（3）检查幼儿口腔内是否有食物残渣，督促幼儿养成饭后漱口（或刷牙）的良好卫生习惯。

（4）检查幼儿用餐巾纸（或小毛巾）等擦嘴、擦脸的情况，引导其学会涂抹面油。

（5）关注并安抚、鼓励进餐慢的幼儿，注意饭、菜、汤温度是否适宜。

（6）组织幼儿安静有序地活动，如餐后散步、户外观察、阅读图书、进行手指游戏等安静的活动，避免剧烈的活动。

（7）规范和指导幼儿值日生的工作。

（五）家园共育

（1）保教人员应密切联系家长，及时提醒家长关注在幼儿园保健室宣传栏、网站上公布的幼儿一周食谱，让家长了解幼儿园配餐的营养搭配情况，并在家合理安排幼儿的饮食。

（2）保教人员要根据观察到的幼儿在园进餐情况，向家长介绍切实可行的好办法，特别是对于日托在园的营养不良幼儿，应在离园时告知家长幼儿在园的进餐情况，嘱咐家长回家后适量加餐，确保幼儿摄入足够的营养。同时，应提醒家长也要将幼儿在家进餐的情况及时反馈给保教人员，并以身作则，家园保持一致，使幼儿养成、巩固良好的饮食习惯。

（3）保教人员可结合幼儿进餐时的自我服务情况，与家长沟通，请家长在家中进餐前后鼓励幼儿自我服务的同时为家人服务，不包办代替，为幼儿创造条件自主进餐，做力所能及的事。

课后练习

一、单项选择题

1. （　　　）有利于幼儿进餐。

    A. 幼儿吃饭时训斥幼儿　　　　　　　　B. 催促幼儿进餐

    C. 室内安静，同时轻声播放轻松的音乐　　D. 保教人员聊天

2. 幼儿进餐的正确坐姿是（　　　）。

    A. 趴在餐桌上　　　　　　　　　　　　B. 身体倾斜倚靠餐桌

    C. 两腿放在餐桌上　　　　　　　　　　D. 脚平放在地面上，身子靠近桌子

3. 幼儿用调羹自己吃饭的过程中，保育老师可以（　　　）。

    A. 袖手旁观　　　　　　　　　　　　　B. 用另一把调羹喂幼儿

    C. 关注幼儿不要把饭洒在衣服上　　　　D. 纠正幼儿不正确的行为

4. 使用筷子时，外侧的筷子应靠在（　　　）。

    A. 食指与拇指之间　　　　　　　　　　B. 无名指与中指之间

    C. 小指与无名指之间　　　　　　　　　D. 食指与中指之间

5. 对初步使用筷子而动作不规范的幼儿，保育老师应该（　　　）。

    A. 坚决制止　　　　　　　　　　　　　B. 以鼓励为主

    C. 及时纠正　　　　　　　　　　　　　D. 以批评为主

二、是非判断题

1. 正餐间隔时间不得少于3小时。　　　　　　　　　　　　　　　　　　　　（　　　）

2. 进餐前的准备就是指进餐物理环境的创设。　　　　　　　　　　　　　　（　　　）

3. 中班幼儿开始使用筷子。　　　　　　　　　　　　　　　　　　　　　　（　　　）

4. 指导幼儿正确咀嚼食物，需要培养幼儿双侧牙齿轮流咀嚼的习惯。　　　　（　　　）

5. 幼儿碗里没有饭菜就可以离开座位。　　　　　　　　　　　　　　　　　（　　　）

聚焦考证

1. 简述餐具、擦嘴毛巾消毒方法及要求。

2. 正确组织幼儿进餐应做好哪些工作？

项目七

午睡保育指导

任务 1　午睡前的保育指导

案例导入

9月刚开学的一个早晨，来园上班后，小一班保育老师李老师打开班级卧室的门窗通风。午餐前，李老师关上卧室窗户，拉好大部分窗帘，留了一扇窗帘没有拉，同时打开空调，温度调到26摄氏度。

请根据幼儿园午睡环境创设的要求，评析案例中保育老师的操作。

任务要求

1. 了解午睡的重要性及时长。
2. 掌握午睡前的各项保育工作。
3. 热爱幼儿，尊重幼儿个体差异。

午睡是幼儿在园享受温馨恬静和养精蓄锐的重要时间，也是保育工作非常重要的环节。保育指导方法是否得当直接影响幼儿入睡的时间和睡眠的质量，幼儿身体的能量调节，以及幼儿一日生活与学习的效果。午睡与生活活动其他环节最大的不同在于要保证大部分幼儿同时安静入睡，这就需要保教人员了解幼儿午睡相关的内容，具备一定的经验，并能在了解和尊重幼儿睡眠时间或需求的基础上，采取有针对性的、科学有效的方法。

一、午睡的重要性

3～6岁幼儿每日睡眠时间应达10～13个小时，因此，仅仅通过晚上的睡眠远不能满足其生长发育所需要的时间。另外，幼儿身心易于疲惫，午睡可以帮助幼儿补充晚上睡眠时间的不足，恢复体能和精力，为下午在园活动储备能量、奠定基础。

午睡的重要性主要体现在如下四个方面。

（1）幼儿在园午睡直接影响到幼儿下午的精神状态，可以补充幼儿夜间睡眠的不足，恢复幼儿的体力，以确保幼儿有充沛的精力完成下午的活动。对于刚上幼儿园的幼儿，午睡可以适当改善幼儿的负面情绪，帮助其缓解分离焦虑。《托儿所幼儿园卫生保健工作规范》中规定："3～6岁儿童午睡时间根据季节以2～2.5小时/日为宜。"《指南》指出："保证幼儿每天睡11～12小时，其中午睡一般应达到2小时左右。午睡时间可根据幼儿的年龄、季节的变化和个体差异适当减少。"幼儿年龄越小，需要的睡眠时间越长，培养幼儿养成良好的午睡习惯和独立的午睡能力，保证幼儿充足的睡眠时间至关重要。

（2）良好的午睡有利于幼儿健康成长。有研究表明，午睡的幼儿精力更充沛，记忆力更好，反应更灵敏。幼儿的大脑皮质易兴奋也易疲劳，适当进行午睡能够让幼儿的大脑充分休息，对保护幼儿的大脑，促进幼儿的生长发育非常重要。

（3）幼儿的身体处在生长发育中，经过上午在园的各项活动之后，身体各方面机能已经处于疲劳状态，适当进行午睡可以让幼儿身体中的各个器官和系统机能得到恢复，帮助幼儿提高身体抵抗力，改善免疫功能。同时，充足的睡眠可以使幼儿脑垂体分泌更多的生长激素，促进幼儿骨骼的生长。

（4）在园午睡前后，幼儿独立穿脱衣物并叠放整齐，整理床铺，不但能提高幼儿的生活自理能力，促进手眼协调和精细动作的发展，而且能使幼儿养成良好的生活习惯，体验集体生活及同伴互助的快乐。

二、午睡前的保育指导

（一）安全保障

（1）在幼儿午睡前检查幼儿床铺上有无细小或尖锐物品等，以免幼儿将其塞入耳鼻或戳到面部造成危险。同时，检查并排除环境中的其他危险因素，如电风扇等电器的安全性。

（2）保证幼儿一人一床、一人一被。

（3）进入卧室前，将幼儿的发卡、发绳、眼镜等统一取下，收放在固定处（如放在小收纳篮内）。

（4）关注在午餐过程中有不适情况及餐后吃药的幼儿，发现异常，及时处理并联系保健教师。

（5）调节好卧室光线，要有助于幼儿入睡及保教人员巡视，既不能太亮，也不能太暗，要保证保教人员巡视中能清楚观察幼儿的午睡情况。

（6）合理安排幼儿的床铺位置。床铺尽量避开电源插座、吊扇、供暖设备及空调等，高低床靠墙摆放；相邻床铺幼儿头脚交替睡，避免头对头呼吸，同时减少干扰，便于入睡；还要保证床位之间的走道通畅。

阅读拓展

有特殊需求幼儿的床铺摆放

（1）体弱儿的床铺应安排在背风处。

（2）体质较好、怕热幼儿的床铺可安排在通风处，不过不能吹到过堂风。

（3）入睡慢、易尿床和动作大的幼儿，床铺安排在离保教人员较近的地方。

（4）咳嗽幼儿的床铺最好能与其他幼儿有一定的距离。

（二）规范操作

（1）上午来园后，为卧室开窗通风（见图1-7-1），做好地面和环境的卫生清洁。

（2）卧室须保持空气流通，温度适宜。根据需要开关窗户大小，调节好室温，卧室的空调冬、夏季可在幼儿午睡前半小时左右打开，起床前关闭，温度控制在规定范围内。

（3）组织幼儿分组如厕后，有序、安静地进入卧室，并清点人数。

（三）指导幼儿

（1）养成睡前如厕的习惯。

（2）能独立或在帮助下按顺序脱衣裤、鞋等（见图1-7-2），并放在固定的地方。

（3）不携带尖锐、细小的玩具等进入卧室。

（4）特别关注个别服药幼儿，配合保健教师辅助幼儿服药。

图1-7-1 卧室开窗通风

图1-7-2 午睡前脱鞋

阅读拓展

午睡前脱衣物的方法

1. 脱衣顺序

从下至上脱，先脱鞋子，然后脱裤子，最后脱上衣。

2. 叠裤子方法

将裤子整齐平放在桌面上，将一条裤腿对准另一条裤腿两面对折，双手抹平，裤腿对准裤腰处再对折，双手抹平放好。

3. 叠上衣方法

将衣服整齐平放在桌面上，将两边敞开的衣服分别对准中间处合上，将两只袖子分别对折重叠合上，将衣服底边向领口处对折上翻，双手抹平放于小椅子上。

4. 鞋摆放位置

将脱下的鞋对准齐，放于床下睡觉时脚所在的一头。

（四）保教合作

（1）午餐后清点人数，做好交接，了解上午半天全班幼儿及个别特殊幼儿（早晨家长交代的特殊情况，幼儿身体有不适或吃药，与其他幼儿有冲突等）情况，以便午睡时及时关注并在离园时和家长交流、沟通、反馈。

午餐后班级保教人员的交接主要包括：当天班级实到幼儿人数及中途离园幼儿情况，当天请假（病、事假）幼儿情况，幼儿上午在园的特殊情况，幼儿情绪及各项活动情况，等等。

（2）检查幼儿口腔内是否有食物残渣，督促幼儿养成饭后漱口的良好卫生习惯，避免幼儿口中含饭菜入睡。

（3）组织幼儿散步、自主阅读、听音乐、听故事或儿歌，以及交换玩具游戏等安静的活动（见图1-7-3），不宜让幼儿做活动量大的运动或游戏，以保证幼儿睡前情绪安静平稳。

图1-7-3 午睡前的安静活动

（4）提醒并检查幼儿口袋，不将发卡、玩具等细小或尖锐物品带进卧室。

（5）安抚或舒缓幼儿情绪，允许个别有睡眠困难的小年龄幼儿带"安抚物"睡觉。也可播放柔和的音乐和睡前故事，使幼儿能够心情轻松、精神愉悦地进入睡眠。不对幼儿进行批评、呵斥以及恐吓，保持幼儿良好的情绪，不用惩罚睡觉或单独睡觉来恐吓和惩罚幼儿。

知识拓展

餐后活动建议

（6）及时清点就寝幼儿人数。

（7）及时关注卧室内的温度、被褥的厚薄、幼儿入睡穿衣的多少。

（五）家园共育

保教人员可以和家长沟通、交流及指导家长的幼儿午睡事宜。

1. 新生家访时记得询问幼儿午睡的情况

保教人员应向家长了解幼儿在家一般何时开始午睡、入睡快慢、午睡时长、是否蹬被、出汗多否、是否需陪睡、是否需带玩具、是否尿床、自己是否会穿脱衣物等情况，入园后继续观察幼儿午睡情况。

2. 指导家长为幼儿制订合理的作息时间

向家长提供幼儿园的作息时间安排表，请家长为幼儿制订合理、科学的在家作息时间，使幼儿逐步养成早睡早起、中午午睡的健康习惯。

3. 及时交流幼儿在园午睡情况

幼儿午睡时长或入睡时间与平常不一样时，及时与家长交流、沟通，了解相关情况和原因，给予幼儿适当的帮助；当幼儿身体不适或服药时，及时向家长反馈午睡情况，以便家长放心。对于睡午觉害怕关窗帘、关灯的幼儿应及时与家长沟通，了解原因，家园合作帮助幼儿逐步适应。

任务 2　　午睡中的保育指导

案例导入

小一班幼儿午睡时，张老师每隔15分钟左右巡视卧室一次。看到趴着睡的小小，张老师轻轻帮小小翻好身、盖好被，然后又观察小小片刻，一切正常后才转身继续巡视。

请根据幼儿园午睡中的保育指导，评析该案例中张老师的操作。

任务要求

1. 了解培养幼儿良好睡眠习惯的做法。
2. 熟悉并掌握午睡中的保育指导。
3. 关爱幼儿，尊重幼儿，保教并重。

一、培养幼儿良好的睡眠习惯

保教人员应按照幼儿园作息制度安排幼儿的活动，在相对固定的时间内组织、指导班级幼儿逐渐适应独立入睡、定时睡眠和按时起床，这样有助于培养幼儿形成睡眠定势，养成良好的睡眠习惯。同时，可以使幼儿的生物钟更加规律，养成良好的作息习惯，有助于幼儿身心的健康发展。

（一）养成独立入睡的习惯

一般来说，刚入园的幼儿一开始往往难以独立入睡。造成幼儿难以独立入睡的原因很多：一方面是因为幼儿刚刚来到陌生环境，可能因内心焦虑或过于兴奋短时间内难以入睡；另一方面，很多幼儿在家里养成了要成人陪着或哄着入睡的习惯，一时难以适应独立入睡。

对此，保教人员要有耐心，循序渐进地培养幼儿独立入睡的习惯。保育老师可以在幼儿入睡时，坐下来轻拍幼儿，使其情绪逐渐放松，逐渐对新环境产生安全感，并陪伴他们入睡。当幼儿慢慢适应新环境后，可逐渐减少陪伴次数，缩短陪伴的时长，直至幼儿能够独立入睡。

（二）培养定时入睡、按时起床的习惯

保教人员应培养幼儿按时入睡、按时起床的习惯，保证幼儿充足的睡眠时间。同时应取得家长的配合，指导家长，形成教育的合力，保持一致性和连贯性，共同培养幼儿良好的睡眠习惯。

（三）帮助幼儿养成良好的睡眠姿势

睡眠姿势（睡姿）指人睡觉时的姿势，主要有侧卧、仰卧、俯卧三种。睡姿因人而异，一般睡觉时会采用自己认为舒服的姿势，但是不良的睡姿会影响入睡速度及睡眠质量，也会对人的脊背等造成不同程度的影响，尤其对于处于生长发育阶段的幼儿影响更大。因此，保教人员在幼儿午睡中要特别注意帮助幼儿养成良好的睡眠姿势。对于睡姿不正确的幼儿，保教人员应注意及时与家长沟通配合，帮助幼儿养成正确的睡姿。

常见的睡眠姿势

二、午睡中的保育指导

（一）安全保障

（1）对于午餐吃得过饱或过慢的幼儿，可延迟其入睡的时间，避免意外发生。

（2）全面关注幼儿的午睡情况，睡中做好巡视，至少每15分钟要全班巡视一次。检查幼儿的睡姿，及时纠正俯卧或蒙头睡等不良姿势及不良习惯，观察幼儿的呼吸是否均匀，面色、情绪等有无异常。

📖 阅读拓展

午睡巡视的要求

幼儿午睡时，保教人员至少每间隔15分钟要巡回检查一次，同时做到"眼勤"，即仔细观察幼儿入睡时的神色、睡姿等；"嘴勤"，即及时安抚难入睡的幼儿；"手勤"，即帮助睡姿不对的幼儿调整并盖好被褥等；"腿勤"，即至少每间隔15分钟巡视全班一次，检查每个幼儿入睡的状况。

午睡巡视可以通过"一听、二看、三摸、四做"，检查并判断幼儿午睡的情况。其中，"一听"是指听幼儿呼吸是否正常；"二看"是指看幼儿午睡中的睡姿和神态，观察幼儿举动有无异常；"三摸"是指如果幼儿面色潮红，呼吸急促，可以摸摸幼儿的额头或颈后的温度是否上升，脉搏跳动的速率是否加快，作为有无发热的检查指标之一；"四做"是指帮趴着睡、跪着睡的幼儿翻好身，为个别踢被子的幼儿盖好被褥，唤醒个别幼儿及时小便等。

加强巡视工作，特别是加强对班级中体弱儿、病患儿及入睡困难幼儿的观察与照顾，若发现异常及时处理。

（3）保教人员所在位置要能关注到卧室中全部幼儿，及时发现异常并处理。

（4）对于睡前吃药或上午身体不适的幼儿，保教人员尤其要细心照顾，对于幼儿是否咳嗽、呕吐等

情况要时刻关注，细心护理，避免造成幼儿窒息。

（5）幼儿午睡中如需上厕所，保教人员要全程陪同。

（二）规范操作

（1）适当开窗，保持卧室内空气新鲜，避免对流风直接吹在幼儿身上。

（2）通过各种手段调节卧室内的温度和湿度，如开关窗户使用加湿器、空调、电风扇和空气净化器等。

（3）检查所有幼儿是否脱外衣等，为蹬被子的幼儿盖好被子。

（4）及时发现并纠正幼儿的不正确睡姿，提醒幼儿不蒙头、不俯卧、不咬被角、不吸吮手指等。

（5）轻声提醒并照顾常尿床的幼儿起床如厕，发现幼儿尿床要及时换洗、晾晒寝具。

阅读拓展

对尿床幼儿的午睡指导

望：一种是观察幼儿的身体动作，幼儿在床上身体不停地扭动或是用手在身上摸来摸去，即要小便；一种是观察幼儿表情，幼儿脸红红的或眼睛一直望着教师，想说又不敢说，往往也是要小便。

听：一些性格内向胆小的幼儿，有小便需求但不敢大声说，便躲在被子里轻声哼哼唧唧地哭，即要小便。

问：对上床后入睡迟的幼儿要主动询问，幼儿迟迟不入睡通常有尿意，让其起床小便后一般都能很快入睡。

摸：幼儿年龄小，膀胱储尿机能差，幼儿睡着时尿床后没有反应。如果观察、了解到班里有这样的幼儿，午睡中要做到心中有数，定时摸摸床铺，及时唤醒幼儿起床小便。

闻：幼儿即使将大小便弄在身上，有时也不会说出来，午睡中保教人员可利用嗅觉及时做出判断，及时清洗处理。

如幼儿尿床，保教人员切勿辱骂、嘲笑或讥讽幼儿，尤其不要当着全班幼儿的面，这样无助于幼儿尿床情况的任何改变。

（6）幼儿如出现高烧、惊厥、腹痛等紧急情况，应立即采取恰当的方式处理，及时通知保健教师或相关人员，根据情况及时带幼儿去医院就诊。

（7）提醒多尿的幼儿及时小便，并提醒幼儿披上外套、穿上拖鞋等，天冷时要避免着凉。

（8）保教人员知晓不同年龄段幼儿的午睡时间，合理安排并指导幼儿。

（9）午睡中根据天气、卧室开关空调等情况，以幼儿体感适宜为宜，及时开关窗户。

阅读拓展

帮助多尿或易遗尿幼儿的小妙招

一般来说，保教人员午睡前后可以重点把握三个时间节点，帮助多尿或遗尿的幼儿：一是睡前，特别关注并提醒多尿或易遗尿的幼儿及时小便；二是睡中，特别观察多尿或易遗尿幼儿的情况，及时轻声喊醒其起床小便；三是多尿或易遗尿的幼儿一睡醒，就第一时间询问并提醒他们起床小便。这三个节点若都能做到的话，则可有效地帮助到多尿或易遗尿的幼儿。随着幼儿年龄的增长，睡中环节可以不喊醒多尿或易遗尿的幼儿，重点做好睡前和刚睡醒这两个时间节点的工作即可。

（三）指导幼儿

（1）把鞋整齐脱放在床下，将外衣、外裤按要求分别叠放整齐，并放置在固定位置（衣服放在裤子上面，以便起床穿衣时方便拿取）。

（2）不要用外衣、外裤当枕头。

（3）保持正确睡姿。保教人员用轻柔的语言、温柔的动作来帮助幼儿调整睡姿。

（4）鼓励幼儿在感觉身体不舒服或发现同伴有异常情况时，及时、主动告诉保教人员。

（5）提醒早醒的幼儿保持安静，不影响同伴。

（四）保教合作

（1）注意力集中、动作轻柔、说话轻声、保持卧室安静，不离岗、不会客、不吃零食、不睡觉等。

（2）遵守午睡巡视制度。可将幼儿午睡时的具体情况详细记录在午睡巡视记录表中，如情绪状况如何，是否咳嗽、流鼻血、睡眠异常等，同时与搭班教师及时交流、沟通。

（3）清楚班级午睡中的特殊幼儿，如入睡困难的、服药的、睡眠时间短的幼儿以及需要特别注意的幼儿（如个别幼儿做噩梦哭喊时），保教人员要迅速赶到其身边，用轻柔的语言、亲切的抚慰或者帮其调整睡姿，使其恢复平静继续入睡。

（4）根据季节，对不同体质幼儿实行个性化的盖被量。尤其注意冬季的保暖，夏天为多汗的幼儿睡前垫好汗巾或及时擦拭头、颈部的汗。

（5）对于睡姿不正确的幼儿，应及时与家长沟通，并给予适当指导，帮助幼儿养成正确的睡姿。

（6）对一时不能入睡、辗转反侧的幼儿，可用面部表情和手势提示，轻轻抚慰，适当陪伴、延缓上床时间，或让他们在不影响同伴的前提下在自己的床上扭动一会儿，以帮助、引导其入睡。

阅读拓展

做好个别幼儿的护理

1. 对体弱儿要多加关心，可帮助其先入睡；给多汗的幼儿睡前背部垫上干毛巾，汗湿的毛巾要及时拿掉。

2. 指导易哭闹的幼儿最后入睡。对个别入睡难的幼儿，应随时调整教育策略，可让其晚睡或早起。

3. 咳嗽的幼儿如难以入睡，可提醒其喝点水，缓解咳嗽症状。

4. 对于尿多、睡前服药的幼儿应提醒其小便，防止尿床。保教人员应陪同幼儿如厕。

5. 进行分区照看，保教人员尽量靠近入睡难、生病、服过药的幼儿，以利于观察。

（五）家园共育

（1）保教人员在幼儿当天离园时及时向家长反馈幼儿午睡情况，如情绪状况如何，是否咳嗽、流鼻血、睡眠异常等，提醒家长在家注意并保持沟通。

（2）指导家长，如果条件具备，特别是周末和节假日，最好按照幼儿园的作息时间安排幼儿的活动和睡眠。

（3）提醒家长不要给幼儿穿太小、太紧的衣服，既不便于午睡前后幼儿自己穿脱，也不利于幼儿生长发育。

（4）请打鼾幼儿的家长在家观察幼儿睡眠情况，注意幼儿是不是有呼吸暂停的现象，如果有，提醒家长务必到医院做睡眠呼吸监测。

任务 3　午睡后的保育指导

案例导入

12月底的一天，小一班幼儿午睡起床进教室后，李老师打开卧室窗户通风，并开始整理幼儿的寝具，她发现小小的垫被又湿了！再一摸小小盖的被子，也弄湿了一小部分。离园时李老师把小小的寝具打包给了小小妈妈带回家处理。

请对李老师的做法进行评析。

任务要求

1. 了解做好午睡后保育指导的重要性及做法。
2. 熟悉并掌握午睡后的保育指导。
3. 尊重幼儿，关注幼儿的个体差异。

一、做好午睡后保育指导的重要性

午睡后的整理环节是保教人员容易忽略的环节。保教人员如果做得好，可以减少混乱，很好地帮助幼儿养成生活自理能力和良好的生活习惯，避免幼儿生病，有助于幼儿精神饱满地参与下午的各项活动，同时保持幼儿愿意每日来园的良好愿望。如果做得不好，既容易让幼儿午睡起床后情绪低落，影响下午的活动及后面的来园心情和愿望，同时也会引来家长的不满。而且，因卧室空间相对狭窄，大多数幼儿起床后处于迷茫状态，很容易引发事故。

二、午睡后的保育指导

（一）安全保障

（1）严格做好午检，尤其对于睡前服药的幼儿、小年龄的幼儿或性格内向的幼儿，做到有问题及时处理。

① 保教人员应在幼儿起床过程中及时检查幼儿的床铺，清点人数，观察幼儿的身体和精神状态，做到："一测"，用体温枪测幼儿体温；"二摸"，摸幼儿额头有无发热；"三看"，看幼儿神态和小手（尤其在手足口病高发期）；"四查"，检查幼儿有无漏穿衣物等。对表现异样的幼儿，如平时活跃的幼儿突然很安静，幼儿脸色苍白或者有不正常的潮红等，要及时送到保健室请保健教师处理。

② 午检正常的幼儿排队跟随保教人员离开卧室。午检若发现有发热、咳嗽、呕吐等身体不适或异常的幼儿（尤其在传染病流行期间），要及时送到临时隔离场所，视情况进行隔离，第一时间报告保健教师，并及时联系家长，必要时送往医院。同时采取消毒措施，做好相关登记并追踪关注幼儿情况。

（2）在幼儿起床后需及时清点幼儿人数，检查是否仍有幼儿在床铺上未醒来。

（3）幼儿从卧室回到教室吃午点时，保教人员需再次清点幼儿人数。

（4）全面观察幼儿的精神状态，发现异常，及时询问、关注、处理和抚慰，并上报保健教师。

（5）保教人员站位合理，所有幼儿均在教师视线里，无"盲区"隐患。

（6）组织已穿好衣服的幼儿坐在床边或排队，安静等候同伴，不打闹追逐，以免碰到床角导致磕破等。

（7）组织幼儿有序如厕，可按照先穿好衣物先如厕的原则，减少如厕拥挤，避免出现意外事故。同时，随时清理盥洗室地面积水，以免出现意外。

阅读拓展

对于小便异常情况的观察处理

1. 在组织幼儿午睡起床如厕时，保教人员要适当地观察幼儿的小便情况，如发现小便颜色加深或是小便过多、过少等问题都应该有针对性地处理；尤其是在秋冬干燥季节，保教人员要督促所有幼儿多喝水。

2. 保教人员可以通过集体活动讲解水对人类身体的重要性，引导不爱喝水的幼儿多喝水；还可以让幼儿对比不同颜色的小便图片引发幼儿对喝水重要性的关注，保证幼儿主动饮水、补充足量的水分。

（二）规范操作

（1）在幼儿起床前做好充分准备，根据天气及室内外温度开关窗户，避免对流风吹在幼儿身上。夏冬季节，起床前活动室应提前15～20分钟关或开空调，调整温差。

（2）保教人员应严格执行幼儿作息表，可提前5分钟播放轻柔、舒缓的起床音乐，音量适中，营造温馨的起床氛围，组织幼儿按时起床，将幼儿从睡梦中轻声唤醒。

（3）观察幼儿的精神状态，对没醒的幼儿采取轻唤的方式叫醒。

（4）有秩序地组织幼儿起床，检查幼儿衣服、鞋袜，避免穿反、穿错、穿漏、不穿以及鞋带未系好等情况，并帮助调整，为幼儿梳好头、系好发绳等。

（5）指导并给予幼儿充分的时间穿戴、自查，提高幼儿的生活自理能力，让幼儿体验自我服务及为同伴服务的成就感。对于醒得较早的小班幼儿，可以采取谁先醒就先穿衣或保教人员帮助其穿衣。中、大班幼儿可以自查穿衣情况，还可以同伴之间互查，能力强的幼儿帮助其他幼儿（见图1-7-4），这样可以在一定程度上避免幼儿等待。

（6）幼儿离开卧室后开窗通风，下班时关闭卧室门窗。理想的卧室湿度应为50%～60%。

（7）幼儿全部离开后进行卧室卫生清理，开门窗通风，保持空气流通。

（8）整理床铺，保持卧室内卫生、清洁、整齐、美观。

① 翻转被子，将每名幼儿的被子翻过来晾10分钟左右，对出汗较多幼儿的被褥可适当增加晾晒时间。

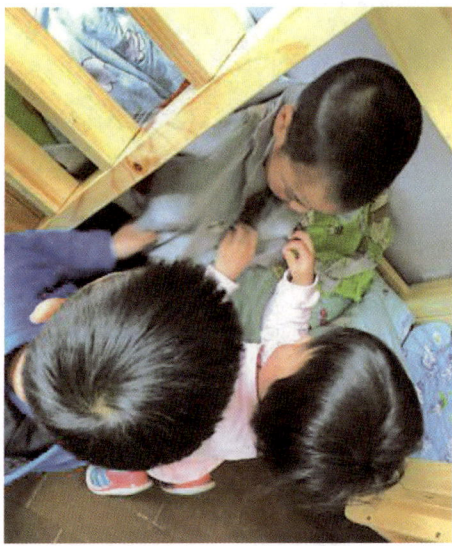

图1-7-4 幼儿帮助同伴穿衣

② 将床单和枕巾铺平，床面整齐无皱褶，同时检查有无尿床等现象。如发现有尿床及呕吐的现象，及时对床上用品及卧室进行彻底清洁，必要时进行消毒。

③ 枕头不要放在被子下面。因为幼儿睡觉时容易出汗，要保持枕头干爽（见图1-7-5）。

（三）指导幼儿

（1）安静、有序起床，不在床上及卧室内打闹。提醒个别动作慢的幼儿不拖拉，依赖性较强的幼儿

图1-7-5 幼儿床铺

不等待他人帮助。小班幼儿可以逐个起床，让身体弱需要睡眠的幼儿和入睡晚的幼儿多睡一会儿，等搭班教师进入卧室后再起床。中、大班幼儿可以在规定时间内共同起床。

（2）能在帮助下或独立按顺序穿好衣服鞋袜，整理衣物，如扣纽扣、拉拉链、系鞋带等，并互相检查有无穿错、穿漏。

（3）中、大班幼儿学习整理床铺，并能帮助同伴整理。

（4）起床后及时如厕、喝水，补充水分。

（四）保教合作

（1）保教人员应密切配合，科学站位，组织幼儿有序起床。

（2）可帮助先醒来的幼儿和体弱儿穿衣服，或提醒中、大班幼儿自己穿衣服。

（3）建议针对小班及以下年龄段班级，保教人员共同进班组织幼儿起床。

在幼儿起床及午睡后的时段里，保教人员应做到：眼勤，仔细观察幼儿，避免意外情况的发生；嘴勤，及时提醒幼儿穿衣顺序等；手勤，对于穿衣困难的幼儿，要及时给予帮助；腿勤，发现意外情况或幼儿请求时，及时来到幼儿身边。

（4）做好交接班，及时交流、沟通幼儿精神状态和身体情况，特别要交代清楚午睡中有特殊情况的幼儿，以便下午带班的教师对每个幼儿的身体状况做到心中有数。同时，要随时进行观察，离园时反馈给家长。

（5）在幼儿全部穿好衣服离开卧室后，保育老师开门窗通风，整理幼儿床铺，清洁卧室。保教人员及时清点人数，分工组织幼儿下午的后续活动。

（五）家园共育

保教人员要及时与家长沟通幼儿在园午睡的相关情况，并给予一定指导。

（1）对于难以入睡或经常遗尿的幼儿，保教人员要及时与家长沟通，了解原因，与家长共同商量、探讨解决问题的方法，尽量家园步调一致，相互配合，指导家长正确对待。

（2）建议家长在家中不包办代替，尽量让幼儿自己动手穿脱衣服，按时午睡并起床。指导家长要有耐心，对幼儿的进步及时肯定和鼓励。

午睡保育指导案例分析

阅读拓展

请家长不要给幼儿颈部佩戴饰物

日常生活中许多幼儿的颈部会戴各式各样的饰物，由不同材料制成，但这可能会让幼儿面临危险。如果午睡时有个别幼儿出于对饰物的好奇而去拉拽，就容易勒伤颈部。有的幼儿喜欢将颈饰含在嘴里，如果线绳被咬断吞下饰物，后果将不堪设想。同时，幼儿将饰物含在嘴里，大量细菌易进入口腔，影响幼儿的身体健康。另外，幼儿皮肤细嫩，容易发生皮肤过敏，使颈部发痒、红肿。

除此以外，女孩的发卡等饰物也同样需要避免锐角，一般午睡时建议保教人员帮助幼儿统一取下，放在固定的、便于幼儿取放的位置。

课后练习

一、单项选择题

1. 保育老师可以将（　　　）幼儿床铺安排在靠近卧室门口或靠近保教人员视线的位置，以避免影响其他幼儿。
   A. 不喜欢睡觉的　　　　　　　　　　　B. 午睡时间短的
   C. 不能及时入睡的　　　　　　　　　　D. 以上三种都包括

2. 对易尿床的幼儿，保教人员应给予特别关注，做到（　　　）。
   A. 睡前提醒小便　　　　　　　　　　　B. 睡中注意观察
   C. 睡中及时叫醒排尿　　　　　　　　　D. 以上三点都应做到

3. 培养幼儿良好睡眠习惯的主要内容是培养幼儿安静入睡、独立入睡和（　　　）等。
   A. 快速入睡　　　　　　　　　　　　　B. 正确的睡姿
   C. 关灯入睡　　　　　　　　　　　　　D. 睡前盥洗

4. 保育老师提醒睡眠中的幼儿排尿时，必须首先（　　　）。
   A. 唤醒幼儿　　　　　　　　　　　　　B. 将幼儿抱起
   C. 不醒就拍　　　　　　　　　　　　　D. 发出幼儿熟悉的排尿信号

5. 发现幼儿遗尿的情况，保育老师应与（　　　）联系。
   A. 家长　　　　　　B. 教师　　　　　　C. 园长　　　　　　D. 保健教师

二、是非判断题

1. 幼儿起床后，被子应完全打开通风，等幼儿穿好衣服后再叠被子。　　　　　　（　　　）
2. 3～6岁幼儿每日的睡眠时间为14～15小时。　　　　　　　　　　　　　　（　　　）
3. 批评尿床幼儿不是预防幼儿遗尿的方法。　　　　　　　　　　　　　　　　（　　　）
4. 蒙头睡会影响幼儿脑部血氧供应。　　　　　　　　　　　　　　　　　　　（　　　）
5. 冬季幼儿卧室的温度应控制在25～30摄氏度。　　　　　　　　　　　　　（　　　）

聚焦考证

1. 指出图片（随机出示）中幼儿午睡时存在的安全隐患，并采取相应的安全措施。
2. 分析下例中保育老师做法的正误，并结合自己的实践说说如何处理幼儿遗尿问题。

　　小玲平常就有午睡遗尿的问题，保育老师一般都会在午睡中叫小玲去小便两三次。可今天刚睡下一会儿，床就被尿湿了。保育老师生气了，用力拍着小玲的屁股，说："怎么又尿床了？真是个尿包。快起来换衣服，真是会添乱。"

项目八
离园保育指导

案例导入

幼儿都被家人接走了，教室中只剩下了滔滔。教师让他进入图书区看书，他看完第一本书后，把书放在桌子上没有收，接着又去拿第二本书。正当滔滔看得投入时，爸爸来接了，他马上放下书直扑到爸爸的怀里。然后，迅速地换好鞋，拉着爸爸的手，说："快走快走，我们回家吧！"教师对他说："滔滔，你的书还没有送回去呢？"他回头看了一眼书，拉着爸爸的手就要跑。教师又对他说："你急着和爸爸回家，那书宝宝也得回家找它的书爸爸啊，怎样才能让书宝宝找到书爸爸呢？你帮它找找，好不好？"他走进教室，脱下鞋子进入图书区把书放回原位，穿好鞋看向教师。教师向他竖起大拇指："你把书宝宝送回了家。书宝宝很高兴，它现在回家了，你也和爸爸回家吧！""老师再见！""滔滔再见！"[①]

请分析保教人员离园工作中的保育指导是否适宜。

任务要求

1. 了解离园前保育工作的重要性。
2. 理解离园前保育工作的内容。
3. 掌握离园前保育工作的操作。

一、离园前保育工作的重要性

《纲要》中指出，幼儿园一日活动皆课程。离园活动作为幼儿园一日生活的收尾部分，可以说具有"画龙点睛"的作用。保教人员在幼儿离园前要创设温馨、安静的氛围，对一日生活进行简单总结，帮助幼儿梳理一天的活动和收获；组织并和幼儿一起活动，培养幼儿喜欢幼儿园、愿意来幼儿园的情感。离园前工作组织得如何，直接影响幼儿的情绪和回家后的表现，甚至会影响第二天来园的积极性。因此，要重视离园前工作的组织与指导。

二、离园前保育工作的内容与要求

保育老师应配合教师组织好离园环节，为幼儿创造轻松、愉快、有序的离园氛围，具体来说，包括以下内容与要求。

（1）保教人员提醒幼儿喝水、排便，整理好桌面玩具和椅子等物品。

---

① 北京师范大学实验幼儿园.保育员工作指南 [M].北京：北京师范大学出版，2012.

（2）保教人员指导和帮助幼儿整理好个人服饰，保证幼儿仪容仪表干净整洁，如梳头发、整理衣服；提醒幼儿带好回家的用品，查核有无遗漏，如衣服、文具等。保育老师提醒教师把幼儿换洗的裤子交给家长。

（3）离园前，教师与幼儿进行简短的总结性谈话，同他们一起回顾一天的生活，回忆的内容可以是幼儿在园学习的歌曲、故事等，可以是幼儿活动的经验，也可以是意外事件、冲突事件的处理等；表扬好人好事，肯定幼儿的进步，鼓励幼儿把积极、愉快的情绪带回家；对他们进行安全教育和礼貌教育，提醒他们回家的注意事项。

（4）教师培养幼儿的任务意识，使其能向家长清楚地表达教师的要求、第二天需要的材料等；鼓励幼儿和家长分享在园的一日活动，向家长展示他们学习的本领和技能。

（5）保育老师协助教师组织幼儿自主参加适宜的活动（游戏），如音乐活动、趣味游戏、玩具拼搭、自主阅读、结伴阅读、画故事等，安静耐心地等待家长（见图1-8-1）。

图1-8-1　幼儿离园前自主活动

（6）保育老师全面配合教师组织幼儿安全离园，清点人数，做好交班记录，防止幼儿趁教师不注意跑出教室外玩耍。

（7）据气温情况，在离园前10分钟之内，保育老师帮助并指导幼儿穿好外衣，整理好个人物品。冬季室内外温差大，当幼儿穿好衣服后可适度开窗，避免幼儿出汗后受凉。

阅读拓展

离园游戏：开心动物园（小、中班）

[游戏规则]

1. 轮流说出动物园里的动物名称。

2. 一边说动物名称，一边模仿动物的动作。

3. 不能说别人说过的动物名称。

[游戏指导]

1. 学习打节拍：第一拍拍手，第二拍拍腿，反复、连贯拍出节奏。

2. 大家一边拍节奏，一边问："动物园里有什么？"第一名幼儿站起来，一边说"动物园里有猴子"，一边模仿猴子的动作。每名幼儿依次边说边做动作，整个游戏中幼儿都要一起打节拍。

3. 如果有幼儿重复了前面幼儿说过的动物名称，则游戏结束，该幼儿为大家表演一个节目，游戏重新开始。

[游戏延伸]

1. 可以增加游戏的趣味性和难度：大家加快打节拍的速度，幼儿说和做动作的速度也相应加快，训练幼儿反应的灵敏性和口语表达能力。

2. 可以变换游戏主题，如"开心果园"，说出水果的名称；"开心游乐园"，说出游乐园里的游乐设施名称，等等。

任务2　离园中的保育指导

案例导入

小枫老师的班级有名叫青青的幼儿，一直由奶奶接送。每天离园时，青青的奶奶都要拉着小枫老师讲很久。李老师提醒小枫老师："要善于结束长时间的谈话，留出和其他家长交流的时间，有些家长确实有问题需要和老师沟通，但看到你和其他家长交谈就走开了，这就耽误了真正问题的解决。"小枫老师听后不禁感慨：原来离园工作也不是那么简单的！

离园活动中，保教人员应如何与家长进行有效沟通？

任务要求

1. 了解离园过程中保育工作的重要性。
2. 理解离园中保育工作的内容与要求。
3. 掌握离园中保育工作的操作。

一、离园过程中保育工作的重要性

离园是幼儿非常期待的时刻，因为可以回家和看到自己的家人。但幼儿离园时，大量的家长同时进入幼儿园甚至教室来接幼儿，容易造成安全隐患。因此，要做好离园过程中的组织安排，确保幼儿顺利、安全离园。保教人员要制定好接送规则，帮助家长和幼儿形成秩序感，让离园环节变得更加有序、安全。同时，离园过程也通常是家长与保教人员集中交流幼儿情况的时段，保教人员要热情地接待家长，与家长交流幼儿的表现，亲切地与幼儿说再见，使幼儿能高兴地离园，为幼儿园一日生活画上圆满的句号。

二、离园中保育工作的内容与要求

（一）热情迎接家长

保教人员要面带微笑迎接家长的到来，让家长感受到幼儿园是非常欢迎他们的。同时，引导幼儿拿好自己的衣物，离开的时候和教师以及同伴说再见，并且约定明天见。

离园中保育工作的内容与要求

（二）与家长简短交流

（1）主动地、有针对性地与家长进行交谈，如实地反映幼儿在园的表现和健康情况，回答家长的询问，争取家长的配合。有重点地与个别家长沟通，做好饮食、患病、情绪异常等特殊幼儿的交接。

（2）巧用通知公告栏，把幼儿每天的生活活动、学习情况、通知等以简洁明了的文本形式贴在教室门口的公告栏上，让家长清楚了解到幼儿在园一天的情况，避免人多沟通拥挤，对于确实需要沟通、询问的家长，可请对方耐心等待一会儿。

（3）接待家长时，保教人员要做好分工合作。教师在与家长交流时，保育老师要照看好其他正在进行活动的幼儿，既要避免幼儿在室内打闹，也要防止幼儿独自离开教室。

阅读拓展

离园时与家长的沟通技巧

1.注意沟通的时间。离园这段时间，由于家长集中到园，很多家长都想询问自己孩子在幼儿园的情况，此时教师要学会控制时间，学会用简短的语言进行描述。

2.注意沟通的气氛，肯定幼儿好的表现，赢得家长的共鸣。

3.如实地反映幼儿在园的情况，不告状，不添加自己的情绪。比如，某某今天做手工的时候，把动物剪坏了，他有点不开心。

4.告诉家长幼儿最近的发展情况，提出新的要求，争取家长的配合，家园合力促进幼儿成长。

5.提供合理有效的策略，指导家长进行科学育儿。提供意见的时候要注意和家长交流的方式，不要给家长压迫感，不要给家长说教的感觉，应该建立在充分信任的基础上交流和分享。

（三）确保接送秩序井然有序

（1）保教人员要明确告知家长接送幼儿的流程，包括家长等待的地点、等待的时间、排队的方法等，以确保接送环节秩序井然。如遇到特殊情况，家长不能进园接孩子，小、中、大班三个年龄段要错峰离园，保教人员要把所有事项都仔细交代给家长，确保家长准时、有序来接幼儿。

（2）保教人员要和家长约定固定的接送人员，如有变化，务必要和家长电话联系确认，同时要检查接送卡，防止他人接走幼儿。

（3）可以组织晚离园的幼儿开展活动，在活动时要注意幼儿的安全，随时清点人数，不要让幼儿擅自离开保教人员的视线、走出幼儿园的大门，更不能在接送环节疏忽大意、放松警惕。

（4）对于有校车的幼儿园，保教人员要把幼儿送到校车上，交到值班教师手里，并确定把每一个幼儿都安全送到家长手里。

（5）有组织地为暂时没有被接走的幼儿开展活动（如自选玩具、图书或做安静游戏等），对过点没有接走的幼儿可以通过抱一抱、聊一聊的方式安抚好他们的情绪（见图1-8-2）。

图1-8-2　幼儿在离园前进行自主活动

任务3　离园后的保育指导

案例导入

蓝老师发现本班的保育老师李老师把幼儿用过的毛巾一一收起来，装进毛巾袋就送去消毒房消毒。蓝老师马上提醒李老师这样的消毒方法是不对的，应该先用洗涤剂水浸泡二十分钟，搓洗干净，漂洗拧干，最后装进毛巾袋送消毒房消毒。取回后，把毛巾逐一挂在幼儿毛巾架上，用消毒过的夹子固定。李老师虚心听取了蓝老师的指导，严格按照消毒流程操作。

请问：保育老师原先的操作方法有什么问题？

1. 了解离园后保育工作的作用。
2. 理解离园后保育工作的内容与要求。
3. 掌握离园后保育工作的操作。

一、离园后保育工作的作用

幼儿离园后,保育老师要收拾整理教玩具,做好教室、活动室、盥洗室、幼儿生活用品的清洁、消毒工作,同时要做好离园前的水、电及门窗的安全检查,确保无安全隐患。只有做好了离园后的保育工作,为第二天的工作做好准备才能保障第二天幼儿一日活动正常、有序地开展。

二、离园后保育工作的内容与要求

(一)收纳整理

1. 收拾整理教玩具

收拾整理教室内的教玩具,将教玩具按类别放到指定的位置,同时检查教室各个角落有无散落的玩具。

2. 检查教玩具

在收拾整理的时候,检查一下教玩具的使用情况,如布艺玩具有没有脱线,木制玩具有没有缺口,塑料玩具有没有损坏等;对于损坏的玩具及时修理,不能使用的玩具及时报废、更换;同时,要检查玩具是否有缺失,尤其是积木类玩具。

3. 分析幼儿在一天中玩具的选择情况

例如,对于哪些玩具幼儿会比较喜欢,哪些玩具没有幼儿选择,要进行观察和分析,并找出喜欢或不喜欢的原因。是因为幼儿不喜欢这个玩具,还是因为幼儿不知道这个玩具的玩法?在找出原因的基础上,针对具体的情况,引导和帮助幼儿玩玩具,并视幼儿玩的情况进行适当调整。

(二)离园后的清洁、消毒工作

经过一天的活动,教室、活动室、盥洗室等场所都需要打扫干净,做好清洁、消毒工作,为新一天的活动做准备。

1. 清洁、消毒教室和活动室

用专用抹布、清水、消毒水,按照从上到下、从里到外的原则,清洁、消毒教室和活动室的各个角落,尤其注意一些存在死角的地方。先用清水擦拭物体表面,再用消毒水擦拭,最后用干抹布擦干。保育老师用专用的抹布擦拭水桶柜以及水杯柜,再用消毒抹布擦拭消毒,最后用消毒过的干抹布擦干。保育老师要倒掉水桶里面多余的水,以备第二天的使用。

定期使用紫外线灯进行消毒,消毒时须在室内无人条件下进行。

消毒期间关闭门窗,作用时间不得少于30分钟。

2. 清洁、消毒盥洗室

保育老师用盥洗室专用清洁、消毒工具打扫盥洗室。先用专用抹布清洁洗手台、墙壁以及柜体表面,然后用消毒抹布擦拭上述地方,最后用清水抹布擦拭干净。对小便池的清洁,要先用刷子将便槽内壁刷干净,然后在便槽内放上消毒水浸泡30分钟,再用清水冲洗干净。对小马桶的清洁,要先用专用抹布蘸清水擦拭,再用专用抹布蘸消毒水擦拭,最后在马桶里放上消毒水浸泡30分钟,最后用清水冲洗干净。

3.清洁、消毒幼儿生活用品

在专用水池中，先用专用毛巾清洗杯子，再用流动水把杯子冲洗干净。用洗涤剂浸泡毛巾，在流动水下清洗毛巾。将清洗好的杯子、毛巾放入保育老师操作室内专用橱柜中，等待消毒。

离园后盥洗室
的清洁、消毒

（三）检查遗漏

一方面，检查各个角落有没有遗漏打扫的地方，倒掉垃圾。检查设施设备是否完好无损，如有损坏及时上报。

另一方面，离园前做好水、电及门窗的安全检查，确保无安全隐患。关电源时按顺序拔掉活动室、盥洗室、卧室的插头，检查每一个插座是否有异常。如果班级有总电源，最后可以切断总电源。

> **·家园共育·**
>
> 保教人员可引导家长认识到幼儿内心对家长陪伴的期待，建议家长在接幼儿之前尽量将工作、家庭事务安排好，能准时到园接幼儿，减少幼儿等待的焦虑。建议家长接到幼儿后，放慢自己的脚步，和幼儿保持同样的步调，不要因为赶路而错失了亲子交流的机会。

课后练习

习题测试

一、单项选择题

1. 保育老师对小便池、马桶的消毒是放入消毒水浸泡（　　　）分钟。
   A. 5　　　　　　　　B. 10　　　　　　　　C. 20　　　　　　　　D. 30

2. 幼儿园用紫外线灯进行消毒时，室内（　　　）人员。
   A. 可以滞留　　　　　B. 不可以　　　　　　C. 可以滞留少数　　　D. 可以滞留许多

3. 遇到临时更换接送人时，保育老师正确的做法是（　　　）。
   A. 不能放幼儿走　　　　　　　　　　　　　B. 可以放幼儿走
   C. 与幼儿父母取得联系　　　　　　　　　　D. 只要幼儿认识接送人，就可以被接走

4. 保育老师的离园工作包括（　　　）。
   A. 关好门窗　　　　　　　　　　　　　　　B. 整理活动室、盥洗室
   C. 整理教玩具　　　　　　　　　　　　　　D. 以上都是

5. 幼儿在离园前进行自选活动时，保育老师不可以做的事情是（　　　）。
   A. 照看幼儿　　　　　　B. 指导幼儿活动　　　C. 打扫卫生　　　　　D. 适时参与活动

二、是非判断题

1. 保育老师的离园工作包括关好门窗，整理活动室、盥洗室，整理玩具等。　　　　　（　　　）
2. 保育老师应配合教师组织好离园环节，为幼儿创造轻松、愉快、有序的离园氛围。　（　　　）
3. 为了节约时间，保教人员可以让家长同时进入班级接走幼儿。　　　　　　　　　（　　　）
4. 临时更换接送人时，保教人员不需要和家长电话联系确认。　　　　　　　　　　（　　　）
5. 保教人员离园前，做好水、电及门窗的安全检查，确保无安全隐患。　　　　　　（　　　）

三、操作题

1. 简述正确组织幼儿离园应做好哪些工作。
2. 模拟操作盥洗室的清洁与消毒工作。

>> 模块小结

　　生活活动在幼儿园中是指满足幼儿基本生活需求的活动，主要包括幼儿来园、盥洗、如厕、饮水、进餐、午睡、离园等环节。生活活动在幼儿一日活动中占用时间最多，它有利于幼儿养成良好的生活习惯和提高生活能力，是促进幼儿全面发展的重要手段，也是幼儿园保育教育工作的重要组成部分。

　　本模块通过案例呈现、理论学习及操作实践等帮助学生树立热爱幼儿、尊重幼儿个体差异的理念，从生活活动导论入手，通过来园、盥洗、如厕、饮水、进餐、午睡、离园等生活活动保育指导的展开，指导学生了解生活活动保育指导的内容、要求等，明确岗位职责，使学生熟练、规范地开展生活活动的保育指导，顺利完成生活活动保育指导的任务。

模块 二

幼儿运动活动保育指导

项目一 → 幼儿运动活动导论

项目二 → 户外运动保育指导

项目三 → 室内运动保育指导

项目四 → 运动受伤保育指导

模块导读

　　运动活动作为幼儿园一日活动的重要板块，对促进幼儿生长发育、机能发展及提高适应外界环境能力具有重要作用。《幼儿园工作规程》（2016）指出："幼儿园应当积极开展适合幼儿的体育活动，充分利用日光、空气、水等自然因素以及本地自然环境，有计划地锻炼幼儿肌体，增强身体的适应和抵抗能力。正常情况下，每日户外体育活动不得少于1小时。"保教人员要充分利用幼儿园的现有条件，开展丰富多样、适合幼儿年龄特点的身体活动，保证幼儿的运动活动时间，促进幼儿身体的生长发育、心理素质的发展，培养幼儿的自我保护能力。不管是户外运动还是室内运动，活动前，保教人员都要提前做好运动的准备，包括时间、场地和器械的安排以及幼儿的运动准备；活动中，保教人员要观察并调节好幼儿的运动量，做好幼儿运动中的保育；活动后，保教人员要组织幼儿进行放松运动，带领幼儿安全地回到教室并进行运动后的保育。如果幼儿在运动活动中受到了伤害，保教人员要按照要求及时地进行护理、上报，严重的及时送医。

　　本模块主要阐述幼儿运动活动的保育指导，通过案例呈现、理论学习及实践操作等使学生了解运动活动保育的内容、要求等，帮助学生熟练、规范地开展运动活动的保育工作。

学习目标

1. 理解运动活动保育对幼儿成长的重要性。
2. 掌握幼儿运动活动保育的相关内容。
3. 熟练开展幼儿运动活动保育工作。
4. 运动活动保育中能关爱幼儿，尊重幼儿的个体差异。

内容结构

项目一
幼儿运动活动导论

案例导入

　　涛涛是这学期新转来的幼儿，体形偏胖，不爱运动。户外活动时，涛涛总是站在一旁，看着其他幼儿进行运动。有一次，主班李老师让幼儿运球。涛涛还是站在原地，不为所动。李老师对涛涛说："涛涛，过来拿球。试一下，好吗？"在教师的呼唤下，涛涛迅速地拿了一个球，在原地练习拍球的动作，很不熟练。由于涛涛胖胖的体形，拍球没一会儿，他就有点气喘吁吁了，加上动作不熟练，一不小心，球滚到了一旁。涛涛慢慢地走过去捡球，时不时地张望着其他幼儿的活动情况。他捡到球后，重新尝试，可球还是不听话，涛涛逐渐失去了信心，索性抱着球看着其他同伴玩。看到这样的情况，李老师走过去对他说："涛涛，别着急，你跟着李老师来，我们一起拍球。1、2、3……"集合的时候，李老师在全班幼儿面前对涛涛进行了表扬："我要表扬涛涛小朋友，他全程参加了我们今天的拍球游戏，比之前有了很大的进步，希望他继续加油，也希望我们所有的小朋友都向他学习，感受运动的快乐。"随着李老师不断地引导，涛涛慢慢地喜欢上了运动，体重明显下降了，也更加外向了。

　　请根据幼儿园运动活动的知识，评析运动对幼儿的影响。

任务要求

1. 了解幼儿运动活动的价值。
2. 知道幼儿运动活动的类型及基本环节。
3. 理解运动活动保育对幼儿成长的重要性。

一、幼儿运动活动的含义

　　《幼儿园工作规程》（2016）指出："幼儿园保育和教育的主要目标的第一条是促进幼儿身体正常发育和机能的协调发展，增强体质，促进心理健康，培养良好的生活习惯、卫生习惯和参加体育活动的兴趣。"这一目标充分体现了幼儿的身心发展特点，强调了幼儿身体正常发育和机能协调发展、增强自身体质、积极参加体育活动的重要性。

　　运动活动在幼儿园中是指保教人员遵循3～6岁幼儿身心发展规律，组织幼儿在运动场地上，通过器械运动、自然因素锻炼、操节活动等丰富的活动形式，促进其生长发育、机能发展和提高对外界环境适应能力的活动。在幼儿教育中，必须把运动活动放在重要地位。

二、幼儿运动活动的价值

（一）幼儿身体发展方面

1. 促进幼儿生长发育

幼儿生长发育的速度非常快，一方面是各组织、器官、系统以及身体重量的增加和容积快速增长，即俗称的"长身体";另一方面是各种细胞、组织、系统形态结构的不断分化和功能逐步完善。通过符合幼儿身心特征、生动有趣的运动活动，可有效促进幼儿的生长发育，发展走、跑、跳、投等基本活动能力，使其身体灵活、协调，体格健壮、体形匀称。

（1）促进幼儿骨骼、肌肉的良好发育

幼儿进行运动活动，能通过运动对骺软骨产生有效的作用力，使之不断骨化，从而促进骨骼的增长，使幼儿身体长高。同时，运动能使骨的血液供给得到改善，骨小梁的排列更加整齐而有规律，使骨骼逐渐变得粗壮而坚固，从而提高幼儿骨骼的抗折、抗变形和抗扭转等机能，促进幼儿骨骼的良好发育。有研究表明，从小进行有益的运动锻炼，可使身高在正常生长情况下增长8～12厘米，同时，身体各部位的损伤率远比不经常参加锻炼的人群要低。此外，运动能使幼儿关节周围的肌肉力量增强，使韧带和关节囊增厚，有助于维持关节的稳定性，同时，因运动能有效提高关节周围肌肉、韧带的柔韧性和弹性，也会使幼儿关节的灵活性和伸展性得到增强。

肌肉是人体产生运动的动力器官，肌肉的收缩力牵拉着骨骼使人体产生运动。由于肌肉是由肌纤维、血管和神经组成的，具有伸展性、弹性和黏滞性，幼儿通过运动活动，可以使肌纤维变粗，肌肉力量增大，使肌肉中的供能物质增加，肌肉的血液供给量增多，从而使肌肉的绝对力量和耐久力增强。

（2）完善幼儿的心、肺功能

幼儿的心、肺功能尚在发育完善之中。经常参加运动活动的幼儿，其心血管的形态、结构和机能都会发生一系列良好的适应性变化，主要表现为心肌相对较发达。运动时，身体对氧的需求迅速增加，心肌细胞的收缩力增强，心肌细胞逐渐变得发达有力。此外，在运动时由于肌肉的不断运动和挤压，使得回心的血流量增加，心脏容积增大。以上变化使得幼儿心脏每搏输出量（心脏每跳动一次所输出的血液量）大大增加，从而提高了幼儿心脏的工作能力，使幼儿能够保持旺盛的体力和充沛的精力从事各项活动。

运动活动能有效促进肺的呼吸机能的提高，使肺进行良好的适应性发育，主要表现在肺活量的提高上。肺泡是组成肺的最小单位，人体通过肺泡进行外界（氧气）与体内（二氧化碳）的气体交换。幼儿在运动时，身体的需氧量大幅度增加，呼吸加深加快，每次呼吸进出肺泡的气体量也相应增加，使得通气肺泡的数量增加，肺活量提高。

（3）进一步完善神经系统的发育

人类思维能力发展的物质基础是人脑的发育和完善。运动对促进人脑的健全发育，进而促进智力发育有着重要作用。幼儿时期是大脑生长发育最快的时期，这个时期给予多种方式的丰富的刺激，对于大脑的生长会有更好的效果。运动是最好的刺激形式之一，可以促进幼儿神经系统的发育，提高幼儿中枢神经的控制能力、调节能力，从而促使头脑灵活、聪明，感知觉不断发展。

2.提高身体适应能力

运动活动有助于提高幼儿的身体适应能力。身体适应能力是指人体在适应外界环境中表现出来的机能，包括对外界自然环境和社会环境的变化所表现出来的调节自身功能、保持身体内部平衡的能力。

运动活动有利于幼儿适应自然环境的变化。在正常情况下，人体能够通过自身的调整而适应一般的环境变化，并维持其正常功能。当外界环境的变化过于强烈，并超出人体所适应的范围时，人就容易患上各种疾病。运动活动主要在室外开展，使幼儿充分接触阳光、空气、水、沙石和草木等自然环境和条件，并在外界环境的不断变化中使身体得到锻炼和适应。运动活动还能增强幼儿体质，促进血液循环并加速新陈代谢，有效地提高幼儿身体对各种疾病的抵抗能力。

（二）幼儿心理发展方面

1.促进幼儿心理健康

有效的运动活动能对幼儿心理的发展产生良好的刺激，促进幼儿智力的发展。幼儿在进行运动活动的过程中，始终伴随着认知、情绪、情感和个性等方面的心理变化。如幼儿进行体操练习，需要认真地观察、模仿、记忆各个操节，练习和掌握每一个动作，并在音乐的伴奏下，做出正确、优美的动作，从而有效地发展空间感知、运动知觉，以及观察、注意、想象和记忆等认知方面的能力。同时，幼儿在做体操时，节奏明快、旋律优美的音乐伴奏，能让幼儿产生愉快的情绪和良好的运动体验，激发潜在的表现力和美感，从而发展积极、乐观、自信的心理品质及审美能力。

2. 锻炼幼儿意志品质

意志是人自觉确定目的，并根据目的支配、调节行动，克服各种困难，实现目的的心理过程，包括自觉性、果断性、坚持性等。而一个人良好的意志品质的形成，对其一生的生活、工作乃至身体的发展都有促进作用。

在幼儿期，幼儿已经表现出意志品质的初步状态，如对于自己喜欢的运动，会表现出超乎寻常的坚持性和主动性。因此，利用运动活动从小培养幼儿的意志品质具有重要的意义。一方面，幼儿运动活动中的规则性、集体性、竞争性，不仅能有效地培养幼儿遵守纪律、诚实、公平竞争以及团结协作的优良品质，还可以培养幼儿的集体荣誉感以及交往和协作等能力。另一方面，运动活动主要以身体练习的方式来发展幼儿的身体动作、身体素质，在活动过程中，幼儿身体必须承受一定的运动量与强度，承受因运动负荷变化所引起的骨骼、肌肉、心跳以及呼吸等不适感，这些都有助于培养幼儿坚强、勇敢以及不怕苦和累的意志品质。

3. 提升幼儿交往能力

幼儿的社会能力体现在幼儿的适应能力和社会交往能力上，幼儿园运动活动为幼儿提供了更多人际交往的可能。在运动活动中建立同伴的交往关系，培养同伴的情感意识，建立对运动的积极态度，能让幼儿逐渐走出"自我中心"的圈子，从而逐步形成集体的观念。比如，足球是一项集体运动，有的幼儿园将幼儿两人为一组开展足球游戏，互相传球、抛球。在这个过程中，有的幼儿可能不会玩，或者配合不好，保教人员通过正确地引导，告诉幼儿对自己的同伴要有耐心，教会同伴怎么踢足球，学会之后，要主动说"谢谢"，对方也要主动地说"不客气"。此外，还有的幼儿会不小心把球踢飞，或者踢到其他同伴的身上，保教人员引导幼儿说"对不起"和"没关系"，通过小小的足球运动，提升幼儿的交往能力。

三、幼儿运动活动的类型

（一）户外运动

《纲要》指出，要"开展丰富多彩的户外游戏和体育活动，培养幼儿参加体育活动的兴趣和习惯，增强体质，提高对环境的适应能力"。幼儿园户外运动是幼儿园体育活动中最基本的组织形式之一，是指教师根据幼儿的身心发展特点和运动能力，充分利用幼儿园充足的自然因素、宽阔的户外场地、丰富的运动器械，创设多种多样的户外运动环境，让幼儿通过器械运动、自然因素锻炼、操节等形式开展运动，来增强幼儿体质，提高环境适应能力，保持愉快的情绪，形成健康的体魄（见图2-1-1）。相比于室内运动而言，户外运动更加丰富、开放、自由、灵活，能够更大限度地满足不同能力幼儿的需求，培养幼儿参与运动的兴趣和习惯。

图2-1-1　幼儿户外运动

（二）室内运动

幼儿园室内运动，是指在户外运动受到不良天气和环境污染、场地不足、传染病影响等限制的情况下，保教人员依据一定的教育目标，在活动室、卧室、走廊、楼梯、大堂等室内区域，选择适宜的运动器械，科学地开展身体运动，以满足幼儿每天的运动需求，促进幼儿身体发育、动作发展以及心

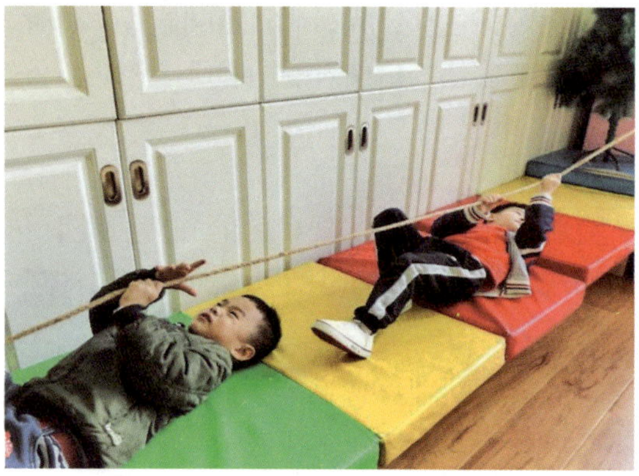

图 2-1-2　幼儿室内运动

理健康发展（见图 2-1-2）。

在幼儿园选择室内运动的原因里，有不良天气的影响，比如严寒、酷暑、狂风、暴雨等；有环境污染的影响，主要是空气污染，如PM2.5超标、有毒气体污染等；有场地不足的影响，比如一些幼儿园户外面积相对较小，不能满足全园幼儿同时进行户外活动；有传染病的影响，比如诺如病毒、流感等幼儿园常见传染病的高发期；也有些运动项目更适合在室内进行，比如赤脚游戏、爬行游戏等。跟户外运动相比，室内运动也有许多优点，一是室内的活动区域虽然有一定局限，但一定程度上能方便保教人员进行观察和指导，同时，幼儿在室内活动受到外界的干扰也相对较小，有助于更加专注地参加运动；二是室内的区域地面平坦、干净，适合开展一些锻炼走、爬、钻、翻等动作的活动。当然，室内运动也存在一些局限性，比如室内活动区域较小，较为分散，物品较多等。因此，保教人员也需要做好幼儿室内运动的保育工作。

阅读拓展

其他形式的幼儿运动活动

1. 早操

幼儿早操活动是幼儿园在早晨开展的、以基本体操为主要内容的一种组织形式，是幼儿一日活动中的重要环节，是"早晨进行身体锻炼的活动"的总称。早操活动一般包括体操、排队和变换队形、律动活动、走跑交替等内容。

早操能使幼儿精神饱满、情绪愉快地开始一日的生活，培养幼儿良好的体育锻炼习惯和态度，提高机体对室内外气温变化的适应能力和抵抗疾病的能力，促进良好身体形态的形成，以及发展动作的协调性和灵敏性。

2. 集体运动教学活动

集体运动教学活动是体育教学的基本组织形式，是幼儿运动活动的重要组成部分。它注重向幼儿传授体育活动最基本的知识、技能，发展幼儿的体能。幼儿集体运动教学活动具有以下特点。

（1）幼儿体育教学过程是一个多目标、多层次、多形式的教育过程。

（2）幼儿体育教学中运动技能的形成具有重复性和身心负荷双重性。

（3）幼儿体育教学是体力与智力的结合，具有交往的互动性。

（4）幼儿体育教学是以游戏性为主要特点的。

3. 幼儿运动会

幼儿运动会又称幼儿体育节，它既是幼儿运动活动的组织形式之一，又是幼儿体育活动的节日。它以体育游戏、基本体操为主要内容，通过组织全体幼儿参加，来达到丰富幼儿生活、培养集体意识、感受运动乐趣的目的，是一种全园性的体育集会。幼儿运动会一般可以分为表演比赛型和区域活动型两种。

4. 远足活动

远足活动即步行出游，是指幼儿园充分利用当地的资源条件组织幼儿进行身体活动的过程，强调让幼儿徒步行走到某一个目的地的过程。其主要特点是有目的、有计划、因时、因地地选择符合幼儿年龄特点，以促进幼儿身心健康、全面发展为主，并具有综合性教育内容的阶段性活动。

四、幼儿运动活动的基本环节

幼儿运动活动的基本环节分为三大部分：准备部分、基本部分和放松部分。

（一）准备部分

准备部分的主要任务是为运动活动安排好时间、场地、器械，检查幼儿着装，准备好幼儿物品，调动幼儿身心状态，做好热身运动，是运动活动顺利开展的前提及保障。

（二）基本部分

基本部分的主要任务是完成本次运动活动的目标，有针对性地提高幼儿身体素质，发展以身体运动为导向的相关能力。

（三）放松部分

放松部分的主要任务是放松与整理，包括组织幼儿做好放松运动，让幼儿逐步恢复到相对安静的状态，同时安排幼儿对器材进行归放等。

五、幼儿运动活动保育的意义

幼儿运动活动的保育是指保教人员在组织指导幼儿进行运动活动时，通过科学地制订活动目标和活动内容，合理地选择活动时间和场地，灵活地控制及调整运动量，悉心地做好身体护理等，来保证幼儿在运动活动中的身心安全和健康。幼儿运动活动是幼儿园一日活动的重要部分，运动活动中的保育工作，对保证运动活动的质量以及促进幼儿身心的健康发展，具有重要的意义。

（一）有效预防运动活动中安全事故的发生

在运动活动保育工作中，要求保教人员在运动开始前做好充分的准备工作，包括场地、器械的安排与安全检查，幼儿的着装检查及身体状况的了解等。如果保教人员在幼儿运动前没有做好充分的准备工作，有可能会造成幼儿受伤。比如，活动场地太滑、不平坦，或者有石块、玻璃等，就容易发生危险；幼儿衣服若有带子，在跑步或者玩滑梯的过程中容易出现卡绊而导致受伤。因此，充分的运动活动保育能有效预防运动安全事故的发生。

（二）促进幼儿自护意识与能力的提升

《纲要》指出："要充分活动幼儿的身体，逐步养成运动习惯，动作协调、灵活、有耐力，具有安全意识和初步的自我保护能力，有利于幼儿肢体的均衡发展和基本运动能力的全面发展。"在运动活动中，保教人员要为幼儿提供充分的运动机会，培养幼儿良好的运动习惯，以促进幼儿自护意识与能力的提升。

幼儿具备运动经验有助于减少危险，提高对突发事件的应变能力。在现实生活中不难发现，那些活泼好动、积极参与运动活动的幼儿，他们无论是奔跑蹦跳还是钻爬攀登，动作都非常灵活熟练，具有瞬间的反应能力，相对来说磕磕碰碰就少一些。而那些平时很少运动的幼儿，由于运动经验不足，活动中动作就显得比较笨拙，遇到危险反应较慢，也比较容易受伤。因此，我们要为幼儿提供充分参与体育活动的机会，让幼儿在运动中获取自我保护的意识与能力。

同时，在运动保育的过程中，保教人员要注重让幼儿学会自主调节活动量，正确使用运动器械及掌握正确的动作要领，以培养幼儿良好的运动习惯，提高幼儿活动的安全性。如知道跑步时眼睛向前看，跨步时要保证脚与地面高低的合理性，怎样跳下才安全等。只有真正让幼儿懂得保护自身安全的技能与方法，才能不断提高幼儿的自我保护意识，进而更好地保证自身的安全。

阅读拓展

进行户外活动时，新来的王老师正在组织小班幼儿轮流玩滑梯。王老师对幼儿说："你们只要排好队，轮流上去玩就行了，千万不能乱。"在王老师的指导下，幼儿有序地轮流玩耍。轮到强强时，只见他兴奋地爬上滑梯，从滑梯上一跳，摔在了滑道上。王老师赶紧把强强送到保健室检查。

在这个案例中，教师在组织幼儿使用器械进行户外活动时，没有跟幼儿强调器械的使用方法和注意事项，导致了意外事故的发生。

课后练习

一、单项选择题

1. 下列选项与幼儿运动活动的价值无关的叙述是（　　　）。
   A. 促进幼儿生长发育　　　　　　　　B. 提高幼儿身体适应能力
   C. 提升幼儿交往能力　　　　　　　　D. 避免生病

2. 运动可以培养的意志品质是（　　　）。
   A. 以自我为中心　　　　　　　　　　B. 坚强、勇敢、团结友爱
   C. 独立　　　　　　　　　　　　　　D. 乐于分享

3. 以下不属于幼儿园日常运动形式的是（　　　）。
   A. 早操　　　　　　　　　　　　　　B. 集体运动教学
   C. 室内运动　　　　　　　　　　　　D. 远足活动

二、是非判断题

1. 相比于户外运动而言，室内运动更加丰富、开放、自由、灵活，能够更大限度地满足不同能力幼儿的需求。　　　　　　　　　　　　　　　　　　　　　　　（　　　）

2. 运动保育的主要任务是保障幼儿运动的安全与卫生。　　　　　　　　　　（　　　）

聚焦考证

1.（单项选择题）下列选项与幼儿运动的意义无关的叙述是（　　　）。
   A. 增强体质　　　　　　　　　　　　B. 提高对疾病的抵抗力
   C. 预防意外事故　　　　　　　　　　D. 培养良好的品质

2.（是非判断题）幼儿园运动的目的就是增强幼儿体质，提高幼儿健康水平。　（　　　）

项目二
户外运动保育指导

任务 1　户外运动前的保育指导

案例导入

早上九点多，教师组织幼儿进行户外活动。来到草地上，幼儿看见爬网的玩具器械非常兴奋，都你争我赶地往那跑，教师看着幼儿的兴奋劲也没过多阻止。不一会儿传来一阵哭声，小蕾趴在地上一直哭，教师意识到小蕾肯定受伤了，赶紧检查。当拉起她的裤腿时，发现膝盖处有肿块，一碰就哭，还走不了路，送到医务室检查，初步判断小腿骨折，需要送医。事故发生后，幼儿园组织人员对草地进行排查，原来是爬网的绳子因为风吹日晒已经老化，小蕾在爬的时候由于踩断了一根绳子所以摔落下来导致受伤。

请根据幼儿园运动保育的要求，评析该案例中教师应该怎么做才能避免悲剧事件的发生？

任务要求

1. 掌握户外运动时间、场地、器械的安排及安全检查工作要点。
2. 掌握幼儿户外运动前的保育要点。
3. 能够根据户外运动前的保育要点对幼儿进行保育。

户外运动是幼儿和保教人员都十分喜欢的一种活动，每天的户外运动时间是幼儿锻炼身体的最好时机。在户外，幼儿可以尽情嬉戏、奔跑，享受明媚的阳光和清新的空气。户外运动有利于预防幼儿呼吸道感染，提高身体运动机能，增强免疫力，促进幼儿的健康发展。

在组织户外运动前，保教人员应该加强安全意识，做好安全检查及教育，否则容易引发安全事故。具体来说，保教人员应根据本班幼儿的特点，因时制宜、因地制宜地组织幼儿开展丰富多样的运动锻炼，既要做好户外运动时间、场地、器械的安排以及安全检查，也要做好幼儿运动前的准备和安全检查，保障户外运动的有效开展，保障幼儿的安全。

一、户外运动时间、场地、器械的安排与安全检查

（一）户外运动时间和场地的安排

根据幼儿生长发育规律，充分利用户外的日光、空气、水等自然因素进行适当锻炼，对提高幼儿各系统、各器官的生理机能和发展幼儿个性，促进幼儿身心健康有较大作用。《幼儿园工作规程》明确指出："幼儿园应当积极开展适合幼儿的运动活动，充分利用日光、空气、水等自然因素以及本地自然环境，有计划地锻炼幼儿肌体，增强身体的适应和抵抗能力。正常情况下，每日户外体育活动不得少于1小时。幼儿园夏季要做好防暑降温工作，冬季要做好防寒保暖工作，防止中暑和冻伤。"

户外运动一般安排在上午和下午各一次，每次活动的时间为30分钟左右，活动形式以分散的自由

活动为主，集体活动为辅。此外，针对户外区域运动活动，幼儿园可根据自身的场地条件、班级数量、幼儿人数等，采用班级轮换、同龄、混龄等不同模式，分步实施，创新运动活动。

同时，在不同的季节，保教人员应该根据天气情况适当调整户外运动时间，温度过高或过低都不利于户外运动。一般而言，春秋季节户外运动的时间相对较长，冬夏两季则相对时间较短，保教人员可以根据天气情况，将户外运动时间提前或延后。

1. 盛夏酷暑天气

盛夏时节，高温高湿的气候条件容易造成人体感觉困乏、烦躁、懒散。但夏季进行运动活动，能保持锻炼的持续性效果，避免幼儿身体体能和动作技能水平的衰退，还能有效提高幼儿身体对高温高湿气候的适应能力，促进幼儿的食欲，提高幼儿的睡眠质量，增强幼儿身体的抗病能力。

夏季尤其是盛夏时节的运动，为躲避一天中光照最强烈、气温最高的时段，一般是在上午十点之前和下午四点之后组织需要持续时间较长的集体户外运动，保证幼儿每天有 1 ～ 2 小时的户外运动。应避免在上午十点至下午四点之间组织幼儿长时间在户外进行大运动量、高强度的运动活动，防止中暑和紫外线灼伤对幼儿身体的伤害。每次锻炼时间一般限制在 20 ～ 30 分钟，以免幼儿出汗过多，体温上升过高，引起中暑。

夏季在户外运动时，户外运动场地中应该有遮阳的地方，同时注意活动过程中动静交替，活动一段时间后，可以安排幼儿在阴凉处做较安静的游戏或休息。此外，户外场地还应该设有饮水处，以防止幼儿中暑或脱水，如若幼儿发生中暑，必须及时处理，具体的应急处理要点可参考表 2-2-1。幼儿活动前，保教人员还可以给幼儿喷一些防蚊液，避免蚊子以及其他昆虫的叮咬。

表 2-2-1　幼儿中暑应急处理要点

要　点	要点说明
搬移	迅速将幼儿撤离高温环境，搬移到走廊、树荫下、空调房等通风、阴凉地方，并解开幼儿衣扣，让其平卧休息
降温	用冷水擦拭幼儿的全身，或用冷帕子敷幼儿的额头，或用扇子、电风扇吹风等对幼儿进行物理降温，注意降温方式要温和，避免骤降，体温降到38℃以下即可
补水	在意识清醒的情况下，应让其多次饮用淡盐水，情况好转后，可让其喝绿豆汤、冬瓜汤、鲜果汁等
促醒	若幼儿已失去知觉，也可以掐幼儿的人中穴、涌泉穴以及合谷穴
服药	让幼儿口服十滴水、藿香正气水等药物，还可以在幼儿的额部、颞部涂抹清凉油、风油精等药物
送医	对于重症中暑幼儿，须立即送医院诊治，运送途中要注意做好物理降温工作

图2-2-1　幼儿雪天运动

2. 寒冬风雪天气

寒冬季节，室外温度低，天气多风雪，坚持户外运动活动能提高幼儿大脑皮质的兴奋性，锻炼中枢神经系统的体温调节功能，使幼儿身体逐步适应寒冷的刺激，有效地提高身体的抗寒能力。另外，冬季人体免疫力下降，幼儿园集体生活中易发生季节性传染病（如流行性感冒）增强幼儿身体抵抗力、减少患病率，是幼儿园冬季运动活动的重要目标，因此，应适当增加幼儿活动量。

天冷的时候，户外运动场地要选择朝阳处，尽量在阳光多的场地活动，并让幼儿穿得暖和一些。北方下雪时，要在幼儿玩之前先检查场地和大型器械的表面，防止幼儿因积雪而滑倒（见图2-2-1）。

（二）户外运动场地的安全检查

户外运动的场地要宽敞、平坦、防滑、无杂物、四周无妨碍活动的障碍物，保教人员可以对照动场地安全隐患检查表（见表2-2-2）逐一进行检查。活动前，保教人员要负责在日常户外运动前对活动场地和大型玩具中的安全隐患进行检查，仔细检查和清除场地的危险物及障碍物，如发现螺丝松动、地砖不平等问题，及时报修给营房部门。水池或带棱角的花坛也容易有安全隐患，要让幼儿避开。

微课

排除户外运动前的安全隐患

表 2-2-2　活动场地安全隐患检查表 [①]

检查时间：			检查人：	检查地点：		
分　类	序　号	隐患项目		是 / 否	排除措施	备　注
活动前	1	检查活动场地是否平整、开阔		□是　□否	整理或者换场地	
	2	检查活动场地地面是否有积水、积雪等		□是　□否	打扫干净	
	3	检查活动场地是否已打扫干净，如有小石头、砖头、木棍、突出的棱角或掉落的玩具等杂物		□是　□否	捡起、归类放好	
	4	检查活动场地是否有危险物品，如钉子、碎玻璃片、蛇等		□是　□否	打扫或者换场地	
	5	检查活动场地的座椅、摆放物品等是否不稳定，容易一碰就移动或翻滚		□是　□否	清理场地，移至墙角，减少障碍物	
	6	检查高处活动场地是否未加装防护栏，护栏是否不结实、高低间隔是否不合理		□是　□否	禁止高处活动，以后增加护栏	

在一些细节方面，保教人员也要加以考虑。例如，户外运动应该远离空调排风机或有烟尘的地方，沙坑应经常翻松以保持其使用弹性，塑胶软垫如有破损、硬化或移动应立即修补。在恶劣天气条件下，如暴风雪、大风或大雨之后，必须对户外环境作全面检查。

此外，如果户外运动场地使用不合理，也会导致安全事故的发生。例如，场地不规则且多障碍物，就不适合进行跑步类练习；粗糙的水泥地面不适合进行跳跃类练习；等等。保教人员可以对相关户外场地进行合理规划，将活动区域和其他激烈运动区域分开。

在户外运动开始前，保教人员要清楚地讲明活动要求，告诉幼儿哪些是容易发生危险的地方。同时，保教人员可以在户外运动场地中张贴一些温馨的安全小提示，提醒幼儿注意活动安全。还可以鼓励幼儿主动发现活动中易出现危险的地方，请幼儿自己制作、张贴安全小标志。

（三）户外运动器械的准备与安全检查

丰富多彩的器械为幼儿提供了非常好的体验和锻炼机会，也给幼儿的幼儿园生活增添了无穷乐趣，幼儿园的户外运动器械应确保安全耐用。此外，在器械的安全检查方面，保教人员要细心、负责，细致检查器械是否有损坏、是否有边缘锋利之处，器械之间是否有防护距离等，可参考表2-2-3对器械安全隐患进行排查。

---

① 人力资源和社会保障部教材办公室 . 保育员 [M]. 北京：中国劳动社会保障出版社，2016.

表 2-2-3　发现并排除运动器械安全隐患的措施[①]

项　目	检查内容
1	检查大型体育器材的边角有没有尖锐凸出的地方，如有应进行光滑和磨圆处理
2	检查大型体育器材有没有裸露的螺杆部分，若有应立即使用磨圆的螺帽
3	检查幼儿的年龄是否适宜使用某体育器材，如不适用应在活动时禁止幼儿进入该区域
4	检查体育器械及活动场地的平整和场地有无不安全障碍物，如有应立即清除不安全障碍物，或在活动场地铺设保护性地面
5	检查体育器材是否存在表面破裂、零件松动、构件不牢固等情况，如有应阻止幼儿操作该体育器材，并报告相关人员对其进行检修与维护

首先，动态的器械，如秋千（见图2-2-2）、荡船、转椅等，应检查场地的占用情况或活动范围是否会与周边幼儿的活动范围发生冲突等，在其周围和进出方向应保留适当的安全距离，以免发生危险。

其次，静态的器械，如滑梯、攀登架（见图2-2-3）、云梯等，要进行牢固程度与稳定性检查，并在其下方设置沙坑、草坪或塑胶软垫，以保证安全。

图2-2-2　动态器械——秋千

图2-2-3　静态器械——攀登架

以上的器械，要注意阳光强烈且没有遮阳的地方不宜放置金属器材，以免烫伤幼儿皮肤；器材的间隙缺口处应避免夹陷幼儿的肢体。

对于金属材质的大型玩具，要检查有无生锈腐蚀的地方，金属槽内有无尖锐的边缘。对于木制玩具，要检查其表面是否有带毛刺或被腐蚀的地方。在准备硬质或易碎的玩教具时，要注意检查，以免扎伤幼儿。对于一些直角尖锐的器械，要注意包裹边角；对于一些罐头、奶粉罐等废旧材料做的运动器械，要注意处理好开口处，避免划伤。

活动前，保教人员要为幼儿准备数量充足的游戏玩具及材料，摆放在幼儿可自行取放的位置。户外小型玩具及器械的数量要比幼儿人数略多几个，并定期修补玩具，及时更换材料。保教人员可以请稍大的幼儿参与材料的准备工作，如制作标志、摆放轻型器械等。

---

① 人力资源和社会保障部教材办公室 . 保育员 [M]. 北京：中国劳动社会保障出版社，2016.

阅读拓展

户外运动器械的安全检查标准[①]

1. 滑梯：着地处地面有安全保护设施，滑梯台阶无破裂或松动。
2. 跷跷板：两端着地点松软，或设有缓冲物；板面没有断裂变形的迹象；扶手处没有松动。
3. 大型塑料玩具：无变形、开裂，或者容易卡住幼儿的地方。
4. 障碍轮胎：轮胎固定稳妥，轮胎表面平整无破损，轮胎内槽无积水和脏物。

二、幼儿运动前的准备与安全检查

（一）幼儿如厕与饮水的组织

一般来说，幼儿进行户外运动时间长，保教人员应在运动前先组织幼儿如厕、适量饮水，可以较好地减少运动过程中尿急、口干的情况，确保幼儿在运动的过程中全程参与，也减少幼儿运动中去如厕导致的安全事故。

（二）幼儿的着装与安全检查

幼儿的着装检查是户外运动中的关键环节，只要着装适宜，即便是在雨雪天气，幼儿也能够尽情地嬉戏（见图2-2-4）。正如俗话所说："没有坏的天气，只有不合适的衣服。"

首先，每次户外运动前，保教人员应该提示幼儿整理好自己的衣裤，并检查他们的着装情况，保证幼儿出门时无露肚皮、湿袖子、尿裤子等现象。还要检查幼儿的衣着是否轻便、宽松利索、适合运动。过多、过厚、过大、过紧的衣服，都有可能限制幼儿活动，对于过多、过厚、过大的衣服，要先脱下再活动；对于过紧的衣服，应进行更换。

图2-2-4　幼儿运动服装

其次，检查幼儿的鞋子是否适宜活动。过大、过小的鞋子有可能限制幼儿活动，过硬、过厚的鞋容易导致幼儿脚踝扭伤甚至摔伤。出现以上情况，应及时调整该幼儿的活动方式，并向家长反馈。还要注意检查幼儿的鞋带是否系牢，以防鞋带松开绊倒引起摔伤。

最后，注意避免幼儿口袋中的硬物和衣服上的饰物在运动中给幼儿带来的伤害。同样，保教人员的着装也应符合要求，以便和幼儿共同游戏、运动。

阅读拓展

幼儿着装要求

1. 连帽衫上不要有拉绳。
2. 冬天不要穿着长及膝盖的外套衣服，扣子要系好。
3. 在较寒冷的季节要注意检查秋衣是否塞在裤子里，避免幼儿在运动中露出肚皮。
4. 口袋里不要装硬物。

[①] 梁雅珠，陈欣欣.幼儿园保育工作手册[M].北京：人民教育出版社，2016.

5. 裤腿不能过长。

6. 鞋的大小要合适，鞋带要系好且鞋带不能过长。

7. 鞋子不能穿反。

（三）幼儿物品的准备

在幼儿户外活动前，保教人员应该准备好以下相关物品。

（1）汗巾。幼儿在大量运动之后常会后背汗湿，汗巾可吸收汗液，保持后背干爽，对预防感冒有一定作用。因此，保教人员可为幼儿准备擦汗毛巾，提醒幼儿运动中随时擦汗。对于易出汗的幼儿，还可在运动前在其后背垫上汗巾。

（2）衣物收纳篮。除夏季外，幼儿一般会穿两件以上的衣服，当运动了一段时间，身体会热乎起来，这时可以让幼儿脱掉外套放在衣物收纳篮里。

（3）水壶。可根据幼儿需求，在运动休息时组织幼儿喝点温水。

（4）纸巾。在运动过程中，有些时候会出现幼儿流鼻涕、上厕所的情况，需要准备好干净的纸巾及时擦拭。

（5）防蚊虫叮咬的用品。户外场地，尤其是夏季，蚊虫较多，可准备一些防蚊虫叮咬的用品，如花露水、防蚊贴等。

（6）垃圾袋。保教人员最好准备一些垃圾袋，方便及时装好幼儿在运动中或者保教人员在保育中产生的垃圾。

图2-2-5　运动中的站位

（四）队形、站位的安排

保教人员组织好幼儿安全有序地排好队按指定的路线进入场地，随后安排好合理的队形与位置方向，如图2-2-5。具体的队形、站位安排如下。

（1）要选择让幼儿背风、背光的方向，以防风沙或逆光影响幼儿对前面保教人员示范的观察与模仿。

（2）要注意按照幼儿身高站位，保证幼儿都能看到保教人员的示范动作，保教人员也能看到全体幼儿。

（五）幼儿身体的准备

运动前，保教人员要带领幼儿做好身体重点部位的准备活动（1～5分钟为宜）。适当的准备活动是为了提高中枢神经的兴奋性，增强各器官的功能，以适应剧烈活动的需要，同时减少外伤。除了手腕、脚踝、膝关节、颈、腰等经常活动的部位外，还要根据户外运动的内容对活动中主要锻炼的部位进行热身。例如，攀爬类器械练习，就要重点进行手腕和脚踝的准备活动；投掷游戏，尽量多进行上肢的热身运动；跑跳类游戏，多进行下肢及脚的热身运动等，避免幼儿在活动中拉伤。

此外，在进行户外运动之前还必须了解幼儿的身体状况，例如：对于容易出汗的幼儿，要为其垫上毛巾，准备好干毛巾、纸巾，便于在运动中擦汗，准备好供幼儿摆放衣物的塑料筐等物品；体质差的幼儿或刚恢复健康的幼儿，在运动中要适当减少运动的时间和强度；身体不适不能参加运动的幼儿，则要安顿好。保教人员只有对每个幼儿的身体状况都了如指掌，才能使体育运动更好地适应每个幼儿，让幼儿都能得到全面、充分、适宜、协调的锻炼和发展。

（六）幼儿情绪的准备

幼儿情绪的好坏直接影响其锻炼质量。在活动前，保教人员应充分调动幼儿情绪，提高幼儿活动兴趣，使幼儿主动积极地参与运动。例如，保教人员可以播放充满动感活力的音乐，激发幼儿活动身体的愿望；保教人员自身的饱满情绪和精神状态也会感染幼儿，激发幼儿参与活动的兴趣，进而主动锻炼。

任务 2　户外运动中的保育指导

案例导入

户外运动时间，中班幼儿在操场进行跳绳锻炼，一部分幼儿已经会跳，另一部分幼儿正在努力学习。几分钟后，冰冰捂着脸哭着来找教师，说同伴用绳子抢她的脸。教师赶紧检查冰冰的脸部并给她敷药。随后教师问明了情况，原来前面的幼儿在很认真地练习跳绳，但是由于不会跳，脚步控制不好，他们一边跳，脚一边向后挪动，跳着跳着，跳绳就甩在后面幼儿的脸上了。

请根据幼儿园运动保育的要求，谈谈该案例中教师应该怎么预防这种情况的发生。

任务要求

1. 在户外运动保育中能关爱幼儿，尊重幼儿的个体差异。
2. 掌握幼儿户外运动中的保育要点。
3. 能够根据户外运动中的保育要点对幼儿进行保育。

户外运动过程，即"户外运动中"，是户外运动里持续时间最长，也是幼儿得到最充分锻炼的时间。在这个阶段，大部分幼儿会逐渐投入各项运动，享受运动带来的快乐。对于这时候的幼儿来说，是最容易出现安全问题的。因此，在户外运动中，保教人员既要注意观察幼儿，做好相关的调节和护理，又要提高幼儿的自我保护意识和能力。

一、观察幼儿运动量

在运动过程中，保教人员可以通过观察幼儿的呼吸状况、面色、汗量等状况来判断运动量是否适宜，如表2-2-4所示。如果幼儿呼吸急促且有规律，微微出汗，这表明幼儿的运动量尚且合适；如果幼儿脸色红润，满头是汗，呼吸急促而无规律，这说明运动量过大，保教人员需要及时调整，引导幼儿进行一些舒缓的运动或暂时休息一下；而有的幼儿虽然在活动，但身体各方面情况都无明显变化，呼吸平稳，无汗，手的温度没有增加，这就要鼓励他们进一步加大活动量。

表 2-2-4　幼儿运动量（运动中）适宜程度观察表

观察内容	程度表现		
	轻度疲劳	中度疲劳	重度疲劳
面色情况	稍红	相当红	十分红或苍白
呼吸情况	中速、较快	显著加快、加深	呼吸急促、表浅，节奏紊乱

续　表

观察内容	程　度　表　现		
	轻度疲劳	中度疲劳	重度疲劳
排汗情况	微汗	较多	大量出汗
动作状态	动作协调、准确，步态轻稳	协调性、准确性和速度均降低	动作失调，步态不稳，用力颤抖
注意力和反应力	注意力集中，反应正常	能集中注意力，但不够稳定，反应力减弱	注意力分散，反应迟钝
精神状态	精神愉快	有倦意	精神疲乏

此外，对于一些不容易观察的幼儿，需要经常摸摸额头、脖子；出汗较多的幼儿，可用毛巾垫在其背部帮助吸汗，并提醒这些幼儿在运动中脱衣和注意休息，防止幼儿运动后因汗闷在衣中而着凉。

保教人员还可以根据幼儿的脉搏，用搭脉的方法来判断幼儿的运动量是否适宜。活动中的幼儿心率应为130次/分以上，最高不超过180次/分。心率恢复时间为5分钟内。

二、调节幼儿运动量

幼儿的运动内容和运动量应随季节、天气的变化而有所变化。夏季酷暑时，适宜开展运动量较小的户外运动，如钻爬、平衡、投掷等运动，避免让幼儿出现大汗淋漓的情况，活动时间不宜过长，要注意多休息；冬季严寒时，要注意让幼儿充分做好热身活动，使运动量逐渐增加，开展一些运动量较大的活动，如跑步、跳跃等。如遇到雾霾和沙尘天气，应减少户外运动时间，或改在室内进行活动。

幼儿运动量过大时，保教人员可以通过降低运动强度，减少运动次数，缩短运动时间，轮流运动等方式来降低幼儿生理负荷；幼儿运动量不足时，保教人员可以通过增强运动的紧张度，增加运动次数与运动时间，拓展运动范围等方式来增加运动量。

阅读拓展

不适宜幼儿开展的运动[①]

1. 静力性运动：玩扩胸器、拔河比赛等。
2. 急骤性的静止：如疾跑中突然静止、疾跑中突然转身等。
3. 有损骨骼关节的运动："斗牛"游戏（膝盖和膝盖碰撞）、掰手腕、从高处往硬地上跳等。
4. 过量的耐久性运动：距离过长的跑步、距离过长的"小兔跳"比赛等。

三、加强幼儿生活护理

保教人员在幼儿运动中应加强生活上的保育工作，悉心照顾，做好护理。这需要随时关注幼儿在运动中的反应，观察其面色、情绪、出汗量、呼吸特征、动作协调性、注意力及运动后的食欲、睡眠、精神状态等。[①]

当发现幼儿出现面色涨红、满头大汗、精神疲乏，甚至呼吸急促、动作摇摆不定等情况时，应让幼儿及时休息，适时调整运动量，防止运动过度。

对出汗较多的幼儿要及时帮助或提醒其擦汗，如冬天户外运动前可用干毛巾垫在幼儿背部帮助吸

---

① 梁雅珠，陈欣欣.幼儿园保育工作手册[M].北京：人民教育出版社，2016.

汗并在运动后及时取出，运动中可提醒幼儿及时脱去外套。

对于幼儿需要喝水、小便等生理需求应一一给予回应和帮助，尤为注意：喝水的时候，提醒幼儿喝一小口水即可，约25毫升；如有幼儿需要上厕所，必须有保教人员陪同，不能让幼儿单独离开。

四、教会幼儿自我保护

（一）教会自我保护方法

保教人员既要具备安全意识，提前评估运动的安全性，做好运动中的安全防护工作，还要提醒幼儿运动时安全的重要性，告诉幼儿哪些动作、做法容易引发危险，从而有效制止危险行为的发生，同时教会幼儿自我保护的方法。例如，告诉幼儿在游戏中奔跑时，不能只低着头向前冲，而要注意观察周围情况，避免与同伴相互碰撞而跌倒，如果真的不慎跌倒，应尽可能用双手撑着身体，避免头部着地；幼儿在抛接物品时，要告诉幼儿尽量散开，并保持一定的空间距离，避免抛接物落在自己或同伴的头上、身上；告诉幼儿在安全的地方运动，不去危险的地方；教育幼儿练习跳绳时，保持合适的距离；运动时不远离保教人员，离开时向保教人员报告；不随意推搡同伴；跳跃或快速奔跑时不说笑，不伸舌头；运动中如果身体出现不适或损伤，要及时告诉保教人员；出汗后不要立即脱衣服，摘帽子；等等。通过这些方法，让幼儿在运动中学会自我保护，灵活应变。

（二）引导安全正确使用器械

幼儿在进行运动活动时经常会使用到器械，器械练习内容丰富，形式多种多样，深受幼儿喜爱，如骑自行车、荡浪桥、滑滑梯、滚筒、跳跳网等。这时，保教人员应向幼儿介绍各种器械的名称、类别、摆放位置及玩法等，引导幼儿安全正确使用器械，发展各种运动能力，并让幼儿在运动时清楚地意识到怎么做才不会让自己受到伤害或伤害到他人。

（三）引导了解安全常识

户外运动活动内容丰富，器械繁多，场地分散，保教人员除了要保证场地安全，关注幼儿活动状况外，还应教会幼儿一些必要的安全常识（见图2-2-6）。如教育幼儿爱护体育器械，发现破损时及时告知教师；不用手中的小器械互相追逐打闹；运动前检查自己的服装，口袋中不能夹带尖硬杂物；系牢裤带和鞋带；运动前做足准备运动；在做激烈追逐跑、竞赛跑游戏之后，要适当走一走，或做一些放松动作，不能马上停下来；等等。这些常识都是幼儿进行运动的安全保障。

图2-2-6　运动中的规则及安全教育

安全教育不仅要在专门的户外运动前进行，还应渗透在幼儿整个运动过程中。在户外运动中，难免会发生一些磕碰现象，而这些磕碰现象发生时，正是保教人员对幼儿进行安全教育的最佳时机。在真实的场景下，通过亲身体验，幼儿能较深刻地理解和接受，取得事半功倍的效果。

五、关注幼儿个体差异

每个幼儿对运动的密度和强度需求是不同的，在组织户外运动时，保教人员要注意幼儿的个体差异，视幼儿的运动能力、体质强弱来调整运动内容，不能强求一致。在此基础上，保教人员再引导幼儿积极参与运动锻炼，使幼儿能在自己的身体承受范围之内和原有水平上得到发展。

（一）对体弱幼儿的指导与护理

体弱幼儿的抵抗能力较差，极易感染疾病，尤其是运动活动前后，穿脱衣服稍有不慎就会引起伤风、感冒甚至发热。这就要求保教人员除了提示幼儿在锻炼前后脱穿衣服外，还应鼓励幼儿根据自己的身体状况主动增减衣服，休息时主动喝些温开水补充体内水分。运动结束后，及时督促幼儿穿好自己的衣服保暖，提醒幼儿用肥皂和流动水洗手，用干毛巾擦汗。

（二）对肥胖幼儿的指导与护理

肥胖幼儿的运动强度应遵循安全、循序渐进、提高运动兴趣、尊重个性意愿的原则，依据肥胖程度、健康状况、心肺功能状态等因素区别对待。在开展运动时，保教人员要注意不要让幼儿因肥胖产生心理压力，要维护肥胖幼儿的自尊心。保教人员可以通过巧妙的游戏活动鼓励肥胖儿多做一些运动，如在玩"老鹰抓小鸡"游戏时，让肥胖儿当老鹰，增加跑跳的次数和强度，使其在快乐的游戏中增加运动量，达到有氧运动的目的。在对肥胖儿的运动进行指导时，保教人员切忌在增加运动量时，要求幼儿从不爱运动或者很少运动的状态，立即转变到大强度体能消耗的状态，这样不仅违背了运动的基本规律，而且容易引发安全事故。

另外，在日常生活环节或户外运动之余，保教人员还可适当增加一段时间让肥胖儿进行单独的运动活动，如爬楼梯、跳绳、跑步等，每次活动时间持续10～30分钟，运动量达中等强度（心率在140次/分～160次/分）。运动过程中须注意观察幼儿的面色、精神状态等，随时给予适宜的指导和调整。

（三）对不爱运动幼儿的指导与护理

对个别不喜欢参加运动活动的幼儿，保教人员可以根据幼儿的兴趣和水平，适当降低运动难度和运动量，及时鼓励幼儿在运动中的进步，循序渐进地为其增加运动量、运动强度和运动时间，使其感受到运动的快乐并收获满足感，从而喜欢上运动活动。

（四）对患病幼儿的指导与护理

对于身体不适或患病幼儿，保教人员要多关注其精神及身体变化，及时发现不适状况并加强护理。多关注胃肠不适幼儿的运动状况，适当减少运动时间或运动强度，并采取保暖等措施缓解幼儿不适。对患有慢性鼻炎、过敏、哮喘等疾病的幼儿，保教人员可以引导其在户外运动前做"简易呼吸操"，缓解冷热刺激带来的不适反应。

简易呼吸操：闭上嘴巴打开鼻，轻握小手深呼吸。吸进一口新空气，好多废气呼出去。

（五）对扩瞳幼儿的指导与护理

对于扩瞳幼儿，保教人员要注意避免强光对眼睛的照射，进行户外运动时，可以让幼儿戴有檐的帽子或遮阳镜。幼儿扩瞳后看近会模糊，故要减少近距离用眼的时间，保教人员要加强看护以免幼儿跌倒碰伤。

六、关注幼儿安全

大多数伤害事故都发生在户外，这与幼儿本身的行为特点密不可分。幼儿好奇心强，注意力易分散，缺少对危险的判断力，容易做超出能力范围的事情，这些都容易给他们带来危险。因此幼儿在户外运动的时候，应至少保证有两名保教人员，从多方位看护幼儿，以免危险发生。

在活动中，保教人员要时刻提高警惕，对容易出危险的地方和幼儿做到心中有数。此外，保教人员应该注意观察，果断制止幼儿进行不符合其身心发展的、有损健康的自发练习，避免幼儿受伤；对于在器械前打闹的幼儿应该及时制止，保证幼儿的运动安全；还要避免器械使用不当，球类、投掷类的物品应该较少安排给小年龄幼儿使用，防止在投掷时出现意外造成伤害；而幼儿进行一定危险性的练习活动时（如走平衡木、荡秋千、爬攀登架等），保教人员须站在幼儿旁边或附近做好指导和保护。

　　特别是在较高的大型器械旁，保教人员之间要互相配合，注意站位，尽量使全体幼儿都在保教人员的视线范围之内，做好运动中的安全护理，这样也可以增加幼儿心理上的安全感。例如，幼儿在玩滑梯时，可以有一位保教人员站在入口处，及时调整参与活动的幼儿人数；另一位保教人员站在滑梯下方，保护从上面滑下来的幼儿，并提示其注意与前一个同伴保持距离。保教人员切不可在这段时间里聊天，忘记了看护幼儿的职责，因自身疏忽而造成事故的发生。

阅读拓展

禁止幼儿自发练习的项目[①]

1. 需要长时间固定姿势与动作的悬垂运动、负重运动。
2. 需要进行憋气的静力性运动，如拔河、拉力器练习、掰手腕等。

任务 3　户外运动后的保育指导

案例导入

　　运动中的幼儿就像一群脱了缰绳的小马，快乐地玩着自己喜欢的东西，有的互相追逐着，有的开起了小火车。半个多小时过后，户外运动时间结束了，教师组织幼儿原地休息并提醒满头大汗的幼儿脱掉外衣，用毛巾擦擦汗。

　　请根据幼儿园运动保育的要求，评析该案例中教师的操作。

任务要求

1. 掌握幼儿户外运动后的保育要点。
2. 了解户外运动后的清洁要点。
3. 能够根据户外运动后的保育要点和清洁要点进行保育和清洁。

　　随着户外运动的进行，慢慢也到了户外运动的结束时间。从户外运动的结束到进行下一个类型的活动之前，幼儿由运动状态慢慢恢复到正常状态。如果保育工作不到位，就容易对幼儿的身体造成不良影响。

一、整理放松

　　每次活动结束后，保教人员分工合作，有人负责收拾体育器械、整理场地，有人负责组织幼儿进行放松活动。运动活动结束时，要注意稳定幼儿的情绪，让幼儿由兴奋状态转变成平和状态，并注意

[①]　人力资源和社会保障部教材办公室．保育员[M]．北京：中国劳动社会保障出版社，2015.

运动后动静交替的相互衔接，可以进行散步、做放松操等，待幼儿情绪平稳后坐下来休息。这样可以减轻运动后的心脏负担，有益于精神的放松和体力的恢复。同时，要注意观察幼儿运动后的表现，具体观察内容见表2-2-5。

表 2-2-5　幼儿运动量（运动后）适宜程度观察表

观察内容	程　度　表　现		
	轻度疲劳	中度疲劳	重度疲劳
饮食情况	食欲良好，食量增加	食欲一般，食量降低	食欲降低，食量减少，恶心呕吐
睡眠质量	入睡快，睡眠良好	入睡较慢，睡眠一般	入睡困难，睡眠不安
精神状态	情绪愉快	精神不振	精神疲乏

二、检查核对

保教人员在带领幼儿回教室前要准确核对人数，检查幼儿有无受伤，有无遗忘衣物、器械，有无携带危险物品等，然后组织幼儿安全有序地返回教室。回教室途中，一般保教人员一人走在队伍前面，一人走在队伍后面，确保幼儿不掉队。

三、身体护理

回到教室之后，要引导幼儿进行如厕、盥洗，先让有需求的幼儿排队如厕，再组织幼儿用流动水清洗双手，以保持双手清洁。冬季洗手后，还要为幼儿擦护手霜，保持双手滋润。盥洗后，提醒幼儿用干毛巾将汗擦干，及时穿上衣服，以免着凉。对于出汗较多的幼儿，保教人员要及时提醒或者帮助其换下汗湿的衣服，并提醒幼儿稍作休息（10分钟左右）。最后，组织幼儿喝水，以补充身体在运动活动中失去的水分。保教人员应提醒幼儿不要一次性喝太多的水，控制好饮水量，并且鼓励幼儿互相提醒，建立运动后饮水的良好习惯。

四、清洁消毒

幼儿园的清洁消毒工作关乎幼儿的生命安全和健康成长，尤其在传染病高发时期更是重中之重。幼儿年龄小，自身抵抗力较差，而户外运动的场地和相关物品处于一个开放式的环境，做好户外运动后的清洁消毒工作可以把传染源隔离或消灭在萌芽阶段，减少或杜绝不安全事件的发生。

（一）户外运动场地的清洁消毒

户外运动场地应每日清扫，保证无尘土飞扬、无垃圾、无积水，场地保持平整、整洁。同时，每周至少安排一次用消毒液对场地进行喷洒消毒。

（二）户外运动用品的清洁消毒

一般情况下，必须严格按照"清水、消毒液、清水"的顺序消毒。对大型户外器械要求是每周用有效氯浓度为 100 mg/L ～ 250 mg/L 的消毒液擦拭消毒，滞留 10 ～ 30 分钟后用干净的半干抹布去除滞留的消毒液。对不同质地的用品应用不同的方法清洁消毒。

（1）塑料器械，每周消毒一次，先放消毒液里浸泡10 ～ 30分钟，再用清水冲洗干

幼儿园常用消毒液的种类及使用

净，然后用干净的清洁布擦干或放通风的地方晾晒。

（2）布制玩具，每周消毒一次，可用肥皂水刷洗，放置在阳光下曝晒。

（3）耐湿、耐热、不褪色的木制玩具，每周消毒一次，可先用湿抹布擦拭一遍，然后用消毒液擦拭消毒滞留10～30分钟，最后用干净的半干抹布去除滞留的消毒液，也可直接用肥皂水泡洗后晒干。

（4）铁制玩具，每周消毒一次，先用湿抹布擦拭一遍，然后用消毒液擦拭消毒滞留10～30分钟，最后用干净的半干抹布去除滞留的消毒液。也可用抹布清洁干净，在阳光下曝晒6个小时。

课后练习

是非判断题

1. 幼儿园夏季要做好防暑降温工作，冬季要做好防寒保暖工作，防止中暑和冻伤。　（　　）

2. 天冷的时候，户外运动场地要选择朝阳处，尽量在阳光多的场地活动，并让幼儿穿得暖和一些。　（　　）

3. 保教人员站位的安排主要是在幼儿的后面，以便看到全体幼儿。　（　　）

4. 户外运动的场地要宽敞、平坦、防滑、无杂物，四周无妨碍活动的障碍物。　（　　）

5. 在进行户外运动之前必须了解幼儿的身体状况和情绪状态。　（　　）

6. 如果幼儿呼吸急促且有规律，微微出汗，说明活动量过大，保教人员需要及时调整。　（　　）

7. 夏季酷暑时，适宜开展运动量较小的户外运动，避免幼儿出现大汗淋漓的情况，活动时间不宜过长，要注意多休息。　（　　）

8. 在户外运动中如有幼儿需要上厕所，可让幼儿单独离开。　（　　）

9. 在日常生活环节或户外运动之余，保教人员还可适当增加一段时间让肥胖儿进行单独的运动活动。　（　　）

10. 对于身体不适或患病幼儿，保教人员要多关注其精神及身体变化，及时发现不适状况并加强护理。　（　　）

11. 每次户外活动结束后，保教人员分工合作，有人负责收拾体育器械、整理场地，有人负责组织幼儿进行放松活动。　（　　）

12. 户外运动结束后，保教人员需要组织幼儿喝大量的水补充水分。　（　　）

13. 户外运动塑料器械，应每天消毒一次，先放消毒液里浸泡10～30分钟，再用清水冲洗干净，然后用干净的清洁布擦干或放通风的地方晾晒。　（　　）

14. 户外运动场地应每日清扫，保证无尘土飞扬、无垃圾、无积水，场地保持平整、整洁。　（　　）

15. 保教人员在带领幼儿回活动室前要准确核对人数，检查幼儿有无受伤的情况，有无遗忘衣物、器械，有无携带危险物品等。　（　　）

聚焦考证

一、单项选择题

1. 各种跳绳是幼儿园户外运动的（　　）设备、材料。

A. 大型　　　　　B. 中型　　　　　C. 小型　　　　　D. 微型

2. 婴幼儿夏季进行户外运动的时间以（　　）为主。

A. 上午11点以前和下午2点以后　　　　B. 上午10点以前和下午3点以后
C. 上午9点以前和下午3点以后　　　　　D. 上午10点以前和下午2点以后
E. 上午10点以前和下午4点以后

3. 应保证幼儿每天户外运动的时间不少于（　　　）小时。

A. 1　　　　　　　　　　B. 2　　　　　　　　　　C. 3

D. 4　　　　　　　　　　E. 5

4. 幼儿每天户外运动的时间应达到（　　　）。

A. 0.5 小时　　　　　　B. 1 小时　　　　　　C. 2 小时　　　　　　D. 以上都可以

5. 户外运动时，保育老师为容易出汗的幼儿垫上干毛巾，其目的是（　　　）。

A. 便于擦汗　　　　B. 保持皮肤干燥　　　　C. 减少损伤　　　　D. 保暖

6. 运动时尽量把体弱儿安排在（　　　），以方便给予更多的关爱与照顾。如，及时帮助体弱儿擦汗、穿脱衣服并灵活降低其运动的难度与密度等。

A. 队伍边缘　　　　　　　　　　　　B. 队伍中心

C. 保育老师身边　　　　　　　　　　D. 自己周围

7. 在幼儿到室外活动时，保育老师认真观察幼儿的活动反应，掌握好（　　　）。

A. 运动量　　　　　　　　　　　　　B. 运动内容

C. 组织的方式、方法　　　　　　　　D. 组织的火候

8. 在户外体育游戏活动中，保育老师引导幼儿主动地参与，积极地探索，激发幼儿的兴趣，这体现了指导游戏的（　　　）原则。

A. 适宜性　　　　　B. 教育性　　　　　C. 指导性　　　　　D. 主动性

二、是非判断题

1. 幼儿运动锻炼的内容和方法，应按幼儿的体质、年龄和季节的变化进行调整。　　　　　（　　　）

2. 运动前了解幼儿的健康状况，目的是更好地做好保育工作。　　　　　（　　　）

3. 炎热的夏季婴幼儿户外运动的时间应避开 10:30 ～ 14:30 的时间段，因为此时的阳光正处于最灼热的阶段。　　　　　（　　　）

4. 婴幼儿户外运动的时间越长越好。　　　　　（　　　）

5. 摇椅属于幼儿园户外运动的中型设备。　　　　　（　　　）

6. 在户外区域运动时，尽管幼儿可以自由选择自己喜爱的运动项目，但也应在教师及保育老师的带领下，有组织地进行。　　　　　（　　　）

三、操作题

1. 户外体育运动中，对体弱幼儿的保育工作有哪些？

2. 户外体育运动中，对肥胖幼儿的保育工作有哪些？

3. 户外运动的准备及结束整理要求包括哪些？

项目三

室内运动保育指导

案例导入

星期四一大早下起了小雨，中一班的主班廖老师请假了，在运动活动时间，配班李老师决定在教室里组织幼儿进行体育游戏。新来的保育老师袁老师在李老师的指导下，把桌子和椅子垒在了教室的一边。室内运动刚开始，幼儿青青在转身的过程中，身体失去平衡，撞到了旁边的桌子，桌子上的椅子掉下来，砸伤了青青的后背。袁老师赶紧把青青送到医务室检查。

请根据幼儿园室内运动的保育要求，评析该案例中袁老师的操作。

任务要求

1. 了解幼儿室内运动的时间、场地、器械的安排以及安全检查的工作要点。
2. 掌握幼儿室内运动前的保育要点。
3. 能够根据室内运动前的保育要点对幼儿进行保育。

幼儿园室内运动，一方面解决了因不良天气、环境污染、场地不足、传染疾高发等因素带来的不便，另一方面也满足了幼儿对不同运动活动类型的需求，是幼儿园运动活动的重要组成部分。但由于幼儿的身心发展特点和场地的特殊性，幼儿在室内运动也容易受到伤害。

在组织幼儿室内运动时，保教人员要从保障与促进幼儿健康的角度出发，结合本班幼儿的发展情况和年龄特点，做好幼儿室内运动的规划，做好幼儿运动前的保育工作，满足幼儿室内运动的需求，培养幼儿的自我保护能力，保障幼儿的身心健康发展。

一、室内运动场地、器械的安排与安全检查

（一）室内运动场地的安排

作为幼儿园户外运动的重要补充，幼儿园室内运动有效地解决了受限于不良天气、环境污染、场地不足等因素的问题，为幼儿运动的开展提供了更加多样化的环境和形式。室内运动的有效开展离不开合理的场地选择。由于幼儿园室内空间实属有限，且大部分教室并没有预留室内运动的专用空间，因此，保教人员一方面要充分利用幼儿园里现有的空间，可以根据实际的教室区域、运动的安排灵活地选择活动室、卧室、阳台、走廊以及楼道、门厅等区域作为运动场地。另一方面，在选择好活动空间之后，更重要的是要巧妙运用场地的特点，因"地"制宜，合理地安排好活动空间的使用。比如，通过摆放好活动室的桌子和椅子，可以开展锻炼钻爬（见图2-3-1）、翻滚、跳跃等运动；通过摆放好卧室的床铺，可以开展锻炼手部支撑、躲避障碍等运动；通过利用走廊的长度优势，可以开展跳绳、

图 2-3-1 室内运动——爬凳子

单脚站、拍球等运动活动。

（二）室内运动场地的安全检查

相比户外运动场地而言，室内运动场地一般都比较平坦、整洁，但在空间上容易受到限制，比较狭窄，而且各种各样的物品和隔断也比较多。幼儿在狭隘的空间里进行运动，虽能锻炼身体的灵活性，但也容易受到意外伤害。这就要求保教人员在活动前对室内运动场地进行全面、细致的安全检查，主要是对室内运动中幼儿主要用到的以及途经区域的地面和墙体进行检查和处理，包括以下四点。

（1）检查地面和墙体有没有损坏的地方和裸露的铁钉等硬物，有损坏的地方和硬物都要贴上标识或者围蔽起来并及时报修。

（2）检查地面是否有异物、地面是否潮湿，有异物要马上清理，潮湿的地方要用干拖把拖干。

（3）检查墙角、门缝、桌子、柜子等一些尖锐或者容易夹伤幼儿的地方是否贴上防撞条、保护条，没有贴上或者已经损坏的要及时贴上。

（4）检查悬挂的灯管、风扇以及一些环创的物品是否有掉落的风险，对存在风险的地方及时处理。

另外，保教人员还要根据天气情况，决定是否需要提前开窗通风，开启空调、空气净化器等设施设备。在硬件允许的情况下，如果天气良好、空气清新，应该提前打开窗户进行通风；如果气温过高或者过低，可以适当开启空调；如果空气污染严重，或者室内相对干燥，可以适当开启空气净化器。

（三）室内运动器械的准备与安全检查

因为空间的特殊性，室内运动更讲究器械的准备。室内运动器械的选择和摆放，必须符合幼儿的年龄特点和安全性原则。一般来说，在比较宽阔的室内空间里，可以放置一些大型和中型的运动器械，如蹦床、攀登网、攀爬架等；在比较狭窄的室内空间里，则要根据幼儿的需求和运动的空间安排灵活地进行选择，比如，幼儿练习钻、爬动作，可利用室内原有的桌子、椅子等。准备的材料要多种多样，数量足够，既能锻炼上肢发展，又能锻炼下肢发展；既能锻炼力量和耐力，又能锻炼平衡能力；既满足特定空间的使用，又满足有不同需求幼儿的选择，全方位地促进幼儿动作、体能体质的发展。如果开展一定高度的跳跃类运动时，必须准备好垫子放在器械正下方，做好防护。

此外，在活动前，保教人员也需要对室内的活动器械进行安全检查。

首先，不管是什么类型的运动器械，都要对其稳定性和牢固性进行检查，有损坏的或者有明显安全隐患的要及时修补或者更换。比如，长期使用的单人平衡跷跷板，由于塑料材质的磨损，如果不及时更换，幼儿站在跷跷板上，容易出现跷跷板断裂，造成幼儿崴脚、塑料碎片划伤等伤害事故。

其次，对于一些带有金属材质的玩具，要检查是否生锈、是否存在比较尖锐的地方，对于木制、竹制的玩具，要检查其表面是否带有毛刺或被腐蚀的地方。

最后，保教人员在设置室内运动区域的时候，要做好区域划分以及具体活动规则的标示，放在运动区域显眼的地方，并提醒幼儿。

阅读拓展

适宜室内开展的运动活动[1]

1. 坐传球：幼儿坐在排成一列的椅子上，双手抱球从头顶上传给下一个幼儿，可以从前往后

---

[1] 赵薇，朱晓燕 . 区域体育活动 [M]. 南京：南京师范大学出版社，2016.

传，也可以从后往前传。

2. 蹲走过障碍：将桌子有间隔地摆成一列，幼儿沿着一个方向，蹲着从桌子底下走过去，注意不要碰到头部。

3. 走小路：将椅子两两相对摆成一条小路，在上面摆上障碍物，也可以将椅子两两相背摆成一行，幼儿从椅子上面跨过障碍。

4. 套圈圈：摆放好被套的小动物模型，画好幼儿站立的线，幼儿站在指定的线前面，用塑料或者自制的圈圈投出去套小动物模型。

二、室内运动前的准备与安全检查

（一）幼儿的着装与安全检查

着装是影响幼儿运动状态和运动安全的重要因素，不管是户外还是室内的运动活动，幼儿都应该穿着合身并且适宜运动的服装和鞋子。过多、过厚、过紧的衣服，过大、过小、过软、过硬、过厚的鞋子，都有可能在一定程度上限制幼儿的运动，甚至导致幼儿扭伤、撞伤、摔伤等事故的发生。衣服上过于夸张的挂饰、衣帽的抽绳、鞋带的松动也容易引起这一类伤害事故。在运动过程中，如果幼儿的口袋里有一些坚硬的、锐利的小物件，也有可能对幼儿造成伤害。因此，保教人员在组织幼儿进行室内运动前，一定要对幼儿的穿着进行检查并进行相应的处理。

一是，检查幼儿的着装是否便于运动，衣服上是否存在影响幼儿运动的挂饰和抽绳。

二是，检查幼儿的鞋子是否适合运动，有鞋带或者魔术贴的鞋子是否已经系好系紧。

三是，检查幼儿口袋里是否存在一些锐利、坚硬的小物件。

当然，得益于室内运动场地的清洁，在条件允许的情况下，保教人员也可以根据需要组织幼儿光脚进行室内运动，锻炼幼儿脚部的肌肉，刺激幼儿感觉的发展。

另外，保教人员也要注意自身的着装，最好穿运动服和运动鞋，做好言传身教。一方面，便于保教人员在讲解运动规则和动作要领时进行到位的示范；另一方面，也便于保教人员给幼儿做一个良好的榜样，适宜的服装更有利于自身进行运动。

（二）幼儿的身体准备

运动前，保教人员要提前带领幼儿做好运动的准备。适当的热身运动能够帮助幼儿活动关节和肌肉，提高中枢神经的兴奋性，逐渐加快血液循环，为后面时间较长、强度较大的运动做好准备，减少运动给幼儿带来的损伤。保教人员既可以带领幼儿进行一般性的准备活动，包括从头部到踝关节的热身；也可以根据室内运动的具体形式，进行有针对性的热身活动，如保教人员准备开展跳跃类的室内运动，就可以针对跳跃需要使用到的重点部位进行一些伸展性的练习。从时间长度上来说，建议把热身准备控制在5分钟以内，可根据天气情况和运动方式进行适当的调整。例如，天气较为寒冷，热身准备的时间和强度可以适当加大，天气较为炎热，则可以适当削减。

另外，保教人员还要具体了解每一个幼儿的身体状况，根据幼儿的年龄特点和具体的状况有针对性地进行保育。如，体质比较虚弱的或者疾病初愈的幼儿，要提醒其适当地增添衣服。总之，要做到心中有数。

（三）幼儿的情绪准备

幼儿情绪的好坏是影响幼儿活动参与积极性、深入性的重要因素，进而影响幼儿室内运动的质量和效果。在运动之前，保教人员就要使用多种方法去激发幼儿参与运动的兴趣，调动幼儿的情绪，让幼儿积极主动地参与到运动中来。保教人员可以播放动感、活力、有趣的音乐，把热身运动跟音乐结合起来，让幼儿动起来；也可以通过有趣的角色扮演，激发幼儿参加运动的兴趣；对于一些情绪比较低落的尤其是小班的幼儿，保教人员要给予个别化的关心，鼓励幼儿大胆参与运动，增加幼儿的安全感，增进师幼间的互动和感情。此外，保教人员也要学会通过自身饱满的情绪和精神状态去感染幼儿、带动幼儿，激发幼儿的活力。

阅读拓展

根据《健康歌》，学做动作。

健康歌（选段）

左三圈　右三圈

脖子扭扭　屁股扭扭

早睡早起　咱们来做运动

抖抖手啊　抖抖脚啊

勤做深呼吸

学爷爷唱唱跳跳

你才不会老

笑眯眯　笑眯眯

做人客气　快乐容易

爷爷说得容易

早上起床哈啾　哈啾

不要乱吃零食

多喝开水　咕噜咕噜

我比谁更有活力

任务 2　室内运动中的保育指导

案例导入

由于教室里面可以进行运动的区域较窄，为了满足幼儿的运动需求，中三班主班杨老师决定开设教室、卧室、走廊以及楼梯四个区域给幼儿进行活动，并提前进行了场地的布置，也进行了保教人员的站位分工：主班教师负责教室，配班教师负责走廊和楼梯，保育老师则负责卧室。随着运动的进行，幼儿逐渐兴奋起来。配班教师站在走廊的左侧，以便看到走廊和楼梯的情况。突然，楼梯下方传来了哭声。配班教师赶紧走过去，把摔倒的轩轩送到医务室检查。园长询问发现，配班教师并没有看到轩轩摔倒前后的情况。因为她站在走廊的左侧，只能看到走廊的全部以及走廊右侧楼梯的上半部分，下半部分是视野的盲区。

请对中三班保教人员的行为进行分析。

任务要求

1.了解幼儿园室内运动中保教人员的空间站位。

2. 学会观察幼儿室内运动的情况，以及根据幼儿的需要对运动量进行调整。

3. 能够根据室内运动中的保育要点对幼儿进行保育。

一、合理的空间站位

相对户外的运动空间来说，室内的运动空间一般比较狭窄、分散、多隔断，存在复杂多变的情况。保教人员合理的站位是安全开展室内运动的基础（见图2-3-2），如果保教人员站位不合理，容易出现视线盲区，无法注意到全体幼儿，从而导致无法及时地发现和处理运动中幼儿间的冲突、意外伤害等问题，也无法及时对需要帮助的幼儿进行合理化的指导。运动开始前，保教人员应在主班教师的安排下做好分工，保证每一块运动场地以及每一个幼儿都在保教人员的视野范围之内，尽量不要有死角。比如，室内运动在卧室、教室和走廊三个区域开展，一般来说，主班

图2-3-2　室内运动时的站位

教师需要站在教室的边缘，既能全览整个教室，也能观察到卧室和走廊的大部分区域，配班教师和保育老师则分开站在卧室和走廊。运动开始时，所有保教人员要及时站到指定位置，如有特殊情况，要及时和搭班教师进行沟通，及时作出调整。

微课

室内运动中的
空间站位

二、观察并调整幼儿运动量

由于幼儿处于身体发育的初期，骨骼和肌肉的承受能力都是相对较弱的，容易疲劳。过度地运动不仅不能锻炼到幼儿，反而会给幼儿带来不良的影响。相对户外运动而言，室内运动动作较小，持续时间较短。即便如此，在室内运动中，保教人员还是要及时观察幼儿的运动情况，并及时地进行运动量的调整。一般而言，幼儿的机能活动变化也会呈现出一定的规律。在运动刚开始的时候，中枢神经兴奋性较低，全身运动系统的参与度也较低，这时幼儿的机能活动也相对较弱；随着活动的不断进行，幼儿中枢神经的兴奋性开始不停地受到刺激，身体中越来越多的肌肉群也参与到运动中，此时，幼儿肌体的运动水平会慢慢提高，直至到达最高点，并且会在最高点持续一段时间；随着活动的进行，幼儿开始出现疲劳，机能便开始逐渐下降。

因此，在运动过程中，保教人员要通过"看""摸""问"等方式来了解幼儿的运动量是否超载，并且根据幼儿的年龄特点和实际情况及时地进行调节（见图2-3-3）。一是"看"，要求保教人员在运动中随时观察幼儿的呼吸状况、面色、出汗量和动作表现。如果幼儿脸色红润，呼吸急促而无规律，动作开始显现疲惫，出现上气不接下气或者大汗淋漓的情况，说明幼儿的运动量过大，保教人员需要及时调整，提醒幼儿注意休息或者引导幼儿进行一些舒缓的运动；如果幼儿脸色微红，呼吸急促且有规律，微微出汗，说明幼儿的运动量相对适宜；如果幼儿脸色无明显变化，呼吸平稳，无汗，动作幅度一直较小，则说明幼儿的运动量过小，保教人员要适当鼓励幼儿增加运

图2-3-3　室内运动中的保育

动量。幼儿运动量过大时，保教人员可以通过降低运动强度、减少运动次数、缩短运动时间、轮流运动等方式来降低幼儿生理负荷；幼儿运动量不足时，保教人员可以通过增强运动的紧张度、增加运动次数与运动时间、拓展运动范围等方式来增加运动量。二是"摸"，对于比较难观察的幼儿，要求保教人员经常去摸一下他们的额头、脖颈、后背、手心等部位，感受幼儿的体温和出汗量。如果幼儿出汗较多，要及时提醒幼儿擦汗，冬天里也可以在幼儿后背放置毛巾用以吸汗，防止着凉。三是"问"，要求保教人员注意询问幼儿是否累了、是否出现了特殊情况、是否需要帮助，并提醒幼儿可以适当休息。

三、教会幼儿自我保护

室内运动也会存在各种各样的风险，保教人员在做好室内运动的准备，在室内运动中照看好幼儿的同时，也要根据幼儿的身心特点提醒幼儿在运动时注意安全，教会幼儿自我保护的方法。一方面，保教人员要培养好幼儿室内运动的常规。例如，告诉幼儿听到什么音乐表示运动开始，什么音乐表示运动即将结束；告诉幼儿只能在指定的区域运动，不去危险的地方，不做危险的动作；引导幼儿学会排队和等待，在运动的过程中，如果某个区域的人数已经超过了限制，就不能再进去了；在奔跑的过程中，要注意看路看人，注意躲闪等。另一方面，保教人员要结合已经制作并且摆放好的运动区域标识，组织幼儿学习每一个运动项目的玩法或规则。例如，在教室里"蹲走过障碍"运动中，幼儿需要排好队伍，一个接着一个，沿着一个方向从桌子底下蹲着走过去，要保护好头部，防止头部碰到桌子；在走廊里"耍杂技"运动游戏中，幼儿将飞盘放在头顶，绕过障碍物，可以向前走，也可以向后走，飞盘不能掉下来，不能碰到人，也不能碰到障碍物，同时进行运动的人数不超过六个。

阅读拓展

幼儿室内运动常规

1. 能按照保教人员要求在运动前上厕所，整理好自己的服装，准备好水，有需要的时候垫好汗巾。

2. 听到集合音乐时迅速排好队。

3. 做操时精神饱满，眼睛看教师示范，耳朵听音乐节奏，动作到位。

4. 自由活动时能听清教师的规则要求，在指定的范围内运动，正确使用运动器械，不争抢，不玩危险游戏。

5. 运动中能根据自己的需要及时上厕所；汗量较大时能主动擦汗；休息后及时主动饮用适量的水。

6. 听到运动结束的音乐后，迅速将玩具归类收放整齐，进行集合。

7. 运动正式结束后，能够按照保教人员指示主动、迅速地完成如厕、洗手、更换服装、整理换下的服装、饮水等生活活动。

任务3　室内运动后的保育指导

案例导入

大班幼儿飞飞活泼好动，非常喜欢运动。一次室内运动中，飞飞先是在走廊跳绳，然后跟着好朋友去卧室里玩了跨越障碍，还玩了单杠悬挂。整个运动时间都没休息过。播放代表运动结束的音乐后，主班张老师组织幼儿集合，配班李老师和保育老师王老师忙着清理场地、收拾器械。由于天气比较炎热，飞飞满头大汗。趁着集合的空隙，飞飞走到水桶旁边，"咕噜噜"地一口气喝了一大杯水。本以为能给自己的身体补充水分，没想到，刚喝完水没一会儿，飞飞就感觉到头晕。王老师急忙把飞飞送到了医务室，最后由保健教师送到了医院。

请分析案例里飞飞出现头晕的原因，以及班级保教人员的做法对不对。

任务要求

1. 掌握幼儿室内运动后的保育要点。
2. 了解室内运动后的清洁消毒要点。
3. 能够根据室内运动后的保育、清洁消毒要点进行保育和清洁消毒。

一、整理运动，进行放松

运动后进行肌肉的放松也是影响幼儿运动健康的重要因素。运动之后，幼儿血液流动的速度比较快，心脏跳动的频率也比较高，身体的机能还处于运动的状态之中，突然停止和休息容易让幼儿胸口发闷、头晕眼花。因此，运动结束后，保教人员务必带领幼儿做一些放松运动，比如踏步放松、呼吸放松、做放松操等，帮助幼儿减小活动后的器官负担，放松肌肉，恢复精神和体力（见图2-3-4）。如果室内场地有限制，放松运动也可以根据幼儿的身体情况和需求分组进行。

图2-3-4 室内整理运动

二、检查核对，身体护理

即便是室内运动，保教人员在组织幼儿回到教室的时候，也要对幼儿人数进行准确的核对，不遗漏任何一个幼儿。保教人员要提醒幼儿用干毛巾将汗擦干，及时穿上衣服，以免着凉。对于出汗较多的幼儿，保教人员要及时提醒或者帮助其换下已被汗湿的衣服，并提醒幼儿稍作休息（10分钟左右）再喝水，以补充身体在运动中失去的水分。保教人员还应提醒幼儿不要一次性喝太多水，控制好幼儿的饮水量，同时注意观察幼儿的饮水量，并且鼓励幼儿互相提醒，建立运动后饮水的良好习惯。

运动结束后，保教人员还要组织所有幼儿使用洗手液洗手（见图2-3-5），尤其是在传染病高发期。同时，提醒有需要的幼儿进行如厕。

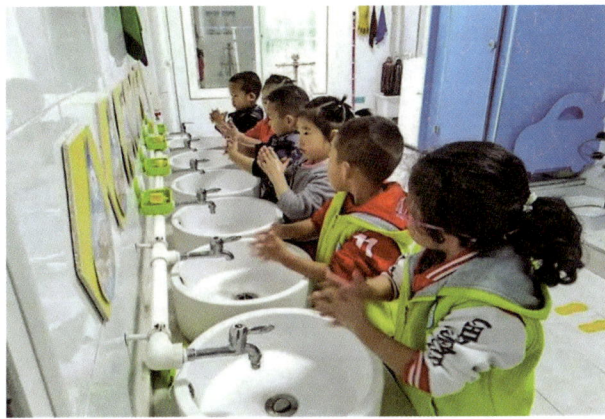

图2-3-5 室内运动后洗手

三、区域整理，清洁消毒

在有保教人员去组织幼儿的同时，也要有保教人员及时、安全、快速地对运动区域进行整理和消毒，不能影响到后续进餐或者教学活动的进行。首先，保教人员可以适当组织部分体力好、能力强的幼儿协助进行物品的归位。在归位的时候，保教人员对幼儿的指导和指示要到位，分配给幼儿一些他们能完成的、不具危险性的任务。其次，保教人员要及时对室内运动中使用过的场地和物品按照日常的要求进行清洁和消毒，常规消毒要点见表2-3-1。

表 2-3-1　室内常规消毒要点

消毒对象	消毒用品	消毒时间（频次）	消 毒 方 法
桌、椅	84消毒液	1次/餐	先将桌面清洁处理后，再用1∶200的84消毒液水溶液擦洗，最后用清水再擦一遍
寝室、教室	84消毒液、紫外线灯	1次/日	清洁地板后，再用1∶200的84消毒液水溶液擦洗，最后关闭门窗用紫外线消毒30分钟；每天随时注意开窗通风换气
床架、玩具架、门窗、橱柜、门把手	84消毒液	1次/日	清洗干净后用1∶200的84消毒液水溶液擦拭，最后用清水再擦一遍
室内空气消毒	开窗通风	每天	在幼儿入园前和户外活动时，根据情况开窗通风
塑料玩具	84消毒液	1次/周	清洗干净后用1∶200的84消毒液水溶液浸泡3～5分钟，液体面应超过物体面
木制玩具	84消毒液	1次/周	清洗干净后用1∶200的84消毒液水溶液擦洗，最后用清水再擦一遍
绒毛玩具	84消毒液	1次/月	清洗干净后用1∶200的84消毒液水溶液浸泡3～5分钟，最后在阳光下直射4小时

•家园共育•

适合在家里玩的亲子运动

1. 纸杯掷球：爸爸妈妈和幼儿，每人手持一个纸杯，互相往对方的纸杯里投掷乒乓球，看谁投中的球多。

2. 家庭保龄球：将纸杯垒高成三角形状，用小球投掷，看看谁的纸杯倒下得多。

3. 穿越"火线"：用胶带贴在过道的墙上作为激光线，让幼儿穿越过道，不能碰到"激光线"。

4. 木头推推：爸爸或妈妈躺在地面上，幼儿开始推动爸爸妈妈的身体，这时爸爸妈妈一边要用力，阻止身体移动；一边要鼓励幼儿推动自己的身体。

5. 钻山洞：爸爸妈妈坐在地上伸直双脚，幼儿先跳过爸爸妈妈的脚。等幼儿跳过去之后，将腰部抬高，让幼儿从腰部底下钻过去。

6. 呼啦圈跳房子：在地上规则或者不规则地摆上呼啦圈，幼儿可以和爸爸妈妈制定一定的规则后，双脚或者单脚跳房子。

》》课后练习

一、单项选择题

1. 室内运动的安全性要考虑（　　　）。
   A. 场地的安全　　　　B. 内容的安全　　　　C. 运动规则的安全　　　　D. 以上都是

2. 在相对狭窄的室内空间里，可以放置（　　　）。
   A. 蹦床　　　　B. 杠铃　　　　C. 攀爬架　　　　D. 攀登网

3. 在室内区域运动中，保育老师应注意观察幼儿，如发现幼儿做危险动作，应及时（　　　）。
   A. 劝阻　　　　B. 取消幼儿活动　　　　C. 训斥　　　　D. 让幼儿反思

4. 在室内运动中，保教人员了解幼儿的运动量是否超载的方法不包括（　　　）。
   A. 看　　　　B. 摸　　　　C. 问　　　　D. 测

二、是非判断题

1. 室内运动场地是有限的，所以教师要精心创设运动情境，充分利用走廊、地面、楼梯、墙面等空间让幼儿开展活动。　　　　　　　　　　　　　　　　　　　　　（　　　）

2. 冬天，遇大风或天气特别寒冷的情况，可以组织幼儿正常开展室内区域运动。（　　　）

3. 保教人员合理的站位是安全开展室内运动的基础，运动开始时，所有的保教人员要及时站到指定位置。　　　　　　　　　　　　　　　　　　　　　　　　　（　　　）

4. 在室内运动中，如果幼儿脸色微红，呼吸急促且有规律，微微出汗，说明幼儿的活动量相对适宜。　　　　　　　　　　　　　　　　　　　　　　　　　　　（　　　）

5. 室内运动时，保教人员只需要关注幼儿是否正常活动，不需要制定常规约束幼儿。（　　　）

6. 保教人员要及时对室内运动中使用过的场地和物品按照日常的要求进行清洁和消毒。（　　　）

7. 如果室内场地有限制，放松运动可以根据幼儿的身体情况和需求分组进行。（　　　）

8. 室内运动后，保教人员可以适当组织部分体力好、能力强的幼儿协助进行物品的归位。（　　　）

9. 室内木制运动器械，应做到每天一次使用84消毒液进行消毒。　　　　　　（　　　）

10. 教室要做到每天随时注意开窗通风换气。　　　　　　　　　　　　　　（　　　）

》》聚焦考证

1.（是非判断题）所有的玩具都应该使用浸泡消毒的方法。　　　　　　　　（　　　）

2.（是非判断题）遇到恶劣天气时，幼儿户外运动改为室内运动。但是如果幼儿园室内空间有限，直接改为看电视等安静的活动。　　　　　　　　　　　　　　　（　　　）

项目四
运动受伤保育指导

案例导入

案例导入

小伟和小浩是好朋友，经常一起玩耍。到了户外运动的时间，由于球的数量有限，他们就两人一起玩。一开始还你一下我一下地轮流玩，可过了一会儿，两人开始争抢起来，你不让我，我不让你。突然，小伟把小浩推倒，导致小浩的胳膊摔伤了。

请结合运动受伤的保育内容，说说应该怎样处理小浩的摔伤。

任务要求

1. 了解幼儿运动受伤的原因和类型。
2. 掌握不同类型运动受伤的保育要点。
3. 能够根据保育要点对运动受伤的幼儿进行保育。

幼儿的安全是一切发展的保障。《纲要》指出："幼儿园必须把保护幼儿的生命和促进幼儿的健康放在工作的首位。"运动是幼儿十分喜欢的活动，有利于身心健康发展，但运动活动也充斥着危险，容易引发幼儿受伤，这时保教人员要能及时对幼儿的运动受伤进行正确的处理。

一、幼儿运动受伤的原因

（一）幼儿自身因素

1. 发育不完善

幼儿在运动的过程中易发生意外伤害，与其自身的生理特点有着密切联系。首先，幼儿的神经系统发育还不完善，感知水平低，动作的综合协调能力较差；其次，幼儿的运动系统发育也不完善，肌肉力量薄弱，在活动时往往不能很好地掌握运动力量和身体平衡、重心不稳、动作不协调等，因此在行走、跑跳或从高处往下跳时容易摔跤、磕碰，进而发生意外事故。

2. 自我保护能力较差

幼儿具有活泼、好动、爱模仿的特点，在运动活动中会对一些影视剧作中的危险动作进行模仿，以满足自己的感官刺激。加之随着年龄的增长，幼儿的独立性逐渐增强，不愿意大人总是跟着自己，喜欢躲避教师的视线进行游戏。由于知识和经验匮乏，幼儿对各种游戏中的危险因素缺乏足够的认识，无法判断一些潜在的危险，应变能力也差。因此，当运动中突发危险，往往不能做出准确、有效的反应，以致受伤。

3. 规则意识较差

任何事情都要有相关规则来进行约束，幼儿运动活动也是如此。但幼儿由于年龄较小，会保持一种好奇心理，想要对一切新鲜未知的事物一探究竟，这就会导致他们对规则的遵守意识降低。所以即便在运动活动中有明确规定，什么事不能做，什么是危险的，他们也会置之不理，不能完全按照规则去运动，结果也会导致意外伤害的发生。

阅读拓展

各阶段幼儿运动的特点[①]

1. 小班幼儿运动的特点

小班幼儿处于直觉行动思维阶段，他们对外界的认识常常依附于动作，主要通过亲身感受、实践操作的行为与动作来形成对外界的认知与了解。小班幼儿动作的协调性、灵敏性以及力量、耐力等方面都较弱；有各类基本动作的经验，但能力较弱；喜欢模仿，情绪波动大，运动行为往往受教师和同伴的影响，常把假象当现实，喜欢独自随意玩耍。

2. 中班幼儿运动的特点

中班幼儿已积累了一定的走、跑、跳跃等基本动作的运动经验，当材料充足、运动氛围宽松时，幼儿能积极与材料互动，探索出多样化的身体活动方式。中班幼儿已具有一定的运动能力，运动中的思维也更加灵活，注意力比较集中，对运动感兴趣。当运动具有一定要求时，幼儿能积极探索，在探索中发现动作的多样性，满足自己追求新颖、独特的需求。

3. 大班幼儿运动的特点

大班幼儿好学好问，喜欢有挑战性、竞争性的学习内容；各类基本动作、各项身体基本素质都迅速发展，能够掌握一些较难的动作；自我控制能力提高，学习有一定的目的性和计划性，能积极主动地用各种方式表达自己的想法，积极思考、主动探索，并不断调整自己的行为，努力寻求合适的方法；同伴间的互助合作意识也有所增强。

（二）幼儿园因素

1. 场地、设施存在安全隐患

在运动过程中，场地使用不合理，场地和设施存在安全隐患，都有可能导致幼儿在运动中发生意外。比如，运动区域过于狭窄、人数过多；场地不平坦，有积水、碎石、碎玻璃、砖头、树枝等；室内桌椅的边角未做圆角处理，户外设备陈旧、老化、年久失修，大型玩具螺丝脱落、生锈等。这些安全隐患没有及时处理的话，在运动活动中都容易引发意外伤害事故。

2. 保教人员责任心不强

幼儿在运动活动中受到意外伤害与保教人员有一定的关系。比如，户外运动时，保教人员不注意观察幼儿的表现，任由他们自由玩耍，甚至当幼儿去比较危险的地方时，都没有察觉到，疏于对幼儿的看管，最终引发了意外伤害事故。此外，如果保教人员对于运动前的准备工作马虎应付，没有按照要求认真去检查场地、设施和幼儿，也容易在运动中引发伤害事故。所以，保教人员责任心不强、安全意识淡薄，往往也是幼儿运动受伤的原因之一。

3. 幼儿园管理制度不健全

在幼儿运动的过程中，幼儿园管理者以及保教人员必须严肃认真地对待运动安全管理工作。但是目前幼儿园中安全管理制度并不健全，没有单独、具体、完整地制定有关幼儿运动的安全管理制度，而是附属在全园性的安全管理制度中。而且大多数幼儿园尽管都有关于安全的管理规定，但是由于有些制度存在漏洞，安全工作流于形式，安全制度不能切实执行，在实际工作中常常会出现操作性差、责任分工不明确、难以落实和协调的问题，导致幼儿在运动过程中存在安全隐患。

[①] 宋彩虹，蔡志刚.幼儿园教育活动保育[M].上海：华东师范大学出版社，2021.

（三）家长因素

1. 家长的安全意识观念不强

当今社会有的家长对幼儿会过分保护，限制幼儿的运动和活动，或者包办代劳，这样就失去了对幼儿进行安全教育的机会。有的家长由于工作太忙，只管幼儿吃饱穿暖，而疏于对其进行安全教育，等出事了又后悔莫及。也有的家长认为让幼儿了解危险物品或者简单地保护自己就可以，没有充分认识到要培养幼儿的运动安全意识，重视规范幼儿的运动安全行为，让幼儿真正明白安全对生命的重要性。因此，在家长看护幼儿运动时，家长要注意培养幼儿的安全意识和安全行为，保障幼儿的运动安全，避免运动受伤。

2. 家长的运动安全技能缺乏

幼儿运动技能的培养也受家长的影响。在家长带幼儿运动的过程中，不难发现有些家长本身就缺乏正确的运动安全技能，如跑步时没有热身就直接带着幼儿跑，这容易造成幼儿在跑的过程中受伤。此外，部分家长带幼儿运动时动作不规范或不能够合理地利用器材，不了解器材的具体操作方法以及操作中的技巧和注意事项等，这样也会给幼儿的运动安全带来不可预知的隐患。

二、幼儿运动受伤的类型及保育要求

一旦幼儿发生意外事故，进行现场急救处理非常重要，可降低伤害程度，遏制伤害扩大。一般来说，在幼儿运动活动中，比较常见的运动受伤有擦伤、扭伤、脱臼、骨折、鼻出血等。它们可分为简单性创伤和重伤。其中，简单性创伤指伤口浅、仅仅蹭破表皮等伤情，只需在幼儿园由保教人员进行处理；重伤则需要经幼儿园保健教师初步处理后送往医院进行治疗。在幼儿园较为常见的运动受伤主要有以下五种。

（一）擦伤

幼儿生性活泼好动，喜欢跑跑跳跳，在奔跑、跳跃、与同伴嬉闹时不慎跌倒，碰撞到他人或物品的情形经常发生，这时就很容易被擦伤，出现蹭破手掌、膝盖、胳膊肘等现象，尤其在夏天更为常见。

1. 伤情诊断

幼儿跌倒、磕碰经常会出现发绀肿胀、压痛、皮下软组织损伤等闭合性外伤，或者呈现表皮渗血并沾有沙土和污物等状况。

2. 保育要求及处理步骤

（1）查看伤势。安抚幼儿的情绪，并迅速根据伤口的情况采取措施，准备好药、物等急救用品。

（2）根据伤口的情况进行处理。

① 皮肤未破，伤处肿起疼痛，颜色青紫。处理方法：先对伤口进行局部冷敷，防止皮下继续出血，24小时后可转用热敷，以促进血液循环，减轻表面肿胀，之后可在伤处敷上活血止痛膏。注意：不要揉搓伤处，当该情况发生在头部，除了可用上述方法进行处理外，还应在24小时内观察幼儿的行为表现，如出现意识不清、嗜睡、呕吐、昏迷等情况，应立即送往医院救治。

② 伤口小而浅，只擦破表皮。处理方法：应用清水清洗伤口，再用消毒棉球蘸生理盐水擦洗伤口周围并清理异物，然后涂抹碘伏或涂上抗菌软膏，预防伤口感染。最后贴上创可贴，也可用干净消毒的纱布、绷带包扎起来。如天气炎热，也可不包扎，更利于伤口愈合。

③ 伤口大或深，出血较多。处理方法：将伤部抬高先止血，立即送往医院救治。

④ 伤口面积太大，伤口上沾有无法自行清洗掉的沙粒、污物，血流不止，受伤位置很重要（如脸部），骨折，内出血等。处理方法：第一时间通知医护人员前来救治，在医护人员到达之前要先按压止血并禁止幼儿乱动，可让其躺下，头部放低，或者让其抬高双腿，使大脑供氧充足，并密切观察幼儿的体征反应。

（3）做好后续的护理。在这期间，要注意饮食和保护受伤部位，坚持每日伤口消毒，创面不要碰水，以免创面发生感染，等待自然结痂之后脱落即可。

📖 阅读拓展

幼儿园其他常见外伤

1.扎刺伤

幼儿易被带刺的花草、木棍、竹棍、铁丝等扎刺伤。受伤后先将伤口用生理盐水清洗，有刺尾的用消毒过的针或镊子顺着刺的方向将刺全部挑、拔出来，不留残余，挤出瘀血和污物，随后用碘伏消毒伤口。

注意：如果是被生锈的铁钉刺伤，需要去医院进一步治疗，必要时打破伤风抗毒素。

2.头部磕碰伤

有的幼儿经常跑动、攀高，很容易摔伤。3～5岁幼儿头部较大，自身平衡性较差，摔破头部的案例非常多见。① 出血时，马上用一块清洁的纱布轻轻按压伤口，以达到止血的目的，并及时将幼儿送至医院。② 摔伤后未见出血，要对幼儿进行24小时的密切观察。如果情形严重，应及时送医院急救。

3.挤压伤

挤压伤是指手、脚被钝性物体，如砖头、石块、门窗等暴力挤压所致的伤口。对于幼儿来说，最易受到挤压伤的部位是手指和脚趾，轻者出血肿胀，重者可引起骨折、指（趾）甲脱落或关节出血等。挤压伤可按照以下方法操作：① 若无破损，用水冲洗、冷敷；疼痛难忍时，可将受伤的手指高举过心脏，以缓解疼痛。② 若有出血，应止血、消毒、包扎、冷敷。③ 若指（趾）甲掀开或脱落，应立即前往医院。

4.划、割伤

划伤与割伤是指锋利的刀片、玻璃等划在皮肤上引起的局部创伤，创面较扎刺伤创面大，多为细长形，常发生于幼儿做手工使用剪刀等工具或不慎触摸玻璃器具时。

划伤与割伤会造成局部毛细血管出血，伤者感觉疼痛，看到血流可能会产生恐惧感。具体处理方法如下：先用干净的纱布按压伤口止血，血止住后在伤口周围用75%的酒精或碘伏由里向外消毒，最后视伤口的大小和深浅程度，贴上创可贴或敷上干净的消毒纱布进行包扎。

（二）扭伤

幼儿在运动中由于比较兴奋，很难控制自己的力度和速度，有时在游戏时用力过猛或跑得太快，脚踝、小腿、膝盖、手臂、腰颈等部位可能会发生扭伤。

1.伤情诊断

扭伤部位疼痛，关节活动不利或不能活动，重则出现肿胀，伤处皮肤发红或发绀。

2.保育要求及处理步骤

（1）立即让幼儿停止活动，避免扭伤部位二次受伤。

（2）根据扭伤的程度进行处理。

① 轻微扭伤。轻微扭伤只是小部分关节周围肌腱或韧带受伤，伤处会有轻微疼痛，在关节外表看不出什么，关节活动没有障碍。一般让伤者暂停运动，一两周后即可痊愈。处理方法：让幼儿坐下或平躺休息，手足扭伤，应将患肢抬高，以利患处消肿。用冷毛巾或冰块敷患处，以利消肿、止痛、缓解肌肉痉挛。24小时后改为热敷，加速血液循环。这两者切不可颠倒，否则会加剧伤情，导致剧烈肿胀，而且不易恢复。注意不可用力按摩揉搓，以免加重损伤。

② 严重扭伤。严重扭伤可以使关节周围的韧带、肌腱和血管断裂。受伤后，伤者感到剧烈疼痛，受伤部位逐渐肿大，关节不能活动，其后受伤部位逐渐变为青黑色，这是由于血管破裂，大量血液流进组织间隙的缘故。处理方法：立即将幼儿送往医院治疗，并在前往医院的途中用冷敷的方法为幼儿减轻疼痛。如果四肢某个部位严重扭伤，可先用绷带、毛巾、布带、木板、纸板等在扭伤的上下部位做固定包扎处理，注意要将包扎的绷带适当放松，再将受伤幼儿送往医院治疗。

（3）尚未恢复，要坚持合理用药和按揉，避免过度活动，缓解后可以适当进行恢复锻炼。

（三）脱臼

幼儿关节窝较浅，关节附近的韧带较松，在运动的过程中，如受过重的外力牵拉、发力过猛，或负重量过大、持续时间长等，都很容易造成脱臼。

1. 伤情诊断

脱臼后关节部位感觉剧烈疼痛，关节功能丧失不能活动，关节部位出现畸形，伤处肿胀。

2. 保育要求及处理步骤

① 查看伤势，让幼儿停止活动，安抚幼儿的情绪使其安静，避免活动激烈加重伤势，可根据需要进行冷敷减轻疼痛。

② 固定伤部。将幼儿患肢用三角毛巾或绷带固定在胸前舒服的位置上。

③ 送医。妥善固定后，应迅速送往医院由专业医生处理。注意：关节脱臼的整复不能随意进行，应由正规的骨科医生进行，没有整复技术和经验的人会引起更严重的损伤，影响肢体功能恢复。

④ 注重功能锻炼。复位后仍须按照医嘱固定一段时间，固定期间，应循序渐进地指导幼儿进行关节周围肌肉的伸缩活动和患肢其他关节的主动运动，以促进幼儿血液循环、消除肿胀，避免肌肉萎缩和关节僵硬。

⑤ 日常注意保护关节。经医生复位后，仍需注意保护关节，切勿再受暴力牵拉，以免发生习惯性脱臼。

⑥ 尚未恢复，要坚持合理用药和按揉，避免过度活动，缓解后可以适当进行恢复锻炼。

（四）骨折

当幼儿跌倒或从高处跳下后，身体某部位着地时可能会造成骨裂、骨折等。幼儿在园发生骨折的部位通常是小腿或肘部，且幼儿骨折多为"青枝骨折"。

1. 伤情诊断

幼儿摔倒后，身体某部位剧烈疼痛或局部有明显的压痛，且摔倒后不久患处肿胀、隆起、畸形，表现为幼儿伤处拒绝触碰，且运动受限。

2. 保育要求及处理步骤

（1）查看伤势，让幼儿原地不动，安抚幼儿的情绪，切记不要轻易搬动幼儿。

（2）根据骨折的情况进行固定处理。

① 如果是开放性骨折并伴有大出血，处理方法是先要在伤口处覆盖敷料，包扎止血，再固定骨折部位。

② 如果是闭合性骨折，处理方法是用绷带、三角巾、夹板或替代品固定受伤部位。

根据幼儿骨折部位的不同，其处理方式也不同，具体可见表2-4-1。

表 2-4-1　幼儿骨折初步处理方式 [①]

骨折部位	处　理　方　式
前臂骨折	一块木板放前臂上，一块放前臂后（长度超过肘关节），后用三角巾、布带将其托起

---

① 人力资源和社会保障部教材办公室 . 保育员 [M]. 北京：中国劳动社会保障出版社，2016.

续　表

骨折部位	处 理 方 式
小腿骨折	两块木板放在小腿的内侧和外侧，关节处垫软物，用三角巾或布带"8"字形扎牢
颈椎骨折	将伤者头颈和躯干保持直线，并用棉布、衣物等垫于伤者颈部、头两侧，然后将木板放于头至臀下，用绷带与布条将伤者头部、肩部、胸部、臀部都固定在木板上
锁骨骨折	以"8"字绷带固定
股骨骨折	健肢固定法：用绷带或三角巾将双下肢绑在一起，在膝关节、踝关节及两腿之间的空隙处加棉垫 躯干固定法：用长夹板从脚跟至腋下，短夹板从脚跟至大腿根部，分别置于患腿的外、内侧，用绷带或三角巾捆绑固定
肱骨骨折	用两三块夹板固定患肢，并用三角巾、布带将其悬吊于颈部

（3）及时送往医院。根据不同的骨折部位及伤势，运用正确的搬动方法及搬运工具，尽快将幼儿送往医院治疗。运送过程中，应密切观察骨折儿的意识状态、呼吸、脉搏、出血程度及受伤部位。

（4）做好日常护理，保持正确体位，保证骨折处顺利愈合。进行功能锻炼时防止患儿剧烈活动，并加强保护，防止发生损伤。同时注重合理膳食，可多喝牛奶等含钙食物。

（五）鼻出血

幼儿鼻出血非常常见，通常是由鼻挫伤、挖鼻孔、用力抠鼻等原因引起的，另外鼻内有异物及幼儿感冒发热等也可引起鼻出血。幼儿在运动活动中鼻出血，主要是由于奔跑中相撞引起的。

1. 伤情诊断

鼻腔黏膜出血，没有痛感。发生鼻出血时，幼儿紧张、大哭、用力揉擦鼻子等都会加重出血。

2. 保育要求及处理步骤

（1）安慰幼儿不要紧张，让患儿坐下，保持安静，用口呼吸，并将患儿的衣领、腰带松开，让其把头稍稍向前倾、略低。

（2）根据出血量的情况进行止血处理。

① 出血量小。处理方法：用拇指和食指紧紧地压住患儿的两侧鼻翼，压向鼻中隔部，让患儿张嘴呼吸。同时，在患儿的前额部或鼻部用毛巾进行冷敷，一般压迫5～10分钟，出血即可止住。

② 用上述方法不能止住出血，或出血量大。处理方法：用脱脂棉卷成如鼻孔粗细的条状，向鼻腔充填。填塞时要塞紧，因为填塞太松，达不到止血的目的。若经以上处理，幼儿仍血流不止，应立即去医院做进一步检查。

（3）止血后两三小时不做剧烈运动，以免再出血。

阅读拓展

鼻出血的七种常见原因 [1]

1. 鼻部外伤：幼儿行走、玩耍时碰伤鼻子，或挖鼻孔损伤了鼻黏膜，从而造成鼻出血。

2. 发热引起：上感（上呼吸道感染）发热时，鼻黏膜充血肿胀，血管脆性增加，此时擤鼻涕、打喷嚏可增加血管破裂的可能性，引起鼻出血。

3. 鼻腔异物：幼儿出于好奇，常把豆子、小珠子、纽扣、橡皮等较小的物品塞入鼻中，损伤

---

[1] 芦爱军. 幼儿园保育 [M]. 北京：机械出版社，2018.

鼻黏膜。

4.气候因素：气候干燥导致鼻黏膜干燥结痂，致使鼻子出血，秋冬季节较常见。

5.鼻腔和鼻旁窦有炎症：各种鼻腔和鼻旁窦的非特异性和特异性感染都会因黏膜病变损伤血管而出血。

6.维生素缺乏：以维生素C、维生素K、维生素P及钙缺乏多见。

7.遗传性出血性毛细血管扩张症：这种情况常有家族史。

• 家 园 共 育 •

家长带领幼儿运动的注意事项

1.运动前

（1）选择合适的运动时间和地点

首先，污染天、雾天以及过热、过冷的天气都不适宜带幼儿外出运动；其次，传染病高发期也不要带幼儿到户外运动。在天气良好的情况下，上午10时和下午3时都是幼儿户外运动的好时间。

（2）检查幼儿的着装以及运动的场地、设施

带幼儿进行运动前，家长要给幼儿准备好适合运动的轻便、舒适的服装，不能穿得过多、过厚；准备好运动鞋，不能过硬、过厚；检查幼儿的服装、鞋子是否穿好。到达运动场地后，家长要检查场地和运动设施，检查运动场地上是否存在异物、积水等不安全因素；观察运动场地内的人员是否过多；检查运动设施是否存在安全隐患。

（3）进行适度的热身

家长还要组织幼儿做好热身运动，以较轻的运动量先运动肢体，为后面较长时间、较大运动量的运动做好身体的准备，减少运动中受到的伤害。

2.运动中

（1）观察幼儿的运动状况，注意运动量的调整

研究表明，幼儿人体生理机能运动呈"上升—稳定—下降"的规律。所以家长也要按照运动量"由小到大、再到小"的原则安排幼儿运动，切勿一直让幼儿进行高强度运动。在幼儿运动过程中，家长可以观察、判断幼儿的运动状况。幼儿面色红润，情绪愉快，汗量不多，呼吸中速偏快，表明运动量适宜；幼儿脸色苍白，汗量较多，出现疲惫，则表明运动量过大，需要适度减少。

（2）坚持既要锻炼，又要保育的原则

在运动中，家长要鼓励幼儿积极锻炼，可以根据运动项目适时提供指导；也要做好幼儿的保育工作，如及时地给幼儿穿衣和擦汗，适当地提醒幼儿补充水分。

3.运动后

（1）要做放松运动

家长要提醒幼儿在运动结束后进行放松运动，如慢跑、做徒手放松操等，切忌运动结束后直接坐下休息。

（2）其他注意事项

幼儿在运动后不能马上饮用大量的水，防止心脏负担过大；不能喝冷饮、吃雪糕，影响胃肠等部位的功能；也不能马上洗冷水澡或者热水澡，防止出现头晕、胸闷等不良反应。

▶▶ 课后练习

是非判断题

1. 幼儿园的运动安全，就是指在幼儿园运动中，幼儿没有身体上的危险。　　　（　　）
2. 在运动过程中，由于场地使用不合理，场地和设施存在安全隐患，都有可能导致幼儿在活动中发生意外。　　　（　　）
3. 对于幼儿运动扭伤正确的做法是24小时内对其进行热敷。　　　（　　）
4. 幼儿在运动中发生撞击导致鼻出血，应安慰幼儿不要紧张，让患儿坐下，保持安静，用口呼吸，并将患儿的衣领、腰带松开，让其把头仰起来。　　　（　　）
5. 在家长看护幼儿运动时，家长要注意培养幼儿的安全意识和安全行为，保证幼儿的运动安全，避免幼儿运动受伤。　　　（　　）

▶▶ 聚焦考证

一、单项选择题

1. 幼儿在户外活动中扭伤，出现充血、肿胀和疼痛，教师应对幼儿采取的措施是（　　　）。
   A. 停止活动，冷敷扭伤处　　　　　　　　B. 停止活动，热敷扭伤处
   C. 按摩扭伤处，继续活动　　　　　　　　D. 清洁扭伤处，继续活动
2. 在幼儿运动的过程中，保育老师要关注幼儿的安全，如提醒（　　　）。
   A. 不玩危险物品　　　　　　　　　　　　B. 不做危险动作
   C. 不打闹、不吵架　　　　　　　　　　　D. 以上都是
3. 在扎刺伤的处理中，首先要将伤口用（　　　）或生理盐水清洗。
   A. 净水　　　　　　B. 醋　　　　　　C. 米汤　　　　　　D. 药水
4. 在挤压伤的处理中，如果指甲掀开或脱落，应（　　　）。
   A. 用布包扎　　　　B. 晾干　　　　　C. 立即去医院　　　D. 用棉花包扎
5. 在蹭破皮肤的处理中，首先要观察（　　　），是处理的步骤之一。
   A. 伤口的深浅　　　B. 皮肤　　　　　C. 手　　　　　　　D. 脚
6. 幼儿发生肘部脱臼，多见于什么时候？（　　　）
   A. 收拾玩具　　　　B. 做操　　　　　C. 被过度牵拉手臂
   D. 跑跳运动　　　　E. 上肢运动

二、判断题

1. 为了预防幼儿户外跌落受伤，幼儿应在教师的指导下进行体育运动，并佩戴适当的防护用品。　　　（　　）
2. 为了预防幼儿户外跌落受伤，户外运动场所应多铺设混凝土地面。　　　（　　）
3. 幼儿鼻子出血时，身体应该前倾。　　　（　　）

三、操作题

1. 幼儿在园运动受到伤害时，如何处理？
2. 发生骨折时的急救方法是什么？
3. 某幼儿不小心跌倒，引起出血应如何处理？
4. 幼儿扭伤应如何处理？

模块小结

　　幼儿运动活动是指遵循3～6岁幼儿身心发展规律，以幼儿的身体练习为基本手段，以促进其生长发育，提高其体质与健康水平，培养其道德意志品质与合作精神为目的的综合性活动，对幼儿的身心健康发展具有非常重要的意义。

　　在本模块里，主要梳理了幼儿运动活动导论、户外运动保育指导、室内运动保育指导以及幼儿运动受伤保育指导。通过系统地学习，能够理解幼儿运动活动的价值和类型，以及运动活动保育对幼儿成长的重要性，掌握幼儿在户外和室内两种活动类型中运动前、运动中、运动后的保育要求以及清洁消毒方法，知道幼儿在运动中容易受到伤害的原因，并能根据幼儿运动受伤的不同类型做好保育工作。总而言之，保教人员要能够熟练地开展幼儿运动活动的保育工作，为幼儿运动活动提供充分的保障。

　　保教人员要充分利用幼儿园的现有条件，开展丰富多样、适合幼儿年龄特点的各种身体活动，保证幼儿的运动活动时间，促进幼儿身体的生长发育、心理素质的发展，培养幼儿的自我保护能力。不管是户外运动还是室内运动，活动前，保教人员都要提前做好运动的准备，包括时间、场地和器械的安排以及幼儿的运动准备；活动中，保教人员都要观察并调节好幼儿的运动量，做好幼儿运动中的保育；活动后，保教人员要组织幼儿进行放松运动，带领幼儿安全地回到教室并进行运动后的保育。如果幼儿在运动活动中受到了伤害，保教人员要按照要求及时地进行护理、上报，严重的及时送医。

　　希望通过本模块中的案例呈现、理论学习及操作实践等，使学生能深入了解、掌握运动活动保育的内容与要求等，帮助学生熟练、规范地开展运动活动保育工作。

模块 三

幼儿游戏活动
保育指导

项目一 → 幼儿游戏活动导论

项目二 → 角色游戏保育指导

项目三 → 结构游戏保育指导

项目四 → 表演游戏保育指导

项目五 → 沙水游戏保育指导

模块导读

　　游戏活动是幼儿在幼儿园中主要的活动，是指幼儿在游戏情境中进行的活动。游戏活动是千变万化、丰富多彩的，本模块选取了幼儿园常见的四种游戏活动进行梳理，即角色游戏、结构游戏、表演游戏和沙水游戏。

　　具体来说，本模块主要阐述幼儿游戏活动的保育指导，通过案例呈现、理论学习及操作实践等使学生了解游戏活动保育的内容、要求等，以帮助学生熟练、规范地开展游戏活动保育工作。

学习目标

　　1. 游戏活动保育中能关爱幼儿，尊重幼儿的个体差异。
　　2. 理解游戏活动保育对幼儿成长的重要性。
　　3. 掌握幼儿游戏活动保育的相关内容。
　　4. 熟练地开展幼儿游戏活动保育工作。

内容结构

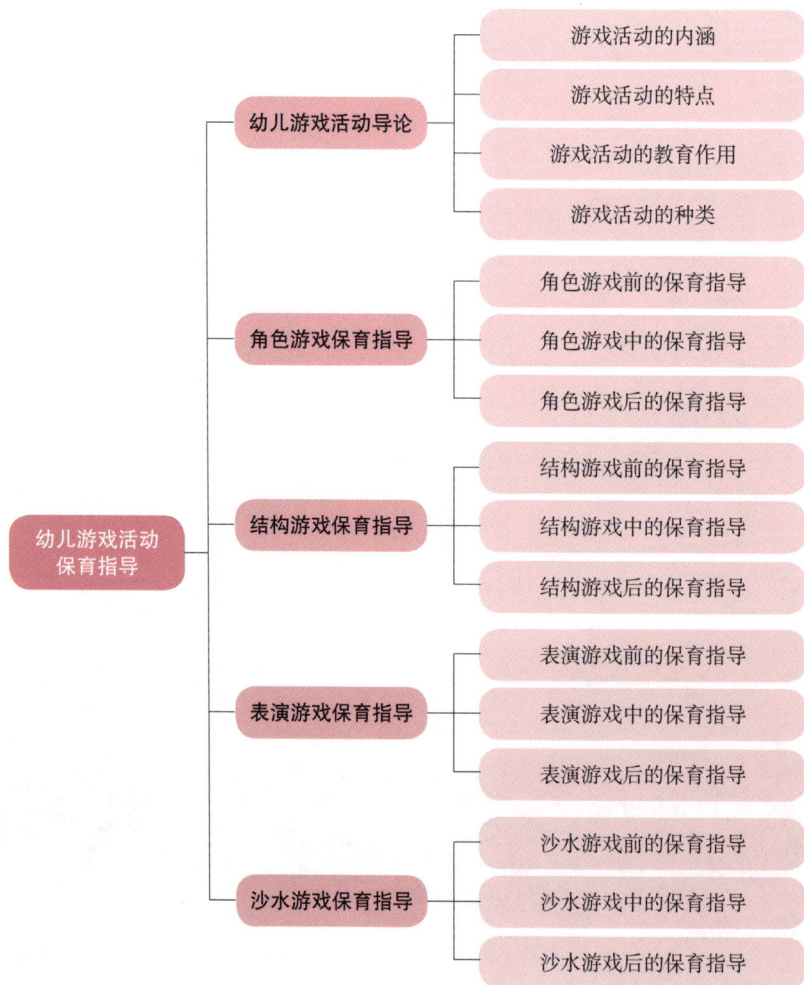

项目一

幼儿游戏活动导论

项目要求

1. 掌握游戏活动的概念。
2. 了解游戏活动的特点和种类。
3. 了解游戏活动对幼儿发展的重要作用。

一、游戏活动的内涵

游戏是深受幼儿喜欢的活动，也是一日活动中不可缺少的环节。游戏活动，也可简称为"游戏"。2016年颁布的《幼儿园工作规程》第25条明确提出，幼儿园教育应"以游戏为基本活动，寓教育于各项活动之中"。幼儿通过游戏活动满足自身的发展需求，通过游戏活动完成学习。认识游戏活动的内涵，可从以下三方面了解。

（一）游戏是幼儿喜爱的活动，是幼儿一日活动的主要内容

生活中我们经常听到幼儿说"我想玩""我想和你玩""我们一起玩游戏吧"，可见幼儿是非常喜欢游戏活动的，游戏也是幼儿自主、快乐的活动。

生活中我们也看到，幼儿绝大多数时间都在游戏，有时候即使是吃饭、睡觉等生活活动也喜欢用游戏的方式进行，如"饭饭飞进嘴巴里""我和小白兔一起睡觉觉"等。可见，幼儿的生活是以游戏为中心的。

（二）游戏是满足幼儿身心发展需求的活动

幼儿喜欢游戏活动是因为游戏能满足自身身心发展的需求。马斯洛的"需要层次理论"告诉我们，每一个人都是有需要的，幼儿也有自己的需要，如生理发展的需要、认知发展需要、社会性发展需要、自我表现、自我肯定的需要等等。各种需要触动了幼儿游戏，游戏活动又使得各种需要得到满足。需要的满足带来了快乐，快乐让幼儿更愿意去游戏。

（三）游戏是幼儿特有的学习方式

幼儿游戏的过程就是幼儿学习的过程（见图3-1-1），幼儿通过游戏活动认识周围世界、获得基础知识、掌握日常行为规范等。例如，幼儿把小皮球不断地扔出去，脑子里不断思考：皮球为什么会滚？它到底会滚多远？为什么滚出去的距离不一样了？我扔皮球会滚，爸爸扔皮球会滚

图3-1-1　幼儿在游戏中学习

吗？为什么皮球在草地上滚不远？皮球会滚，积木会不会滚呢？……带着这些问题，幼儿的思维不断开阔，想象力不断丰富，观察力不断增强，语言表达能力也不断提高。所以，幼儿是在游戏中不断学习、快乐学习的。

二、游戏活动的特点

与生活、学习等活动相比，游戏活动有其自身的特点，具体表现在以下四个方面。

（一）游戏是快乐、有趣的活动

游戏本身是快乐的，因为游戏是为了快乐而进行的。在游戏中，幼儿可以身心放松、积极参加活动，通过操作材料、制定规则、沟通交流从而达到自己的目标。在整个过程中，幼儿感受自己的能力，体现自己的价值，从而产生自信，并从行动和创造中获得愉悦。

游戏是一种有趣的活动。游戏中色彩鲜艳、新奇好玩的玩具材料，有意思的情节，有个性的角色，具体的内容，对幼儿来说都是有趣的，能够吸引他们的注意力，使其主动参与到游戏中来。例如，在角色游戏中扮演警察、医生、教师等，对幼儿来说是非常有趣的。

（二）游戏是自愿、自主的活动

生活中我们经常听到幼儿说"我们来玩个游戏吧""我想和你玩个游戏""好呀，玩什么游戏"……可以看出，游戏是幼儿自愿、自发、主动进行的活动，他们没有预设目标，游戏本身就是他们的目的。在游戏当中，幼儿自由自在，没有压力，如果游戏中幼儿失去了自主性，那么就不能称之为真正的游戏。

（三）游戏是想象、虚构的活动

生活中经常会看到幼儿拿着一根棍子，说"这是笔"；拿着一块积木，说"这是房子"；拿着一个棉球，说"这是宝宝"；有时候甚至什么都没拿，就说"这是面包"。在幼儿的眼里，什么都是可以"假装的"，用手一划拉，表示去了大海；小嘴"吧唧"一下，表示吃了东西；吐吐舌头，表示很辣；发出"嘀"的一声，表示门开了。不难看出，这些都是幼儿对现实生活的模拟，是现实生活的写照，反映幼儿的知识和经验，但又不是真实的生活，是幼儿想象和虚构的，幼儿通过想象和虚构创造出新的情境、事物进行游戏。

（四）游戏是有序的活动

幼儿的游戏不完全是杂乱无章的，细心观察幼儿的游戏活动会发现，幼儿都会遵守一定的秩序，这些秩序是他们在游戏中约定俗成的，每个个体自觉遵守，才能使得游戏和谐、轻松地进行。一旦这些秩序被破坏，幼儿很难再将游戏进行下去。

三、游戏活动的教育作用

现代游戏理论认为，游戏和幼儿发展的关系非常密切。

（一）游戏促进幼儿身体的发展

在游戏中，幼儿的大肌肉、小肌肉、骨骼、关节等组织与器官得到了有效的活动与锻炼，使得神经、呼吸、消化、循环等系统也得到了良好的发育，从而促进了幼儿身体的发展。尤其是综合体能运动游戏，会使幼儿的奔跑、跳跃、攀登等运动技能得到极大的发展，让幼儿变得更为结实和健硕。户外游戏活动时，幼儿可以充分地与阳光、空气和水接触，很好地进行三浴锻炼，充分感受到温热和寒冷，既符合人体生长的需要，也增强了幼儿对外界环境变化的适应能力。

（二）游戏促进幼儿认知的发展

1. 游戏促进幼儿知识的获得

幼儿期是幼儿认知发展的黄金时期，游戏既是促进幼儿认知发展的动力，也是其认知发展的有效手段。游戏时，幼儿会触摸、操作、比较物体，这一过程有助于提高感觉和知觉的能力。因为在这个过程中幼儿需要用眼、耳、鼻甚至是舌头去搜集信息，并通过大脑中枢神经的作用进一步去感知，通过感知也就了解了物体的性能、特点，并形成初步的概念。例如，幼儿在操作积木的过程中，逐步形成大小、粗细、远近、高低等概念，从而逐渐掌握知识、形成概念。

2. 游戏促进幼儿思维的发展

思维是人脑对客观事物间接、概括的反映，思维能力是在解决问题的过程中发展起来的。幼儿在游戏当中必然会遇到很多问题，在解决问题的过程中幼儿需要积极地去思考、获取信息、加工信息、分析问题，进而使得思维能力得到发展。例如，幼儿在玩积木的时候，先摆一个蓝色积木，然后摆一个红色积木，接着摆一个蓝色积木，再摆一个红色积木，一直重复，要是被人拿走了其中的一个，他们即使没有看到，也会很快猜出拿走的是什么颜色，继而自然地按规律放置一个正确的积木。在这个过程中幼儿掌握了模式的规律，思维也得到了发展。

3. 游戏促进幼儿创造力和想象力的发展

游戏为幼儿提供了充分的想象和创造空间，有助于幼儿创造力和想象力的发展。在游戏的过程中，幼儿可以根据自己的意愿和想象来进行游戏，由此引发出许多新颖的想法和独特的行为，从而促进了创作力和想象力的发展。

（三）游戏促进幼儿语言的发展

在游戏过程中，幼儿需要用语言来进行沟通，可以说，游戏为语言的发展提供了机会。例如，在游戏中要确定谁和谁一组，怎么玩，规则是什么，要注意什么，不知不觉中幼儿就掌握了字、词、句以及交流的方式和技巧。更何况还有很多语言游戏就是为了发展语言而设立的，如语言听说游戏"金锁银锁"——"金锁锁，银锁锁，两把钥匙一把锁。咔嚓咔嚓把它锁，小朋友快点来开锁。这是什么锁，这是苹果锁。苹果苹果红通通。"最后一句话需要幼儿用三个字形容苹果，幼儿在游戏中自然而然就掌握了丰富的形容词。

（四）游戏促进幼儿情感与社会性的发展

1. 游戏促进幼儿情感的发展

对于幼儿来说，游戏是快乐的源泉。一方面，幼儿在游戏中能体验到欢快、爱、喜欢、满意、轻松、愉悦等积极的情绪情感；另一方面，幼儿的紧张、焦虑、沮丧、恐惧、伤心等消极的情绪情感也会在游戏中得到释放。总的来说，游戏为幼儿提高了表达、体验各种情绪情感的机会，促进了幼儿心理的健康发展。

2. 游戏促进幼儿社会性的发展

幼儿常常是以自我为中心的，在游戏的过程中他们会意识到自己和别人的关系。特别是在角色游戏中，由于角色的需要，幼儿会慢慢地从别人的角度思考问题，去理解别人，克服"自我中心"。

游戏为幼儿的社会交往提供了机会。进行游戏时，幼儿一方面要表达自己的意愿，采取行动；另一方面需要理解别人的意愿，做出反应。所以，幼儿之间需要沟通和交流，这样他们就在游戏的交往中，不仅习得了分享、合作、谦让、协商、礼貌等社交品质，而且养成了乐于助人、善于分享、友好相处等亲社会行为，逐步提高自己的社交技能。

另外，幼儿必须遵守游戏的规则，才能使游戏顺利进行。经过多次、反复的游戏锻炼，幼儿会逐渐将这些游戏中的规则，变成自己自觉的行动，并迁移到生活中去，自我控制能力也会得到提高。

四、游戏活动的种类

幼儿的游戏是千变万化、丰富多彩的，按照不同的角度、标准，就会有不同的游戏分类。典型的分类标准有按照幼儿游戏的认知、幼儿游戏的社会性、幼儿在游戏中的体验形式、幼儿在游戏中的主要行为表现及特征，以及游戏的教育作用进行分类。《纲要》中，把幼儿园游戏分为创造性游戏（角色游戏、结构游戏、表演游戏）、规则性游戏（体育游戏、智力游戏、音乐游戏）等，是按照游戏的教育作用进行的分类。本书主要针对创造性游戏的保育指导细致梳理，并根据创造性的特点加入了幼儿园常见的沙水游戏一并解说。

微课

幼儿游戏的种类

（一）角色游戏

角色游戏是指幼儿在扮演角色的过程中，运用想象、模仿创造性地表现个人生活印象，从而反映现实生活的一种游戏活动。如图3-1-2，幼儿在角色游戏中模仿豆浆店工人磨豆浆。

（二）结构游戏

结构游戏是幼儿通过操作建构材料或玩具进行建构、构造物体的游戏，因此游戏中最终会建构出物品来反映现实生活，因此也称之为建构游戏。如图3-1-3，幼儿正在用积木进行结构游戏。

图3-1-2　角色游戏

图3-1-3　结构游戏

（三）表演游戏

表演游戏是深受幼儿喜爱的一种活动，是指幼儿根据童话、故事等文学作品的情节、内容和角色，通过语言、动作和表情进行表现的一种游戏。如图3-1-4，幼儿在进行故事表演。

（四）沙水游戏

沙水游戏是幼儿通过想象，以沙和水等作为基本材料进行建构的一种游戏。如图3-1-5，幼儿正在玩沙子。

图 3-1-4 表演游戏

图 3-1-5 沙水游戏

阅读拓展

幼儿游戏的分类

1. 按照幼儿游戏的认知分类

有三种游戏：感觉运动游戏、象征性游戏（符号游戏）、结构性游戏。

2. 按照幼儿游戏的社会性分类

有六种游戏：无所事事、旁观、单独游戏、平行游戏、联合游戏、合作游戏。

3. 按照幼儿在游戏中的体验形式分类

有四种游戏：机能游戏、想象游戏、制作游戏、接收游戏。

4. 按照幼儿在游戏中的主要行为表现及特征分类

有五种游戏：动作性游戏、探索性游戏、表现性游戏、建构性游戏、角色扮演性游戏。

· 家 园 共 育 ·

1. 游戏是幼儿自发的活动，保教人员在指导幼儿游戏时要尊重幼儿的个性化需求，合理安排游戏的时间，提供丰富、适宜的游戏材料，确保游戏顺利进行。

2. 保教人员应通过各种途径与家长沟通、交流，反馈幼儿在园游戏活动各方面的情况，帮助家长及时了解幼儿，同时指导家长为幼儿在家游戏提供适宜的帮助，达到共育的效果。

课后练习

一、单项选择题

1. 下面不属于创造性游戏的是（   ）。

　　A. 角色游戏　　　　　　　　B. 结构游戏　　　　　　　C. 表演游戏　　　　　　　D. 智力游戏

2. 下面不是幼儿游戏的特点的是（   ）。

　　A. 有序性　　　　　　　　　B. 自主性　　　　　　　　C. 强迫性　　　　　　　　D. 趣味性

3. 游戏能促进幼儿（   ）方面的发展。

　　A. 身体　　　　　　　　　　B. 认知　　　　　　　　　C. 社会性　　　　　　　　D. 以上三种都包括

二、是非判断题

1. 游戏能促进幼儿的全面发展。 （　　）
2. 幼儿园最基本的活动是生活活动。 （　　）

聚焦考证

一、单项选择题

1. 木鱼儿属于（　　）的设备和材料。
   A. 象征性游戏　　　　　B. 探索活动　　　　　　C. 表演游戏　　　　　　D. 音乐游戏
2. 小勺、小钳子、漏斗等各种工具是（　　）的材料。
   A. 象征性游戏　　　　　B. 建构活动　　　　　　C. 探索游戏　　　　　　D. 语言游戏
3. 废纸板、毛线头等材料是（　　）的玩具和材料。
   A. 表演游戏　　　　　　B. 建构活动　　　　　　C. 美工游戏　　　　　　D. 语言游戏
4. 电视、录像等是（　　）的玩具和材料。
   A. 语言游戏　　　　　　B. 象征性活动　　　　　C. 建构游戏　　　　　　D. 表演游戏
5. 学前儿童喜欢游戏的原因很多，这是由其身心发展特点和（　　）两方面决定的。
   A. 知识经验　　　　　　B. 教师的教育　　　　　C. 游戏本身的特点　　　D. 发展水平

二、是非判断题

1. 教师对游戏的指导应有启发性，不能盲目地干涉。 （　　）
2. 在游戏中的学习是一种自发学习，学习方式是潜移默化的，学习的动力来自幼儿内部，
   幼儿的游戏活动总是在假想的情景中发展的。 （　　）

项目二

角色游戏保育指导

案例导入

大一班的幼儿非常喜欢玩"娃娃家"角色游戏。今天，保育老师肖老师像往常一样在娃娃家里准备了专门的玩具：娃娃、小桌子、小床、床上用品（小被子和枕头等）、小炉子、小锅、刀、铲子、碗、勺子、盘子、奶瓶和电话等贴近幼儿日常生活的物品。可是游戏开始后，幼儿在娃娃家玩了几分钟就不玩了。

请根据幼儿园角色游戏前的指导要求，评析该案例中保育老师的操作。

任务要求

1. 了解角色游戏的特点。
2. 能配合教师做好角色游戏前的准备工作。
3. 掌握角色游戏前的各项保育工作。

一、角色游戏的特点

角色游戏通常都有一定的主题，如"娃娃家""理发店""面包店""医院""水果市场"（见图3-2-1）等，所以有时候也会称之为主题角色游戏。角色游戏通常在幼儿两三岁时产生，随着幼儿年龄的增长，其所选择的角色会越来越广泛，游戏水平也会越来越高。可以说，角色游戏是幼儿非常喜欢、非常有特色的游戏活动。

1. **角色游戏是幼儿自主进行的活动**

在角色游戏中，幼儿可以根据自己的意愿选择喜欢的主题，适合主题的玩具、角色、场景、环境，并且可以在游戏过程中根据游戏的变化适时调整角色和情节，使得游戏朝着自己的意愿发展。

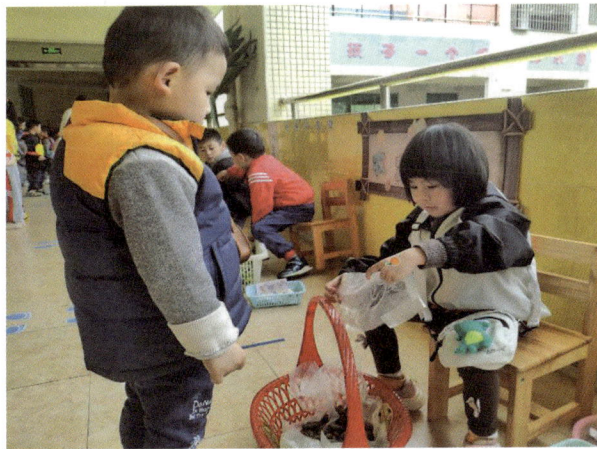

图3-2-1　角色游戏"水果市场"

2. **幼儿的现实生活经验是进行角色游戏的基础**

幼儿通过语言、动作表达角色，其实是基于对现实生活的理解。仔细观察幼儿的角色游戏活动，会发现其实是现实生活的再现，但是从幼儿的角度再现的。例如，幼儿在玩"娃娃家"时，会用勺子喂娃娃吃饭，边喂边说："宝宝乖，吃饭饭，吃了快快长大。"幼儿在玩"理发店"游戏时，会给顾客围一块毛巾，用一个物体代替理发器给顾客剪头发，剪完会说："十块钱，谢谢。"在玩"面包店"游戏的时候，会假装挑选面包，问："这个几块钱？""太贵了！能便宜一点吗？"等。又如，幼儿参观过消防局后，会模仿消防员叔叔灭火的样子；如果幼儿去医院打针的时候遇到护士态度不好的话，也会把这种情况反映到角色游戏里，凶巴巴地呵斥病人。研究表明，幼儿喜欢扮演他们熟悉的角色，如有的幼儿喜欢扮演警察，有的喜欢扮演医生，有的喜欢扮演厨师，其父母或主要照料人中一般有人从事对应的职业。幼儿要想顺利地扮演各种角色，就要有这些方面的生活经验，生活经验越丰富，角色游戏水平就会越高。

3. 想象活动是角色游戏的支柱

角色游戏的过程就是创造性想象的过程，幼儿的角色游戏绝对不是呆板地复制现实生活，而是加入了思考和想象的。因此，不同幼儿玩同一个主题游戏时情况都是不一样的，扮演同样的角色，每个幼儿的表现也会不一样。一是因为角色游戏中的角色是幼儿基于现实想象出来的。例如，"娃娃家"游戏，幼儿扮演的妈妈这个角色即来自生活，就是幼儿妈妈的形象，但又不同于现实生活。幼儿会像妈妈一样给宝宝喂饭吃，还会唱歌哄宝宝睡觉，极力用自己观察到的语言、动作、表情表达自己对妈妈这个角色的认识。二是幼儿会用以物代物的方式开展角色游戏。在游戏中幼儿不会追求物体的相似性，只要合适，一根棍子可以是医生手中的注射器，可以是爷爷手中的拐杖，可以是宝宝手中的筷子，可以是棒棒糖，可以是铅笔，甚至可以是房子、线条、道路等。三是幼儿通过想象获得角色游戏中的场景。幼儿在游戏中对场景的想象，不受时间、空间的影响，只要想玩游戏，即使不是在教师布置好的"娃娃家"里，幼儿也能凭借一个纸团，靠着想象的场景玩起游戏来，甚至一伸手或一划拉，就可以带着"宝宝"去"海边"，等等。

二、创设角色游戏的条件

（一）保证充足的游戏时间

保证充足的游戏时间，是幼儿充分地进行游戏和提高游戏质量的关键因素。幼儿的游戏种类多种多样，所需时长各异，这就需要保教人员结合幼儿园一日生活安排，合理布局，巧妙设计。

（二）创设必要的游戏场地

游戏场地是幼儿进行游戏必备的空间条件。固定的场地、熟悉的玩具能使幼儿顺利、有效地进行游戏。根据角色游戏的种类，游戏场地可以设在室内，也可以设在户外。室内的角色游戏场地空间尽量大一些，场地中要有足够的空间供幼儿游戏时走动，也要有必要的桌椅，同时还要留出固定的位置供幼儿摆放玩具。为了吸引幼儿进行角色游戏，还可以将现实中的真实场景元素融入场地建设中（见图3-2-2）。如幼儿在玩"快餐店"主题角色游戏时，保教人员可以将知名快餐店的标志放入场地中，帮助幼儿尽快进入角色。户外角色游戏场地的优势是空间大，不足之处是难以固定必要的玩具。在进行"送快递""公交车"等主题角色游戏时，最好选用户外场地，以满足幼儿大范围活动的游戏需要。

室内和户外游戏场地都要布局合理，避免妨碍幼儿行走、奔跑，以及因为过分拥挤而影响幼儿活动或发生不必要的安全问题。

图3-2-2 "发型屋"角色游戏场地

创设角色游戏的条件

（三）根据幼儿年龄提供合适的游戏材料和玩具

游戏材料和玩具是幼儿进行游戏的物质基础，提供符合幼儿年龄特征、适合幼儿需求的游戏材料和玩具，对幼儿角色游戏的开展非常重要。

根据玩具或游戏材料功能的结构化程度，可以把玩具分为专门化玩具（见图3-2-3）和非专门化玩具。根据游戏的水平，可把角色游戏分为模仿阶段、萌动阶段和创造阶段。不同游戏阶段所提供的材料与玩具不同。

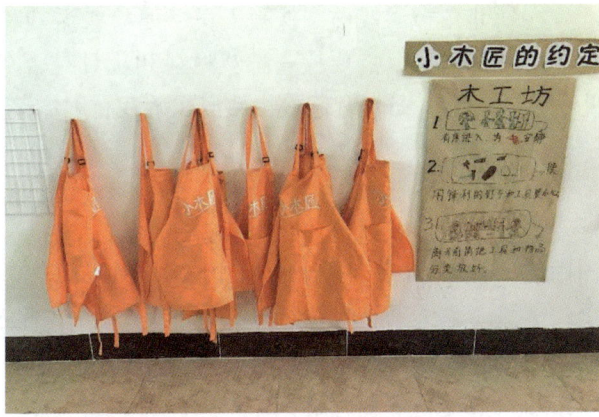

图3-2-3　"小木匠"角色游戏材料

1. 小班角色游戏材料和玩具的投放

小班幼儿进行角色游戏时，一般处于模仿阶段，结合小班幼儿处于独自游戏和平行游戏阶段的特点，可以为其多投放一些专门化玩具，主要目的是激发幼儿玩角色游戏的兴趣和满足幼儿游戏的需求。而随着游戏情节的丰富，保教人员可再投放一些非专门化玩具。如，幼儿在玩"娃娃家"角色游戏时，会用碗和勺子喂宝宝吃饭，为了促进幼儿"以物代物"想象能力的发展，可以提供白色珠子这类非专门化玩具，让幼儿把这些珠子想象成米饭，进行角色游戏，从而提高幼儿的游戏水平，促进幼儿各项能力的发展。

2. 中班角色游戏材料和玩具的投放

中班幼儿的角色游戏一般处于萌动阶段。这时，一是需要增加专门化玩具的种类，如在"娃娃家"里投放手推车、购物篮、冰箱等玩具，丰富游戏情节。为了发展幼儿的观察比较能力和交往能力，布置娃娃家时，可以提供不一样的玩具。例如，分别提供厨房用品类和卧室用品类玩具，幼儿可以很快发现两者的不同，从而选择相应的主题，还可以根据需要相互借、换玩具。二是可增加一些废旧材料，如纸盒、布、瓶子等非专门化玩具，使幼儿通过动手操作，自制适合角色游戏情节发展的玩具，以发展动手能力和创造力。如在玩"理发店"游戏时，幼儿可以将瓶子自制成洗发水瓶、用硬纸板自制梳子等。

3. 大班角色游戏材料和玩具的投放

大班幼儿的角色游戏处于创造阶段，投放游戏材料和玩具的主体应由保教人员转为幼儿自己。保教人员可设置游戏材料和玩具区，幼儿进行角色游戏时自行去选定自己需要的材料和玩具。这时候专门化玩具可以相对来说少准备一些，多准备一些非专门化玩具，鼓励幼儿自制玩具支持自己的游戏情节。

（四）引导幼儿做好知识经验准备

幼儿的知识和经验是角色游戏进行与发展的源泉。幼儿的知识和经验越丰富，想象能力就越好，游戏的内容与形式就越丰富，因此在进行角色游戏前需要丰富幼儿的知识和经验。如进行医院游戏时，可以带幼儿参观医院，让他们充分认识医生、护士、病人的角色特点，掌握角色的语言和行为；还可以通过视频、故事及讨论等方式进一步加深幼儿对医院的了解，从而使其顺利开展角色游戏。

（五）创设适宜的精神环境

除了丰富的物质环境，适宜的精神环境也是非常必要的。在角色游戏开始前尽量不要批评幼儿，让其以愉快的心情进入游戏，这有利于推动游戏情节的发展及提高幼儿的游戏水平。

三、角色游戏前的保育指导

（一）确保游戏材料和玩具的完整与安全

在幼儿角色游戏前，保教人员一要检查游戏材料和玩具是否有破损，如有破损应及时更换，以免影响游戏的进程；二要检查游戏材料和玩具是否存在危险，如是否有锋利的切口，是否有容易夹住幼儿手指的裂缝，是否有危险物品混在游戏材料中。

（二）做好游戏材料和玩具的清洁卫生

保教人员应保持游戏材料和玩具干净、清洁，无尘土、无其他黏附物。每天都要擦拭玩具柜，每周用1∶200的84消毒液进行彻底擦拭消毒。为了保证游戏材料和玩具的清洁卫生，每一到两周要对其进行消毒，毛绒、布制游戏材料和玩具可以用肥皂或洗衣粉清洗，冲洗干净后放在阳光下曝晒两小时；铁制或木制游戏材料和玩具要用酒精或1∶200的84消毒液擦拭，或者在阳光下曝晒两小时；塑料玩具可以清水清洗，清洗后用1∶200的84消毒液浸泡10分钟后冲洗干净，再在阳光下晾晒。保教人员在组织角色游戏前，要检查游戏材料和玩具是否清洁卫生，以保证幼儿的健康与安全。

（三）摆放游戏材料和玩具

角色游戏的材料和玩具最好放在固定的位置，并根据幼儿的身高放置在合适的玩具柜或玩具架上，以方便幼儿拿取。材料和玩具最好按照专门化和非专门化分类摆放。新投入的材料和玩具要放置在显眼的位置，方便幼儿构建新的角色游戏情节。

（四）准备好游戏场地

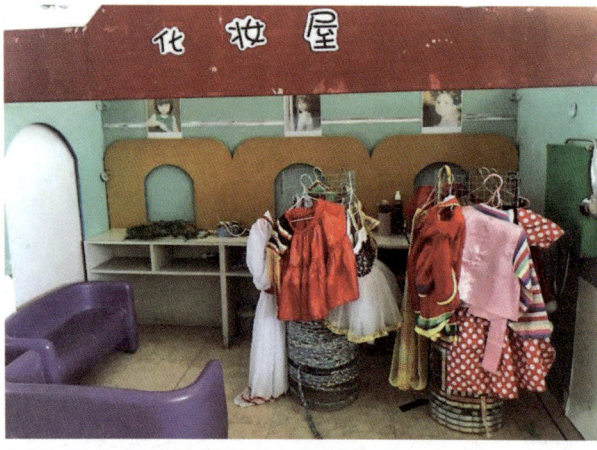

图3-2-4 "化妆屋"角色游戏场地

角色游戏开始前，保教人员要准备与幼儿人数相匹配的游戏场地（见图3-2-4）。室内的游戏场地，需要检查地面是否干净整洁，有无杂物；提前开窗通风保持空气清新；查看光线，如采光不足则要开灯；根据天气情况调节室温。户外场地，要查看地面是否有碎石子、碎玻璃等危险物品；查看是否有积水，如有要及时清理干净，保证幼儿的安全；要根据天气情况对游戏场地进行调整，夏季时尽量在阴凉处，避免中暑，秋冬季节尽量在向阳背风处，避免吹风着凉。有条件的幼儿园可布置遮阴帘和阳光房，保教人员应根据当天的天气情况提前打开，以保证户外角色游戏的顺利进行。

（五）检查幼儿衣着

角色游戏开始前保教人员要检查幼儿的衣着，一看幼儿的衣着是否适合当天的主题角色游戏；二看幼儿的衣兜是否藏有不安全的物品，如剪刀、针等尖锐物品。结合检查结果，保教人员要对幼儿进行游戏前的安全教育，避免发生人为的危险事故。

（六）控制好无关因素

角色游戏开始前保教人员应排除游戏场地中的无关人员和物品，因为幼儿的注意力相对较弱，很容易被新奇的人和物所吸引，从而导致角色游戏中断，影响游戏的效果。

（七）明确分工

幼儿进行角色游戏时，会进入不同的游戏区域，仅靠一个人很难照顾全场的幼儿。所以保教人员要提前分工，并对自己负责的区域了解清楚，包括区域中角色游戏的主题、投放的材料种类和特点，以及玩具的操作方法等，也要为接下来进行的角色游戏做好充足的准备。

阅读拓展

高结构材料和低结构材料

高结构材料：教师对材料附加了特定的任务，幼儿需要按照教师规定的方法进行操作，以便达成教师预期的目标，这种材料可称为高结构材料。

低结构材料：指目标指向性不够强，简单、可变性强、可塑性高，没有特定的玩法，幼儿可以创造出很多玩法的材料。

任务2　角色游戏中的保育指导

案例导入

晶晶像往常一样选择了理发师的角色进行游戏，莉莉扮演的顾客告诉晶晶，她不想剪发，她想染发。可是理发店里一直没有进行过这样的项目，晶晶显得有些不知所措。保育老师肖老师告诉晶晶，店里只能选择剪发。莉莉不情不愿地让晶晶帮她理了发。

请根据幼儿园角色游戏中的指导要求，评析该案例中保育老师的操作。

任务要求

1. 了解角色游戏中常见的障碍。
2. 清楚应对角色游戏障碍的常见方法。
3. 掌握角色游戏中的各项保育要点。

一、角色游戏中的常见障碍

（一）不能明确地提出游戏主题

幼儿在角色游戏初期，往往较难明白游戏的主题，角色游戏水平停留在对某个角色动作的模仿上。如幼儿玩警察游戏时，通常喜欢警察叔叔的敬礼动作，他们会反复做这个动作表示他们游戏的意愿。这时就需要保教人员利用语言和游戏材料，启发幼儿思考，从而确定游戏的主题，并去实现它。当保教人员看到幼儿反复做着敬礼动作时，可以充满感情地启发说："这是在扮演谁呀？""警察叔叔除了做这个动作，还会做什么动作？""警察叔叔在什么时候做这个动作？"目的在于引导幼儿思考模仿的是谁的动作，应该在什么场合做这个动作。通常，幼儿结合生活经验会回答："警察叔叔在指挥交通的时候会做这个动作。"保教人员就可以接着引导幼儿："你是交通警察，你的动作很标准呀！你是自己一个人玩指挥交通游戏，还是和谁一起玩呢?"通过这样的引导，幼儿会慢慢明白自己在玩什么主题的游戏，从而朝着确定的主题构建游戏场景，推动游戏情节的发展，进而提高游戏水平。

（二）不善于扮演和分配游戏的角色

幼儿在角色游戏初期，一般处于独自游戏和平行游戏阶段，往往只关注自己扮演的角色。受游戏水平的限制，他们通常也只热衷于模仿角色的动作或活动，对自己扮演的角色不了解，需要保教人员通过语言进行引导，帮助幼儿了解自己扮演的角色，从而更好地扮演这个角色。如小班幼儿在玩医院游戏时，总是不停地戴上听诊器假装帮宝宝看病，可是不知道说什么，也不太了解听诊器是怎么用的。这时保教人员可以说："你是什么医生?""你在给谁看病?""宝宝得了什么病? 需要吃药吗?"目的是帮助幼儿从模仿简单的动作到学会模仿角色的语言，形成一个立体的角色形象。

小班幼儿在角色游戏时还会忘了自己扮演的角色，如扮演收银员的幼儿会跑去买东西，扮演妈妈的幼儿会突然把宝宝扔到一边去闲逛，扮演医生的幼儿会被旁边的小吃店吸引，这些都需要保教人员适时地以合适的方式介入，以帮助幼儿形成角色意识，保证游戏的顺利进行。

另外，幼儿还存在只关注自己扮演的角色，不善于分配角色的问题，因此保教人员要适时教给幼儿分配角色的方法。一方面要让幼儿意识到角色游戏是有不同角色的，另一方面要引导幼儿意识到每个角色都是丰富、有趣的。幼儿可以通过报名、推选、轮流等方式来分配角色。

（三）容易在游戏中产生冲突

在角色游戏中，幼儿可能会因角色分配问题发生冲突。如玩"娃娃家"游戏时，幼儿都抢着当妈妈，相互之间会争吵，如果不及时介入，幼儿可能会各玩各的或者不欢而散。又如玩医院游戏时，扮演病人的幼儿害怕打针而不配合医生，如不及时让幼儿学会换位思考，幼儿可能会发生推拉等。因此，保教人员要善于观察幼儿在游戏中的行为，通过适时适当的介入化解冲突，让游戏顺利进行。

（四）较难主动地促进游戏情节的发展

因受年龄及认知水平限制，幼儿较难主动促进游戏情节的发展，尤其是小班幼儿，对成人的依赖性很强，他们虽然能自发地进行角色游戏，但一般停留在简单的动作模仿水平。例如，"娃娃家"中的妈妈一直抱着宝宝拍呀拍，爸爸则不知道干什么。这时，保教人员可以扮演客人角色进入"娃娃家"做客，通过语言推进游戏情节的发展，如"我来做客了，真想吃点水果"。这样幼儿就会出现切水果、倒水等行为，不断丰富游戏的内容。

二、应对角色游戏障碍的常见方法

（一）运用引导法帮助幼儿明确游戏主题

引导法是指保教人员通过语言、动作或者提供游戏材料帮助幼儿确定角色游戏主题的一种方法，旨在鼓励幼儿按照自己的意愿提出游戏主题。

（二）运用暗示法帮助幼儿稳定角色

暗示法是指保教人员通过语言、表情、手势影响幼儿的行为，从而使幼儿稳定地扮演自己的角色的一种方法，旨在提醒幼儿扮演好角色。

（三）运用参与法帮助幼儿解决冲突，推进游戏情节发展

参与法是指保教人员通过直接参与幼儿的角色游戏，扮演其中的角色，来解决游戏中的冲突，丰富游戏的内容，促进游戏深入发展的一种方法，旨在保障游戏顺利进行。保教人员要根据游戏需要选择角色，一般是担任配角，有时候也可以是主角，以便统领全局，这些都需要根据游戏需要灵活选

择。当游戏顺利进行后，保教人员要选择合适的时机退出游戏，让游戏朝着幼儿的意愿自由和谐地发展。

三、介入幼儿角色游戏的方式

保教人员在介入幼儿角色游戏前要认真细致地观察幼儿游戏的活动情况，并根据情况判断是否需要介入，用什么样的方式介入。应注意，介入的目的不是直接教导幼儿，而是给幼儿的游戏提供支持。

（一）语言提示

当幼儿在角色游戏中遇到困难或者游戏无法顺利进行时，保教人员可以通过简短的引导语提示幼儿反思意愿，找准目标，厘清思路，促进游戏的顺利进行。

（二）行为暗示

当幼儿在角色游戏中遇到困难或者游戏无法顺利进行时，除了语言提示，保教人员还可以通过动作、眼神、表情或者提供新颖的材料对幼儿的游戏行为进行反馈，让幼儿及时发现游戏中的问题，从而主动地解决问题。

（三）直接干预

若是在游戏中幼儿出现了严重违反规则或攻击性行为时，保教人员则应果断直接干预，以保障游戏中幼儿的安全。

四、角色游戏中的保育指导

（一）帮助幼儿分配角色

受身心发展水平的限制，幼儿在角色游戏中很难主动去分配角色，从而使游戏难以朝着促进幼儿身心发展的方向进行。这时保教人员要根据幼儿的年龄特点帮助幼儿分配角色。小班幼儿处于平行游戏阶段，且经常忘记自己扮演的是什么角色，保教人员可以用游戏的口吻或者行为暗示幼儿，增强他们的角色意识，进而使其明确自己的角色。中班幼儿处于联合游戏阶段，他们的角色意识比小班强烈，经常会出现争当一个角色的情况，保教人员要适时引导幼儿通过轮流、猜拳等方式来分配和确定角色。大班幼儿处于合作游戏阶段，应鼓励幼儿通过商量、讨论等方式分配角色，在游戏中学会谦让、合作。

（二）观察幼儿游戏并解除游戏障碍

保教人员分工后，应在自己负责的区域内仔细、认真地观察幼儿，必要时可以记录幼儿的语言和行为。游戏刚开始时可以通过扫描式观察，了解每个幼儿选了什么主题，扮演了什么角色，使用了什么材料，以及是否遇到困难；游戏中间时段，根据平时掌握的情况，通过追踪观察，了解个别幼儿在游戏过程中的情况，了解其游戏水平，选择合适的时机、适当的介入方式，帮助幼儿解除游戏障碍，保障游戏顺利进行。

（三）排除幼儿角色游戏中的危险因素

保教人员还应随时关注幼儿的游戏情况，排除幼儿角色游戏中的危险因素，保障幼儿游戏的安全。例如，幼儿可能因为游戏中的冲突发生推搡而产生安全隐患，因为操作不当致使地面积水产生滑倒事故，因为兴奋而快跑或加速骑行等发生意外事故，因不注意卫生习惯误喝生水或把污物放入嘴中，将异物放入鼻腔或耳中。这些都需要保教人员提前预测，进行干预，以避免意外事故的发生。

（四）纠正幼儿游戏中的不良习惯

幼儿年龄尚小，自我控制能力不强，不可避免地会出现一些不良行为习惯，如争抢游戏材料、在场地追逐打闹、破坏别人的游戏成果、大声吵闹和损坏物品等。这些都需要保教人员在游戏中及时关注，并结合幼儿年龄特点，用适当的方式纠正他们的不良行为习惯，实现在游戏中促进幼儿发展的目的。

游戏观察的方式
及游戏行为

任务 3　角色游戏后的保育指导

案例导入

中一班的幼儿高高兴兴地玩了"理发店""医院""小吃店"等角色游戏后，保育老师李老师跟着带班教师和幼儿一起离开了活动室，但活动室内满地都是游戏材料。

请根据幼儿园角色游戏后的保育要点，评析该案例中保育老师的操作。

任务要求

1. 了解角色游戏的评价方法。
2. 掌握角色游戏后的各项保育要点。
3. 能够组织幼儿进行角色游戏后的整理工作。

一、角色游戏的评价

做好游戏的分析与评价是支持幼儿顺利进行游戏的前提，保教人员要针对幼儿的游戏行为和遇到的问题进行分析与评价，以丰富幼儿的游戏经验和促进幼儿游戏水平的提升。评价的方式是多种多样的，保教人员要根据幼儿的年龄特点、需求、游戏水平灵活运用。下面根据游戏的进程，介绍三种评价方式。

（一）预防性评价

在游戏前，保教人员要有预见性地分析出幼儿在游戏中遇到的问题和冲突，即采取预防性评价。在游戏开始之前引导幼儿建立游戏的规则，让规则指引幼儿的行为，从而顺利地开展游戏。如在玩"快递员"游戏的时候，考虑到幼儿会因为沉浸于游戏本身而忘了遵守游戏中的交通规则，这时要提醒幼儿："在送货的过程中遇到红灯该怎么办？"幼儿在思考问题的时候会意识到游戏的规则，进而规范自己的行为。

（二）即时性评价

幼儿在游戏过程中的行为有好有坏，保教人员要善于观察，找出典型行为，及时给予反馈，对于好的行为要及时强化，以树立榜样。如在"蛋糕店"游戏中，发现了一名"表现好"的售货员，保教人员可以参与游戏的方式给予及时的反馈。比如，保教人员扮演顾客说："我想请这名售货员卖蛋糕给我，因为他不但向顾客问好，还主动告诉顾客蛋糕的价钱。"通过即时性的评价与反馈，幼儿很快领会教师的意图以及学到好的游戏行为，进而自觉规范自己的行为。

（三）总结性评价

游戏结束后，保教人员要引导幼儿对自己在游戏中的行为进行评价。可以组织幼儿说一说：在游戏中学会了什么？遇到了什么困难？是怎么做的？游戏中谁表现得最好？最喜欢和谁一起玩游戏？明天还玩这个游戏会怎么做？使得幼儿主动思考游戏的目的是什么，明白游戏中要遵守什么样的规则，进而促进幼儿发展，提高其游戏水平。

二、角色游戏后的保育指导

（一）做好总结性评价

游戏结束后，保育老师要协助教师做好总结性评价。将自己在游戏中观察到的幼儿的行为和遇到的问题告知教师，协助教师分析幼儿的行为并做好教育引导工作。角色游戏的成果很难用物品展示，它主要蕴含在游戏过程当中，这需要保教人员在游戏过程中有意识地进行记录，在游戏后进行分析整理。一般来说，角色游戏的记录形式有两种，一种是观察表格记录，另一种是录像记录。保育老师需根据教师总结的主题整理表格或录像，并配合教师做好总结性评价。评价的内容可包括幼儿对游戏角色的选择、游戏材料的使用及角色行为等。

（二）收拾整理游戏场地和游戏材料

游戏结束后，保育老师要协助教师做好游戏场地和游戏材料的收拾整理工作。要清洁地面不留杂物和积水；要进一步清点游戏材料，看是否按类别摆放整齐、是否有破损，如有破损要放置在维修架上。如果发现问题，要及时向教师反馈，一起查找原因。收拾整理游戏材料的时候，可根据幼儿的年龄有针对性地组织幼儿一起进行，以培养幼儿良好的整理习惯。小班幼儿，重点培养他们主动做事的能力；中班幼儿，重点培养他们分类整理的能力；大班幼儿，重点培养他们自己分工配合的能力。另外，在收拾整理游戏场地时可根据角色游戏的特点，允许幼儿围绕主题对游戏场地进行改造，培养幼儿创造力的同时增强他们的归属感，以及保持游戏的新颖性，但要注意物品摆放的顺序性及整齐性。

（三）组织幼儿盥洗

游戏结束后，保育老师还应配合教师组织幼儿进行洗手、喝水、如厕等生活活动，必要时还需要组织幼儿洗脸。另外，要根据天气情况和幼儿的活动量及时提醒或帮助幼儿增加衣物，避免着凉。

角色游戏的观察
要点及发展提示[1]

· 家 园 共 育 ·

1. 幼儿的知识和经验是角色游戏的源泉。在日常生活中，保教人员要有意识地丰富幼儿的知识经验，如让幼儿参观幼儿园厨房，观看厨师炒菜的过程，观察厨房工作人员择菜、切菜等过程，为幼儿进行"小厨房"主题角色游戏打好基础。

2. 保教人员应通过各种途径与家长沟通、交流，提醒家长有意识地带领幼儿观察周围的生活，积累丰富的生活经验，以丰富幼儿的角色游戏内容。如有意识地让幼儿观看制作蛋糕的过程，带领

---

[1]　上海市教育委员会.上海市学前教育课程指南[EB/OL].(2011-11-2)[2022-12-2].http://www.age06.com/Age06Web3/Home/MobileImgFontDetail?Id=b0938f91-3499-4e5c-82d5-08f0c1df5c61.

幼儿体验去菜市场买菜的过程，等等。

　　3.幼儿游戏后的整理活动是幼儿规则意识建立的重要时刻，保教人员需认真对待，有计划、有意识、有组织地培养幼儿良好的整理习惯。

课后练习

是非判断题

1. 保育老师要参加幼儿游戏活动，担任角色游戏中的重要角色，以指挥和命令幼儿。　　　　　　（　　）
2. 角色游戏前，幼儿无需生活经验，保教人员可以指导幼儿完成游戏任务。　　　　　　　　　（　　）
3. 角色游戏前，保教人员无需分工，幼儿游戏时可随机指导幼儿游戏。　　　　　　　　　　　（　　）
4. 行为暗示不是介入幼儿角色游戏方式之一。　　　　　　　　　　　　　　　　　　　　　　（　　）
5. 幼儿忘记自己的角色在场地追逐打闹，保育老师无需理会，只需注意幼儿的安全即可。　　　（　　）
6. 幼儿在游戏中容易产生冲突。　　　　　　　　　　　　　　　　　　　　　　　　　　　　　（　　）

聚焦考证

一、单项选择题

1. 幼儿最重要的一种活动方式是（　　）。
　　A. 游戏活动　　　　　　　　B. 学习活动　　　　　　　C. 劳动活动　　　　　　　D. 日常活动
2. 幼儿在进行角色游戏后应（　　）。
　　A. 将物品、玩具归还原位　　　　　　　　　　　　　B. 可将物品、玩具随意摆放
　　C. 将各类物品、玩具集中摆放　　　　　　　　　　　D. 配合教师把物品、玩具归还原位

二、是非判断题

　　幼儿园的玩具应定期用消毒水消毒，不能用水洗的玩具应该放在太阳底下晾晒。　　　　　　　（　　）

项目三
结构游戏保育指导

任务 1　结构游戏前的保育指导

案例导入

　　幼儿园新购买了几套大型积木，色彩鲜艳，造型独特，小一班的保育老师李老师知道后，觉得幼儿没有玩过，一定会很感兴趣，就把部分积木搬入教室给幼儿玩。幼儿没有见过这么大的积木，都很兴奋，可是积木实在太大了，搬也搬不动，圆圆在搬的时候还不小心砸到了脚。

　　请根据幼儿园结构游戏前的指导要求，评析该案例中保育老师的操作。

任务要求

　　1. 了解结构游戏的定义和特点。
　　2. 能配合教师做好结构游戏前的准备工作。
　　3. 掌握结构游戏前的各项保育工作。

一、结构游戏的定义和特点

（一）结构游戏的定义

　　结构游戏是幼儿通过操作建构材料或玩具建构、构造物体的游戏，因其最终会建构出反映现实生活的事物，所以也称为建构游戏。其操作材料随着时代的发展而逐渐变得丰富起来，有专门的结构材料，如积木、积竹、雪花片、扭扭棒、螺丝、磁力片等；也有自然的结构材料，如沙、水、雪等；还有废旧物品组成的结构材料，如瓶子、纸盒、卷纸筒等。在结构游戏中，幼儿可以根据自己的想象、意愿自由建构。从某种意义上来说，幼儿的想象和构思来自对现实生活的认识和反映，所以结构游戏也是幼儿创造性地反映现实生活的游戏。

　　结构游戏和角色游戏都是幼儿通过想象，创造性地反映现实生活的游戏。两者之间的区别在于，结构游戏通过建构和构造各种事物来反映对周围世界的认识，而角色游戏则通过扮演生活中的角色来反映对周围世界的认识。

（二）结构游戏的特点

1. 结构游戏的水平反映了幼儿的认知发展水平

　　幼儿不同的认知发展水平往往会表现出不同的结构游戏水平。如刚开始进行结构游戏时，幼儿往往只会选择一种结构材料进行摆弄，然后才会把多个结构材料进行组合，从单一到多种，在这个过程中幼儿的认知能力逐渐提高。此外，幼儿在进行构建时，往往先从简单的平铺、排列、垒高，到有规律地排列组合，再到有规则地拼搭、围合以及搭建简单造型和复杂造型。通过观察幼儿的结构游戏水平，可以判断幼儿的认知发展水平。

2.结构游戏的基本活动是建构、构造

多种多样的结构材料是结构游戏的物质基础，借助游戏材料，幼儿按照自己的意愿进行的建构和构造活动是结构游戏的基本活动。幼儿通过建构和构造活动创造性地反映自己对周围事物的认识和感受。因为建构和构造是造型的艺术，因此结构材料必须具备可造型的特点。又因为造型是空间的艺术，所以可叠加的材料才是上佳的结构材料。

二、结构游戏对幼儿发展的意义

（一）促进幼儿精细动作和手眼协调能力的发展

在结构游戏中，幼儿有足够的时间进行动手操作，他们会反复操作游戏材料进行排列、组合、垒高、平铺等，在这个过程中幼儿的小肌肉动作得到了很好的锻炼，手、眼的协调性和灵活性也得到了发展。有些幼儿园会提供大型的积木，操作大型积木有助于锻炼幼儿的粗大动作。

（二）促进幼儿的认知发展

幼儿在结构游戏中，会反复感知和接触积木、积竹等游戏材料，了解它们的颜色、形状、材质等特征，形成感性经验，这些感性经验是幼儿理解新知识的基础。同时，幼儿在搭建过程中也会学习和利用上下、左右、高低等空间概念，这对幼儿空间概念的习得和空间认知能力的发展有非常大的作用。结构游戏能启迪幼儿的智慧，帮助幼儿形成感性经验，发展分析问题、解决问题的思维能力。

（三）培养幼儿的良好品质

结构游戏是一项对专注度要求比较高的活动。在结构游戏中，幼儿通过自己的构思将大量的游戏材料排列组合起来，这就需要幼儿有足够的耐心、细心和恒心才能完成。而在现实生活中，幼儿玩结构游戏时会遇到很多困难，这些困难的应对与解决有助于培养幼儿不断坚持、勇于克服困难的良好品质。

（四）培养幼儿的合作精神

图3-3-1　幼儿合作完成搭建

在结构游戏中，尤其是面对较为复杂和大型的建构材料，往往需要幼儿通过合作才能完成，如图3-3-1。合作搭建的过程，为幼儿合作意识与能力的培养提供了机会。另外，研究表明，幼儿在充足的结构游戏材料中，较少产生争夺玩具的冲突，他们往往自然而然地想办法一起搭建，因此，保教人员应注意为幼儿提供数量充足的游戏材料。

（五）提升幼儿的创造能力

结构游戏的最终结果是搭建或构建一定的事物，这需要幼儿充分发挥想象力和创造力。一般来说，幼儿在建构前先进行构思，再结合现有材料边搭建边调整。

三、结构游戏的种类

结构游戏的种类非常丰富，在幼儿园一般是根据结构游戏中运用到的材料来划分

微课

结构游戏的种类

结构游戏的种类。但事实上,幼儿在进行结构游戏时,不会只选择一种游戏材料,所以区分结构游戏的种类不要绝对化。

（一）积木游戏

积木游戏一般是指幼儿利用木制的正方体、长方体、球体、柱体等立体图形作为游戏材料进行的结构游戏,如图3-3-2。根据形状的大小,积木可以分为大、中、小和微型积木;根据重量,可以分为空心和实心积木;等等。最典型的积木是木制的,随着工艺水平的提高,现在的积木也有塑料、海绵等其他材质的,也都统称为积木。

（二）积竹游戏

积竹游戏是幼儿利用竹片、竹筒等作为游戏材料进行的结构游戏,如图3-3-3。仿照积木的构造特点,利用竹子的特性制作了大小、长短不一的竹片及竹筒,幼儿可以利用积竹玩具的特点,构建坦克、飞机、汽车、城堡、桥梁等物体。与积木搭建出来的物体相比,另有一番风味。

图3-3-2 积木游戏材料

图3-3-3 积竹游戏材料

（三）积塑游戏

积塑游戏是幼儿利用塑料制作的各种形状的片、块、粒、棒、珠等零部件作为游戏材料进行的结构游戏,如图3-3-4。与积木游戏不同的是,由于积塑游戏的材料造型的特点,除了拼搭、叠高等构造技巧外,幼儿还可以运用接插、镶嵌等方式组合各种物体和建筑模型等。

（四）金属构造游戏

金属构造游戏在幼儿园里相对较少,因为需要幼儿运用带孔眼的金属片作为游戏材料,而金属片本身比较难进行复杂的拼搭和组合,需要借

图3-3-4 积塑游戏材料

助螺丝、螺帽等辅助材料，才能建构出各种各样的车辆或建筑模型，如图3-3-5。其优势是可以更好地锻炼幼儿三根手指捏及手眼协调能力。

（五）拼棒游戏

拼棒游戏是指幼儿运用各种材质的棍棒作为游戏材料所进行的结构游戏。这些棍棒可以是专门购买的，也可以是保教人员根据需要搜集的，如火柴棍、雪糕棍、吸管、一次性筷子等。利用这些材料，幼儿可根据自己的意愿拼出各种造型，如图3-3-6。

图3-3-5　金属构造游戏材料

图3-3-6　利用拼棒游戏材料拼搭的造型

（六）拼图游戏

拼图游戏与拼棒游戏比较相似，区别在于拼图游戏中幼儿借助的是各种材料制成的不同薄片，如图3-3-7。这些薄片可以是木制的、纸质的、塑料的或者其他材料制成的，幼儿可以利用这些薄片拼摆成动物、花、房子等他们熟悉的事物。在幼儿园科学活动中，教师也会利用拼图游戏帮助幼儿掌握图形面积守恒、图形部分与整体的关系等。传统的七巧板就属于拼图游戏，能很好地促进幼儿的认知发展。

（七）沙水游戏

幼儿也可以利用沙、水、雪等自然物作为建构材料进行结构游戏，如图3-3-8。沙水是一种不易定型的游戏材料，幼儿可以随意操作。沙水游戏作为一种简便易操作的结构游戏，深受幼儿喜爱，幼儿

图3-3-7　拼图游戏材料

图3-3-8　沙水游戏材料

园一般会设置沙水游戏区。相较于其他游戏，沙水游戏的保育指导有较多的特殊要求，因此会在本模块单列项目进行展现。

四、创设结构游戏的条件

（一）投放合适的游戏材料

游戏材料是结构游戏的物质基础，保教人员应根据幼儿的年龄特点和游戏需求投放合适的游戏材料。一是要根据幼儿的人数投放足够多的结构游戏材料；二是根据幼儿的游戏特点投放多种多样的结构游戏材料，以便幼儿选择合适的游戏材料进行建构。

1. 小班幼儿结构游戏材料投放的要求

小班幼儿的游戏主要以独自游戏和平行游戏的方式进行，游戏的兴趣还停留在建构动作上，常常喜欢把结构材料垒高后推倒，如此反复。因此，一般投放小型的积木、积竹、积塑游戏材料，以丰富幼儿对各种建构材料的认识。另外，小班的游戏材料要足够多，以便幼儿随时取用。

2. 中班幼儿结构游戏材料投放的要求

中班幼儿的游戏主要以联合游戏的方式进行，幼儿已有一定的建构水平，精细动作逐渐发展，思维、想象能力加强，生活经验更加丰富。这时候，一般给幼儿投放中型的积木、积竹、积塑游戏材料，还可增加金属结构材料和拼图、拼棒游戏材料。为了丰富幼儿建构作品的表现力，激发幼儿的建构兴趣，可提供各类辅助材料，如提供一只可爱的兔子，幼儿会想到给这只可爱的小兔子搭建一个家。

3. 大班幼儿结构游戏材料投放的要求

大班幼儿的游戏开始以合作游戏的方式进行，幼儿掌握了一定的搭建技巧，有一定的独立建造能力，能够围绕一个主题进行长时间的建构活动。这时可以提供大型的积木材料，或在同一时间提供多种游戏材料帮助幼儿搭建大型的场景（见图3-3-9），如幼儿用大型积木建构小区，利用雪花片给小区种上树，利用积塑给小区造停车位等。

图3-3-9　结构游戏材料投放

（二）准备合适的游戏场地

保教人员应根据结构游戏的材料和内容选择合适的游戏场地，可以提供非固定的桌面，也可以布置宽敞、固定的地面环境，必要时还可在户外进行。例如：选用小型的结构游戏材料时，可在非固定的桌面操作；选用大型的结构游戏材料时，则需要在户外操作，下雨的话，可以改为在宽敞、固定的地面操作。

（三）幼儿对周围事物有深刻印象

幼儿进行结构游戏的前提条件是对周围事物有深刻的印象，因为只有幼儿有明确的印象，才能使建构活动丰富、具体。幼儿的深刻印象来自日常的细致观察，因此保教人员在日常生活中要有意识地引导幼儿观察周围的事物，感知它们的颜色、形状、结构及各个组成部分的特点。如观察汽车，汽车是有四个圆形的车轮，有长长的车身的；观察房子，房子是一层一层的，有的楼层多，有的楼层少，房子的房顶有三角形、正方形、圆形等；观察桥，桥是有桥墩的，桥面是平的，桥底是拱形的。引导幼儿根据观察到的结果，选择合适的结构游戏材料，创造性地表现自己对事物的认识。如果幼儿在脑海中对外界事物没有深刻的印象，就很难进行结构游戏，也很难保持对结构游戏的兴趣。

五、结构游戏前的保育指导

（一）确保游戏材料的卫生和安全

结构游戏开始前，保教人员要细心检查游戏材料。一要查看是否存在安全隐患，如是否有破损、是否有尖锐的角等；二要检查游戏材料是否干净，有无消毒。结构游戏所用到的材料比较多，保教人员要分门别类地进行检查，对于木制、竹制的材料，重点查看有无尖锐的角或者裂缝等；对于塑料制作的材料，重点检查有无变色、变软，是否干净；对于纸质拼图材料，重点检查是否齐全、有无污损等。

图3-3-10　在户外进行结构游戏

（二）准备适合结构游戏的场地

一般来说，小班幼儿玩小型的结构游戏时，可以在桌面进行；中班幼儿玩中型的结构游戏时，最好在平整有地垫的地面进行；大班幼儿玩大型的结构游戏时，最好在户外进行，如图3-3-10所示。户外游戏时要注意天气和季节的变化，选择合适的地方。总的来说，要给幼儿提供足够的空间进行游戏。

（三）引导幼儿做好游戏前的个人准备

保教人员在结构游戏前要引导幼儿做好游戏前的准备工作，一是引导幼儿洗手，保持个人清洁；二是讲解安全知识，如不追赶，不吞食细小的游戏材料，不拿玩具攻击他人，不用力扔玩具等。

任务2　结构游戏中的保育指导

案例导入

在结构游戏中，大二班幼儿的搭建水平越来越高。一天，他们对搭建小区产生了兴趣，保育老师张老师就一次性在结构游戏区投放了大型积木、雪花片、卷纸筒、吸管、绉纸等游戏材料，希望帮助幼儿搭建出自己喜欢的小区。可是幼儿看着这些眼花缭乱的材料却不知从何下手，讨论了很久都没开始搭建，最后什么也没搭成。

请根据幼儿园结构游戏中的指导要求，评析该案例中保育老师的操作。

任务要求

1. 了解结构游戏中的基本技能。
2. 了解介入结构游戏的常见方法。
3. 掌握结构游戏中的各项保育要点。

一、结构游戏中的基本技能

（一）掌握游戏材料的特点

幼儿在进行结构游戏时，要认识各种结构游戏材料，了解这些游戏材料的形状、颜色、大小和材质等特征，以合理地使用这些特征去构建物体。

（二）学会操作游戏材料的基本技能

幼儿在结构游戏中要学会操作游戏材料的基本技能。例如，对游戏材料进行排列、组合，要学会把材料垒高、平铺、加宽、加长、加高、围合、盖顶、架空；对游戏材料进行插接、镶嵌，要学会把材料整体连接、交叉连接、端点连接、围合连接；对游戏材料进行排序，要学会把材料按规律排序、按图形拼搭、按高矮排序等。

（三）具备构思与分析能力

幼儿建构的物体作为一个整体，是由多个部分组成的。因此，在建构过程中，幼儿需要有整体构思的能力，并学会分析所搭建物体的构成要素、搭建步骤与方法。比如，幼儿搭建一座城堡，需要构思城堡的整体外观，分析需要哪些积木材料，先搭建哪一部分，如何利用围合、架空等搭建方法。

保教人员在结构游戏过程中，要有意识地培养幼儿的这些技能，以帮助幼儿提高结构游戏水平。

二、介入结构游戏的常见方法

（一）运用互动法激发幼儿的建构兴趣

幼儿在结构游戏的过程中经常会出现厌倦、兴趣不高等现象，导致游戏效果不佳，游戏水平也得不到提高。应对以上问题，保教人员可用互动法激发幼儿的建构兴趣。例如，通过谈话引导幼儿回顾与建构对象相关的经验；出示色彩鲜艳、内容丰富的图片，激发幼儿的游戏兴趣；播放生动有趣、与建构主题有关的录像或者视频，让幼儿的想象构造更直观。另外，还可以通过歌曲、谜语、儿歌、魔术等与幼儿互动，充分调动幼儿的积极性，避免在游戏中出现兴致不高，阻碍游戏的情形。

（二）运用实物欣赏法帮助幼儿进行建构设计

虽然结构游戏中幼儿按照自己的意愿建构事物，但有时很难构思出事物的造型，这会阻碍游戏的进程。这时保教人员可以适时地呈现模仿物，与幼儿一起分析模仿物的构造，寻找在游戏中问题的解决方案。保教人员还可以在建构前展示各种各样的艺术品，或者在游戏过程中让幼儿去欣赏同伴建构的作品，充分感受作品的特征、使用的技巧，从而使幼儿触类旁通，达到提高结构游戏水平的目的。

（三）运用示范法提升幼儿的搭建技巧

幼儿在游戏的过程中能够学会很多游戏方法，可是还有很多游戏技巧是需要保教人员进行示范，幼儿才能真正掌握好的。如幼儿见过桥之后，很想用积木建构一座桥，于是会用垒高的方法去搭建桥墩。但对于搭建桥面，幼儿可能会出现困难。这时，保教人员可以在旁边示范如何用几块积木架空，塑造成桥的样子。通过保教人员的示范，幼儿很快会习得架空的技巧，并把这种技巧巧妙地应用于其他的造型之中。因此，在幼儿结构游戏过程中，保教人员要细心观察，灵活运用示范的方法解决幼儿搭建技巧的难题。

（四）运用分层法帮助幼儿形成分层搭建思路

幼儿掌握的搭建技巧越多，其建构的物体越复杂，自主建构的意识也越强烈。保教人员可提供多层次的材料，满足幼儿提升搭建能力的愿望。面对复杂的建构物时，保教人员可使用分层投放材料的方法帮助幼儿形成分层搭建的思路，以保证游戏的顺利进行。如当幼儿建构超市的时候，保教人员一般要先投放主材料，让幼儿先建构超市场地，接着是超市的货物架和收银台等。当幼儿建构完主体架构时，再投放其他的配套材料，投放时可以根据幼儿的讨论放置一些半成品和废旧材料，让幼儿自由选择和搭配。幼儿可以根据材料建构货物架上的物品，还可以建构购物车、指示牌等其他物体。通过分层投放，幼儿能很好地厘清构建的思路，并能形成从关注整体到关注局部的思维意识与能力。

三、结构游戏中的保育指导

（一）适时地介入与指导

当幼儿在结构游戏中遇到困难或者游戏无法顺利进行时，保教人员可以提示幼儿反思意愿、找准目标、厘清思路，促进游戏的顺利进行。在结构游戏中，需特别注意观察一些特殊幼儿，如多动儿和胆怯儿。多动儿在结构游戏中较难集中注意力，胆怯儿在结构游戏中因为自信心不足很难与同伴一起进行合作游戏。面对多动儿，保教人员可以有意识地让他们完成一些需要集中注意力才能完成的活动，如反复用积木搭建桥梁，延长铁轨或者在大型结构游戏中负责搬运材料，以促使幼儿注意力的稳定性得到发展，继而能够更好地投入结构游戏中。面对胆怯儿，因其本身自信心不足，往往比较自卑，所以鼓励和简单的口头指导都不足以让幼儿投入活动中，保教人员可以让其充当自己的小助手，负责分发游戏材料或者传递话语，也可以和胆怯儿一组进行搭建活动，待其自信心充足时，再投入与同伴合作的结构游戏中。

（二）纠正幼儿结构游戏中的不良习惯

除了进行提示，保教人员还可以通过动作、眼神、表情或者提供新颖的材料对幼儿的游戏行为进行支持与反馈，让幼儿及时发现游戏中的问题，从而主动地解决问题。在结构游戏中常见的不良习惯有乱放游戏材料、争抢游戏材料、嘲笑别人的游戏作品等。为此，除了在结构游戏前制定游戏规则外，保教人员可以有预见性地纠正幼儿结构游戏中的这些不良习惯，如在游戏中，保教人员可以提醒幼儿将自己的游戏材料分区放置，但是不能放置在过道上，避免幼儿走动时被绊倒。这样不仅能提高游戏的效率，也能让幼儿有分类的意识。当结构游戏进行到一定阶段时，幼儿往往会因为想要更多的游戏材料而发生争抢，保教人员除了游戏前备足充分的游戏材料外，在游戏中还要提醒幼儿拿取他人的材料时需要经过他人的同意；对于公用的游戏材料，使用时要学会沟通，不得争抢以免误伤；还要学会欣赏别人的作品，取长补短，做出更好的作品。

（三）维护结构游戏的安全和卫生

若是在游戏中幼儿出现了严重违反规则以及攻击性行为时，保教人员须直接干预，以保证游戏的安全进行。在用大型材料进行结构游戏时，保教人员要注意幼儿搭建积木的高度和稳定性，避免幼儿被砸伤。也要注意提醒幼儿不能在用积木搭建的建筑物上行走，避免摔伤。在用小型材料进行结构游戏时，要注意照看幼儿，避免其将微小物品放入嘴巴、鼻孔等地方，引发危险。若在游戏中出现结构游戏材料被污染等问题，保教人员要在不影响幼儿游戏的情况下及时移开进行清理，以保护幼儿的安全。

任务3　结构游戏后的保育指导

案例导入

小二班的幼儿高高兴兴地玩了"建房子"结构游戏后，保育老师李老师吩咐幼儿自己收拾玩具，然后离开了活动室。活动室内幼儿你看看我，我看看你，谁也没去收拾游戏材料，李老师回来后狠狠地批评了所有的幼儿。

请根据幼儿园结构游戏后的保育要点，评析该案例中保育老师的操作。

任务要求

1. 了解不同年龄幼儿收拾玩具的特点。
2. 掌握结构游戏后的各项保育要点。
3. 能够组织幼儿进行结构游戏后的整理活动。

一、不同年龄幼儿收拾玩具的特点

在蒙台梭利教学法中有这样一句话——"从哪拿的放回哪里去"。这句话传达的意思是鼓励幼儿收拾自己的玩具，以培养幼儿的责任心，使其建立良好的秩序感，为其发展打下良好的基础。在幼儿园里，保教人员要鼓励幼儿在游戏后协助收拾和整理玩具。但由于不同年龄阶段的幼儿收拾玩具的能力有所不同，因此保教人员需掌握不同年龄幼儿收拾玩具的特点，进而做好结构游戏后的保育工作。

（一）小班

小班幼儿年龄尚小，缺乏收拾整理的意识，收拾玩具的行为更多的是一种模仿行为。根据这一特点，保教人员要亲自示范如何收拾玩具，并和幼儿一起收拾整理。

（二）中班

中班幼儿的模仿行为与兴趣减少了很多，他们倾向于把收拾玩具当作一种任务，收拾整理的意愿不强。因此，幼儿虽然能听懂教师发出的收拾玩具的指令，却常常不肯好好地收拾。这时需要调整方式，以促使幼儿积极主动地收拾玩具。例如，当结构游戏结束后，保教人员可请幼儿通过匹配、分类等形式帮玩具找到自己的"家"，以激发幼儿收拾玩具的积极性。

（三）大班

大班幼儿的秩序感和规则感逐渐形成，会把收拾玩具当成是自己的任务，责任感比较强。此时保教人员只需布置幼儿收拾玩具的任务，并有意识地引导幼儿分工合作完成收拾整理的任务即可。当幼儿非常熟练地掌握收拾玩具的技巧时，保教人员还可适当地让幼儿按照自己的规则、意愿分类整理玩具，以发挥幼儿的主动性和创造性。

二、结构游戏后的保育指导

（一）适时结束游戏并做好总结性评价

结构游戏所需的时间相对来说比较多，而且每个或每组幼儿完成作品的时间也不一致，这对保教人员适时地结束游戏提出了较高要求。因此，保教人员应密切配合，保育老师要协助教师把握时机，尽量以自然、有趣的形式结束游戏。又因每个或每组幼儿结束的时间不一致，保教人员要根据各自的岗位分工，组织提前完成游戏的幼儿进入游戏结束后的过渡环节，确保所有幼儿愉快地结束游戏。

结构游戏结束后，保育老师还需协助教师做好总结性评价。一是协助教师组织好幼儿进行总结性评价；二是评价前与教师进行沟通，将自己在游戏中发现的问题及自己的分析和建议及时告知教师，特别是多动儿和胆怯儿的表现；三是将幼儿的结构游戏作品用拍照或微视频的形式整理成册，以便教师能够图文并茂地进行评价，也便于家长掌握幼儿的结构游戏水平。

（二）指导幼儿收拾整理游戏场地和游戏材料

结构游戏结束后，保育老师要协助教师指导幼儿收拾游戏材料。一是指导幼儿分类整理游戏材料。根据幼儿年龄的不同，对于小班幼儿，保育老师要示范如何分类整理；中班幼儿，保育老师要在玩具柜或玩具篮上贴上游戏材料的图片帮助幼儿正确地匹配、分类；大班幼儿，保育老师要鼓励幼儿根据自己的意愿将游戏材料分类放置。二是指导幼儿在整理玩具时把破损的玩具挑出来，使下次结构游戏能顺利地进行，也是为了保证幼儿游戏时的安全。三是教给幼儿正确收拾游戏材料的方法。幼儿在收拾材料前，保教人员要给予指导，教育幼儿不可乱扔、抛丢材料，如果是比较重的游戏材料要双手拿稳，以防砸伤自己，不要搬弄超过自己半数体重的游戏材料，以免受伤。四是结构游戏的材料相比其他游戏会更多，保育老师要事先做好计划，在尊重幼儿的基础上合理安排，有效分配任务，以提高收拾整理的效率。五是对幼儿的收拾整理工作进行简单的点评，以表扬为主，保持幼儿收拾整理游戏材料的积极性。

收拾完游戏材料，保育老师还可以指导幼儿对游戏场地进行打扫和整理，培养幼儿良好的生活卫生习惯。小班幼儿，保育老师可带领其一起打扫；中班和大班幼儿，保育老师可以采用轮流值日的方式锻炼幼儿的独立劳动能力。

（三）组织幼儿做好个人清洁

游戏结束后，保育老师应配合教师组织幼儿进行洗手、洗脸、喝水、如厕等生活活动，并检查幼儿的衣物，看是否藏入了细小的游戏材料，若有，应及时收走。

（四）清洁和消毒游戏材料

游戏结束后，保育老师还须查看游戏材料清洁消毒的记录，根据记录确定游戏材料是否需要清洁消毒，并在幼儿离园后根据消毒程序和方法对游戏材料进行清洁消毒，以备下次游戏使用。另外，保育老师还须对游戏材料的破损情况进行检查、登记，并把破损的游戏材料放置在专门的收纳篮中。对于破损特别严重的游戏材料，应进行维修或更换，以保证游戏材料的充足。

📣 阅读拓展

玩具消毒的注意事项

1. 毛绒、布制玩具可用肥皂粉清洗，冲洗干净后放在阳光下曝晒两小时。
2. 铁制或木制玩具可用酒精或1∶200的84消毒液擦拭，或者日光曝晒两小时进行日光消毒。

3. 塑料玩具清洗后用 1∶200 的 84 消毒液浸泡 10 分钟后冲洗干净，再在阳光下晾晒。

4. 玩具柜每周用 1∶200 的 84 消毒液进行彻底擦拭消毒。

• 小 提 示 •

1. 日常生活中很多材料都可以作为结构游戏的材料，保教人员需适时地为幼儿准备合适的结构游戏材料，从而吸引幼儿的兴趣，发展幼儿的想象力和创造能力。

2. 结构游戏所需的时间比其他游戏要长，保教人员在组织游戏活动时要给幼儿充足的时间，在不干扰幼儿游戏的情况下提醒幼儿如厕、喝水。

3. 保教人员还需通过各种方式和家长沟通，让家长在家运用日常生活中的材料给幼儿提供进行结构游戏的机会，家园合作，提高幼儿结构游戏的技能。

课后练习

一、单项选择题

1. 日常生活中很多材料都可以作为结构游戏的材料，下面哪种材料不能作为结构游戏材料？　（　　）

　　A. 筷子　　　　　　　　B. 麦秸秆　　　　　　　　C. 面团　　　　　　　　D. 橡皮擦

2. 结构游戏可以发展幼儿的（　　　）。

　　A. 小肌肉动作　　　　　B. 合作能力　　　　　　　C. 想象力　　　　　　　D. 以上都是

3. 由于结构游戏材料的特殊性，应该（　　　）

　　A. 摆放整齐、定期清理，经常消毒　　　　　　　B. 集中摆放、定期清理，经常消毒

　　C. 分类摆放、定期清理，经常消毒　　　　　　　D. 随意摆放、定期清理，经常消毒

4. 结构游戏属于（　　　）。

　　A. 教学游戏　　　　　　B. 创造性游戏　　　　　　C. 规则游戏　　　　　　D. 自由游戏

5. 按教师对游戏的干预程度，可以把游戏分为自由游戏和（　　　）两种。

　　A. 有规则的游戏　　　　B. 集体游戏　　　　　　　C. 教学游戏　　　　　　D. 活动性游戏

二、是非判断题

1. 结构游戏结束后，保育老师无需配合教师做好总结工作，只需收拾玩具即可。　　　　　（　　　）

2. 结构游戏需要相应游戏技能的支撑。　　　　　　　　　　　　　　　　　　　　　　　（　　　）

3. 保育老师在结构游戏中最主要的任务是保证幼儿的安全。　　　　　　　　　　　　　　（　　　）

4. 小班的结构游戏材料应该以大型木制积木为主。　　　　　　　　　　　　　　　　　　（　　　）

聚焦考证

一、单项选择题

1. 积木、积塑等玩具是（　　　）的玩具和材料。

　　A. 表演游戏　　　　　　B. 象征性活动　　　　　　C. 结构游戏　　　　　　D. 语言游戏

2. 在指导游戏时，《规程》要求保育老师应充分尊重幼儿（　　　），鼓励幼儿制作玩具。

A. 要求   B. 需要   C. 选择游戏的意愿   D. 游戏特点

3. 学前儿童的（   ），其游戏的内容也就越丰富。

A. 生活经验越丰富   B. 年龄越大   C. 游戏的时间越长   D. 游戏的人数越多

二、是非判断题

1. 指导学前儿童的自由游戏应做到尊重儿童游戏的自主性；认真观察儿童的游戏，了解儿童游戏的真实情况。   （   ）

2. 为了方便教学，幼儿在进行结构游戏时应统一游戏开始时间和结束时间。   （   ）

项目四

表演游戏保育指导

案例导入

大二班的保育老师张老师知道大一班上午刚开展完同一主题的表演游戏活动，认为他们一定已经收拾整理过表演游戏场地和游戏材料，于是下午就安安心心地带着大二班幼儿去表演室。可是到了表演室，她看到游戏材料还没收拾整理，连布景的一头都掉落了。请根据表演游戏前的保育，评析该案例中保育老师的操作。

任务要求

1. 了解表演游戏的含义、特点及对幼儿发展的意义。
2. 清楚创设表演游戏的条件。
3. 掌握表演游戏前的各项保育工作。

一、表演游戏的含义和特点

表演游戏是深受幼儿喜爱的一种活动，它是指幼儿根据童话、故事等文学作品的情节、内容和角色，通过语言、动作和表情进行表现的一种游戏。表演游戏主要具有艺术性、结构性、游戏性和表演性等特点。

（一）艺术性

表演游戏本身就是一门艺术，幼儿根据文学作品的内容和情节，通过自己的想象，运用语言、动作和表情将故事情节表达出来。在表演游戏中，幼儿能充分展示自己的表演天赋，激发自己的天性，极大地享受游戏带来的乐趣。

（二）结构性

表演游戏虽是一种创造性游戏，但幼儿在表演过程中要尽量将自己的语言和行为与故事中的情节和内容联系起来。也即，在一定程度上，表演游戏是受到作品的情节、结构和人物形象所约束的，不能随意改动。

（三）游戏性和表演性

幼儿在表演游戏中可以自主地选择游戏的主题、内容，并按自己的意愿开展游戏，享受游戏带来的快乐。同时，幼儿会通过扮演某一文学作品中的角色，运用一定表演技能（对话、动作、表情、语

图3-4-1　幼儿在进行表演游戏

调等）创造性地表现和再现文学作品。幼儿对作品理解越深，生活经验越丰富，幼儿的表演水平就越高。因此，表演游戏（见图3-4-1）兼具游戏性和表演性。

二、表演游戏对幼儿发展的意义

（一）加深幼儿对文学作品的理解与应用

幼儿通过听故事、童话，会对作品中的主题、情节、人物性格特征有一定的理解。在表演中，幼儿会结合自己的理解积极地模仿作品中角色的语言、动作和思想。通过一次次的表演，幼儿体验到作品中人物的思想感情，潜移默化地把角色具有的良好行为习惯和解决问题的方法应用于实际生活中。

（二）促进幼儿想象力的发展

表演游戏是幼儿充满想象的过程。幼儿进行表演游戏时，需要依靠想象去塑造人物形象，增减表演中的对话、动作、情节。幼儿的想象力越丰富，表演就越生动、有趣、逼真。

（三）提高幼儿的语言表达能力

文学作品中的语言优美、生动，幼儿在表演游戏中，要熟记作品中的语言，掌握正确的语音。这为幼儿提供了丰富的语音刺激和语言运用环境，让幼儿积累大量的艺术语言，丰富了词汇，使幼儿的语音更丰富、生动、规范，进而提高了幼儿的语言表达能力。

（四）丰富幼儿的情绪情感体验

参与表演游戏本身就是一件快乐有趣的事情。在表演游戏中，幼儿扮演作品中的角色，能体会到角色的喜悦、愤怒、悲哀、快乐、恐惧、紧张、激动等情绪情感，学会站在别人的角度，设身处地地思考问题，进而能够丰富个性品质。

（五）促进幼儿社会性的发展

表演游戏是幼儿一起合作的游戏。在游戏中，幼儿要与同伴协商角色的分配，讨论表演情节的发展，在交流过程中，会有快乐合作、产生意见分歧以及矛盾冲突。但是经过幼儿间的协商讨论，他们学会了如何解决矛盾，这就促进了幼儿社交技能的提升，进而使其社会性也得到了发展。

三、创设表演游戏的条件

游戏场地、游戏环境、游戏材料和知识经验准备都是幼儿园开展表演游戏的前提条件。

（一）表演游戏的场地创设

游戏场地是幼儿游戏所必需的空间条件，要求安全整洁、有序美观、空间适宜。游戏场地有固定的和临时的两种。

固定的游戏场地（即表演区），可以充分利用过道、走廊（见图3-4-2）、楼梯拐角等，也可以在活动室内或者在公用活动大厅设置一个专门的区域作为表演区。在进行空间规划时，要注意动静区域分离，避免相互干扰。除了开设表演区外，保教人员还可以根据游戏需要灵活巧妙地将活动室以及户外划分为临时的表演场地。

（二）表演游戏的环创和场景布置

温馨、舒适和让人愉悦的氛围可潜移默化地影响幼儿。表演区的环境创设要结合游戏特点，根据主题投放角色的服装和道具。当然各班要有自己的特色，应增加环创材料的种类，并定期更新，时常给幼儿耳目一新的感觉。每次开展表演游戏前，应根据年龄特点安排幼儿参与游戏场景的布置，注意场景要符合游戏主题。当然，表演用的场景应经济实用（见图3-4-3），尽量还原故事中的场景，让幼儿身临其境即可。

图3-4-2　利用走廊作为表演游戏场地

图3-4-3　经济实用的表演场景

（三）表演游戏材料投放的注意事项

1. 材料投放应考虑幼儿的年龄特点

小班幼儿更加偏好色彩亮丽、生动逼真的服饰和道具，可多提供动物头饰、手偶和简单的乐器，种类不一定多，但同种游戏材料必须数量充足，避免幼儿因为要用同一种材料而出现争抢。

中班幼儿表演欲望强烈，会尝试交往合作，开始使用替代物，可提供一些半成品让幼儿进行简单制作，如空白面具，各类盒子、瓶子、树叶、果实等，减少同类材料数量。

大班幼儿想象力、创造力增强，能以物代物，对于替代物的逼真化要求更高，可提供更多的原始材料，增加低结构材料的种类和数量，减少装扮材料及道具的种类和数量。

2. 材料投放应具有安全性和趣味性

表演游戏材料的投放应注意安全轻便、牢固耐用，便于幼儿挪动。例如，服装类道具应容易穿戴且不影响幼儿活动。另外，为幼儿提供的播放设备和乐器音质要好，避免使用劣质的设备和材料。幼儿用的口红、腮红、眼影等化妆品要符合《化妆品安全技术规范（2015年版）》明确的儿童化妆品的各类指标。

幼儿参与表演游戏的兴趣在一定程度上取决于所投放的游戏材料，总的来说，幼儿喜欢色彩鲜艳、造型多样、功能多变的材料，这些都能吸引幼儿积极投入活动中。

3. 材料投放应分门别类、合理规划

表演游戏材料越丰富，幼儿的选择就越多。因此，要分类投放材料（见图3-4-4），提前思考与设计，合理规划。

（1）装扮类材料：① 服装类（动物系列、动漫系列、环保系列、礼服系列、运动系列、民族系列、职业系列）；② 头饰类（动物头饰、王冠、发箍、发卡）；③ 配饰类（动物挂饰、项链、手环、眼镜、腰带、领结、帽子、披风）；④ 面具

图3-4-4　分门别类投放材料

类（动物面具、舞会面具）；⑤化妆品类：口红、腮红、眼影等。

（2）道具类材料：手偶、指偶、皮影、小乐器、扇子、纸伞、拐杖、玩具刀、玩具枪、花篮、话筒等与表演相关的材料。

（3）低结构材料：①废旧物类（各类盒子、瓶子、篮子、纸杯）；②自然物类（树枝、树叶、果实、石头、干花、松果、麦穗、芦苇花等）；③半成品类（空白面具）；④其他类（纸类、布类、塑料制品类、泡沫制品类、金属制品类）。

（4）辅助材料：①背景材料（各种舞台背景、幕布、栅栏）；②音效材料（录音笔、播放器等影音设备）；③美工材料（剪刀、胶水、笔）。

（四）幼儿的知识经验准备

开展表演游戏需要具备丰富的生活经验和知识，幼儿的经验越丰富，就越能成功地把握角色的特点，演绎好角色的语言、表情、行为和动作。因此，在表演游戏前需要通过多种途径丰富幼儿的生活经验，扩展其知识面，这样，幼儿的游戏内容和情节才能不断地丰富、发展。

四、表演游戏前的保育指导

（一）家园充分沟通，做好前期准备

在表演游戏前，保教人员之间要进行充分沟通，了解表演游戏的目标、内容和组织过程中应注意的事项，如场地的安排、材料的准备、废旧材料的收集、有关设备设施的检查、安全隐患的排查等，还要了解本班幼儿的特点、水平、需求等实际情况，使自己在参与幼儿游戏时能够做到心中有目标，眼中有幼儿，及时有效地促进幼儿的发展。另外，还要重视与家长沟通，特别是对特殊幼儿提供教育时更应及时沟通，发现问题及时解决，共同做好家园共育。

图3-4-5 师幼共同布置游戏场景

（二）布置与检查表演游戏场地

保教人员要根据每次表演游戏的主题，和幼儿共同进行游戏场景的布置（见图3-4-5），摆放好设备和桌椅，做好表演游戏的物质准备。

在表演游戏前，保教人员要及时检查游戏场地的设施安全，清除场地的危险物品及障碍物，保持地面清洁卫生、无杂物，室内空气流通，光线明亮，确保表演游戏场地安全、适宜。

（三）准备与检查表演游戏材料

在表演游戏前，保教人员一要为幼儿准备安全、卫生、数量充足的游戏玩具及材料；二要组织、启发幼儿利用自然物和废旧材料自制玩教具；三要保持游戏用的玩具和材料清洁、无灰尘、无黏附物；四要根据游戏需要和带班教师的要求，把游戏的玩具及材料摆放在幼儿可自行取放的位置；五要检查游戏用的玩具和材料是否有损坏、是否有边缘锋利之处等，如有破损，及时修整更换。

（四）组织幼儿如厕、喝水，检查幼儿的衣着

在表演游戏前，保教人员要组织幼儿有序地如厕、喝水，及时清点人数。还要检查幼儿服饰、精神面貌、身体状况等，如检查幼儿的衣着，以幼儿方便进行活动为宜，避免表演服饰过松、过紧、过长、过短。可以指导幼儿相互检查衣着，查看鞋带是否系好，提醒中、大班幼儿学会根据天气情况增减衣服，出汗多的幼儿多准备擦汗毛巾，并逐步养成习惯。

（五）将幼儿带入表演游戏场地

保教人员要一前一后带领幼儿进入表演游戏场地，注意幼儿路上的安全，防止绊倒或者撞到同伴、墙壁等。上下楼、穿越狭道时提醒幼儿注意脚下，确保全体幼儿均在视线范围内。

（六）做好活动前的精神准备

表演游戏前，保教人员要稳定幼儿的情绪，让幼儿保持愉悦、轻松的心情，照顾好个别幼儿和体弱儿，创设宽松、愉悦的活动氛围。

（七）制定游戏规则

制定好游戏规则是开展表演游戏的重要准备工作。在表演游戏开展之前，保教人员要向幼儿说清楚表演游戏的注意事项以及游戏规则，如不能争抢游戏材料，不能碰撞他人，不能大声吵闹，不能破坏游戏材料，在表演游戏后要及时整理玩具，把玩具放回原来的地方等。可让幼儿彼此监督，相互提醒。

任务2　表演游戏中的保育指导

案例导入

中班进行表演游戏"小羊和狼"时，鹏鹏争着扮演"大灰狼"这个角色，可是轮到他表演时他却离开游戏场地到处乱跑。保育老师陈老师看到后马上介入，制止了鹏鹏并带着他回到游戏场地。鹏鹏灰溜溜地说："我只是想找其他小伙伴来扮演狼妈妈和狼爸爸跟我一起吃羊。"

请根据表演游戏中的保育工作，评析该案例中保育老师的操作。

任务要求

1. 了解表演游戏的观察要点。
2. 能发现幼儿表演游戏中常见的安全隐患，并能采取相应的排除方法。
3. 能运用常见方法应对表演游戏障碍。
4. 掌握表演游戏中的各项保育工作。

一、表演游戏的观察要点

观察是教师指导幼儿游戏的基础，只有基于观察的指导，才能真正对幼儿游戏产生促进作用。在表演游戏中，保教人员可以从幼儿的情绪状态、社会情感、表征行为、学习品质四个方面入手，了解幼儿表演游戏的表现、对游戏的兴趣和需要、游戏的水平，分析和识别幼儿某些表演游戏行为发生的原因及其对幼儿发展的意义，进而及时组织和指导幼儿开展游戏活动，适时适度地提供帮助与支持。

1. 观察幼儿的情绪状态

在表演游戏中，幼儿会表现出主动发起、积极参与、跟随参与、被邀请参与、不参与等行为，也会流露出大胆自信、心情愉悦、放松稳定、神情淡漠、紧张沮丧等情绪。

2.观察幼儿的社会情感

在表演游戏中，对于与同伴交往、协商、合作、分享，幼儿会有主动、乐意、需要被提醒、不愿意等表现。

3.观察幼儿的表征行为

在表演游戏中，观察幼儿是否根据作品内容进行表演，能否创造性使用材料并进行一物多用，如何分配角色的，知识经验是否够用，哪些幼儿需要帮助，需要什么样的帮助，表现形式是否丰富多样。

4.观察幼儿的学习品质

在表演游戏中，观察幼儿是否专注于游戏，是否主动策划游戏，是否有创造性，能否用恰当的方法解决问题。

二、表演游戏中常见的安全隐患及排除方法

（一）游戏行为方面的安全隐患及排除方法

图3-4-6　争抢游戏材料

1.安全隐患

（1）幼儿因争抢游戏材料（见图3-4-6），发生冲突。

（2）幼儿制作道具时，因使用剪刀、美工刀等工具不当，可能存在夹伤、割伤等安全隐患。

2.排除方法

表演游戏前与幼儿一起协商游戏规则和注意事项。幼儿在使用剪刀、美工刀等工具时，保教人员要对幼儿进行安全教育，教会幼儿使用，并注意观察和提醒，以避免安全隐患。

（二）游戏材料方面的安全隐患及排除方法

1.安全隐患

（1）表演服装过大过长，裤脚拖地。

（2）衣饰上的小珠子、小配件等不牢固，造成幼儿乱塞入耳、入鼻、入嘴。

（3）保教人员在收集废旧材料时，没有进行安全检查，如有无尖锐、破损、边缘锋利的地方等。

（4）保教人员在游戏过程中没有及时发现和处理破损材料，导致幼儿受伤。

2.排除方法

保教人员要准备数量充足、适合每个年龄段幼儿的游戏材料。另外，还要检查幼儿的游戏材料安全状况以及幼儿的服饰是否存在安全问题。如果游戏材料有破损或尖锐之处，要及时更换与维修；如果服饰上的装饰物松脱，要进行加固和保养。

（三）游戏场地方面的安全隐患及排除方法

1.安全隐患

游戏场地空间狭隘，人数过多，碰碰撞撞，易造成身体伤害事故。

2.排除方法

表演游戏场地要选择宽敞、明亮、通风的地方。根据表演游戏空间的大小，要控制好人数，密切关注游戏空间内的安全。

三、介入表演游戏的常见方法

（一）语言引导法

当幼儿在表演游戏中出现角色冲突与纠纷，导致游戏无法顺利进行时，保教人员要耐心观察，确定介入的时机。可尝试用语言引导，帮助幼儿认识到每个角色的重要性，并分析原因，了解幼儿的想法，引导幼儿自主找到解决问题的办法。例如，在"海底世界"的表演活动中，幼儿起初沉浸在模仿海蛇上，游戏单一，缺少趣味性。这时，保教人员启发引导幼儿："看，我把这个呼啦圈背在背上慢慢地爬，像一只什么呢？""你们还能用这些东西将自己打扮成别的海底动物吗？"幼儿受到了保教人员的启发，终于发现可以借用道具让自己变成别的海底动物。

（二）动作暗示法

当幼儿在表演游戏中遇到问题或者不知所措的时候，保教人员可以利用眼神、表情、动作等对幼儿游戏做出反馈。这样的动作暗示法能够产生"此时无声胜有声"的效果，避免语言表达可能产生的副作用。例如，在《白雪公主》故事表演中，扮演小矮人之一的小明拿了一个围裙，他扣上扣子后发现围裙太大了，一下子滑倒在地。这时其他幼儿已经开始游戏了，小明转过头着急地望着保教人员，希望得到帮助。但是保教人员并没有走过去，只是远远地对他做了一个夹夹子的动作。小明一下子明白了，很快在区角找来了两个夹子，将围裙夹在衣服两边的口袋里。处理好围裙，小明开心极了。保教人员也在远处对小明做了一个胜利的手势。

（三）材料介入法

当幼儿表演游戏的情节不断发展，而幼儿与材料的互动停滞不前时，保教人员应在充分观察的基础上，及时合理地调整游戏材料。通过对材料的增加与调整，不仅能进一步支持幼儿开展表演游戏，也能让材料更具吸引力。例如，在表演《拔萝卜》时保教人员开始准备了老爷爷、老奶奶、小花猫、小花狗和小耗子的头饰，随着活动开展，更多的幼儿想加入进来，但是头饰数量有限，而且种类单一，活动中甚至出现了两个老奶奶、两个小花猫都在拔萝卜。这时保教人员及时增添了小兔子、大老虎、小猴子和大公鸡等头饰，这样让更多的幼儿参与到了活动中，而且丰富了游戏中幼儿的动作、表情和语言，创编了新的游戏情节。

（四）平行示范法

当幼儿在表演游戏中出现表演技能障碍时，保教人员可以幼儿所扮演的角色身份介入，给幼儿做适当的示范、讲解，帮助其更好地提升。例如，在"老爷爷的萝卜"表演游戏中保教人员观察到扮演小白兔的幼儿在偷吃萝卜时缺少相应的表情和动作，保教人员就扮演小白兔与幼儿平行游戏，用自己的动作为幼儿示范。保教人员戴上兔耳朵，叫道："老爷爷，老爷爷。"（双手上举叫喊）发现老爷爷不在，自言自语说："老爷爷不在，我可不能吃。"（摇摇头）接着又说："我真想尝一尝呀，怎么办？"（来回走表示为难的样子）

（五）鼓励支持法

当幼儿在表演游戏中情绪低落不愿主动参与时，保教人员要及时稳定幼儿情绪，以多种方式为幼儿的表演游戏提供支持，对幼儿在游戏中表现出创造性及愿意参与的游戏行为加以鼓励和肯定。例如，开展表演游戏前确定角色，小文和小敏都想扮演小红帽的角色，两人产生纠纷，结果小文把演小红帽的角色让给了小敏，但是小文很委屈，一直闷闷不乐。这时保教人员可以说："今天，文文小朋友进步最大，学会了谦让。这次小敏扮演了小红帽，等下轮流也让小文扮演小红帽，好吗？"

表演游戏中的保育指导

四、表演游戏中的保育指导

（一）做好游戏的组织指导

1. 帮助幼儿理解文学作品内容

理解文学作品内容是进行表演的基础，保教人员要和幼儿一起解读文学作品内容，让幼儿充分认识人物的角色特点，掌握角色的语言、表情、行为和动作，以及情节发展过程，进而才能呈现出生动、形象的表演。保教人员可通过重复播放音频或视频，角色预演，提问讨论等方式进一步加深幼儿对作品角色、情节的理解。

2. 指导幼儿分配角色

在表演游戏中，小班幼儿往往对角色分配存在一定的困难。保教人员可以参与角色分配，并可扮演一个角色。开始可担任主角，帮助幼儿解决角色分配中的困难，以后可担任一般角色，直至不担任角色。中、大班幼儿往往喜欢扮演主要角色，对于配角或反面角色却不愿担任。保教人员可以尽量让幼儿自己协商分配，也可以采用角色竞演的方法，由教师和幼儿投票选出人选。

3. 培养幼儿的表演技能

幼儿表演时既要通过语言来表现角色形象，还要做出与表演内容相关的动作、神态等。因此，保教人员要结合具体的表演内容，引导幼儿开展针对性的学习和练习，从而全面提升幼儿的表演技能。例如，保教人员可以从声音的高低、声音速度的快慢、声音的音量变化及角色特征方面指导幼儿模仿角色讲话的声调、语气及节奏等。在表演过程中还要根据角色的处境变化，引导幼儿做出相关的动作、神态等。保教人员可以要求幼儿的步态、手势、动作等比日常生活中夸张些，还可以安排幼儿观看动画等，让幼儿模仿动画角色的相关动作。

4. 丰富幼儿的舞台经验

幼儿在表演时，由于缺乏舞台经验，可能会遇到各种各样的困难，如表演音量过小，不能感知舞台站位，角色投入不够，缺乏舞台表演礼仪，怯场等。保教人员要针对不同情况，使幼儿有目的、有计划地丰富舞台经验。例如，结合科学活动，保教人员可以开展不同的空间方位游戏让幼儿感知物体基本空间位置和方位，理解上下、前后、左右等方位，帮助幼儿获得舞台空间感；结合语言活动，保教人员可以多创造交流分享的机会，让幼儿与他人一起讨论问题，在众人前面说话，丰富幼儿舞台表演与互动经验。

5. 适当介入和指导

在表演游戏过程中，保教人员要认真观察幼儿和教师的行为，可以利用视频、案例、表格、图示等，了解幼儿游戏时的表现、进展和游戏需求，把握好介入游戏的时机，以旁观者的身份适时、适当指导幼儿尝试更多的玩法，以保证游戏能够顺利地进行。例如，刚开始玩表演游戏的时候需要保教人员向个别幼儿具体示范，可以带幼儿一起学习所要表演的文学作品，并在表演前与幼儿一起回忆作品的内容、主要情节和角色特征。在表演游戏过程中，可以边示范边让个别幼儿跟着学。幼儿学会后，保教人员可以放手让其自由发挥想象力，对文学作品中的故事情节和台词进行适当改编或创编，必要时给予指导。

（二）做好安全保护

幼儿在进行表演游戏时容易忘记游戏规则，这时保教人员要确保所有幼儿在自己的视线范围内，认真观察幼儿的表现，加强巡视，排查安全隐患。当发现幼儿有冒犯或干扰他人，不礼貌或粗野行为时，保教人员可以"角色"的身份出现，及时提醒或制止个别幼儿的不适宜行为，纠正幼儿的不良习惯，确保幼儿安全、卫生地开展游戏。

（三）关注个体差异

在表演游戏中，保教人员要关注个体差异，给予适宜的指导和帮助。第一，要根据幼儿活动量及气温的变化，及时帮助或提醒幼儿擦汗和增减衣服；第二，要鼓励幼儿在有便意、流鼻涕、身体不适等情况下，自主解决或及时告诉保教人员寻求帮助；第三，要重点关注注意力不集中、多动、肥胖、胆怯、体弱的幼儿，针对幼儿个体情况实施相应的保育措施，尽可能帮助他们有更多成功体验，鼓励他们积极参与游戏。

任务3　表演游戏后的保育指导

案例导入

在表演游戏后，保育老师李老师按照从上到下、从左到右、从里到外的顺序对游戏场地进行了清洁，然后她凭经验拿起84消毒液去兑水，将表演室的所有游戏材料彻底擦拭了一遍。

请根据表演游戏后的保育工作，评析该案例中保育老师的操作。

任务要求

1.了解表演游戏后的评价方式。
2.知道小、中、大班幼儿收拾整理表演游戏材料的要求。
3.掌握表演游戏后的各项保育工作。

一、表演游戏后的评价方式

评价环节是一个梳理游戏经验，归纳游戏中出现的问题，提升幼儿游戏水平的过程。保教人员应细心观察幼儿的游戏，了解幼儿游戏水平的差异，以作为教育教学的参考依据。在游戏结束后，幼儿园常用的评价方式主要有解决问题型、片段再现型、分享经验型及是非判断型等。这些方法适用于很多游戏活动，下面结合表演游戏，对这些评价方式进行阐述。

（一）解决问题型

解决问题型是指保教人员提出本次游戏中幼儿反映出的和自己捕捉到的问题，引导幼儿讨论解决问题的最佳办法，从而推进游戏的发展。例如："我们能不能想个好办法？""这个问题我们应该怎么解决呢？"这种评价方式可以鼓励幼儿积极开动脑筋，寻找问题解决的途径。

（二）片段再现型

片段再现型是指保教人员让幼儿现场再现游戏的片段，或运用摄像机或手机拍下幼儿的游戏片段，回放并有目的地对幼儿的游戏行为进行引导和指导。例如："今天我发现第一组的小朋友表演得特别好，现在请他们上来再给大家表演一次，好不好？"这种评价方式可以让保教人员及时捕捉和发现一些典型情节，以及幼儿的创造性行为。

（三）分享经验型

分享经验型是指保教人员鼓励幼儿把自己在游戏中的真实情感和游戏经验表达出来，互相交流、分享。例如："谁能说说你刚才游戏的时候有什么收获？""你当时是怎么演的？"这种评价方式可以让幼儿表达自己的所思、所想、所为，为幼儿提供了分享经验的机会。

（四）是非判断型

是非判断型是指保教人员将在幼儿游戏中发现的问题呈现出来，并让幼儿进行是非判断。例如，一些教师经常会在游戏评价的时候提出："谁能说说你们小组里谁表演得好？好在哪里？谁表演得差一点？"这样的是非判断问题，首先让幼儿难以回答，其次幼儿的表演不存在好与差。这种非此即彼的是非判断方式未必能让幼儿掌握客观正确的评价方法，形成对人对己的正确评价态度，教师应该鼓励幼儿更多地表达自己的想法，同时倾听同伴的建议和意见。

二、表演游戏后的保育指导

（一）适时结束游戏并做好表演游戏水平的评价

在组织幼儿结束表演游戏前，保教人员要根据幼儿游戏的进度，注意把握时机，给予幼儿一定的时间过渡，提醒幼儿表演游戏即将结束。游戏时间快到时，有的幼儿仍然兴致勃勃，保教人员要提前提醒幼儿，让幼儿做好结束游戏的准备，以免其产生不愉快的心情。对于基本完成游戏的幼儿，或者对游戏兴趣有所下降的幼儿，保教人员可以通过播放音乐提醒幼儿结束游戏。

表演游戏结束后，保教人员围绕本次游戏的目标、幼儿的情绪、材料的使用、表演游戏技能、同伴交往、游戏常规、幼儿的想象能力等进行总结与评价。重点要放在幼儿自身的进步上，善于捕捉幼儿的闪光点，做好记录。同时，要帮助幼儿整理在活动中获得的知识和经验，并激发幼儿下次活动的兴趣和愿望。

（二）指导幼儿收拾整理游戏场地和游戏材料

图3-4-7 组织幼儿一起清点

表演游戏结束后，保教人员应进行整队、清点人数，检查幼儿有无受伤情况，组织幼儿一起进一步清点使用过的材料（见图3-4-7）、检查材料是否有损坏，并放回原来的位置。如果发现问题，应将损坏材料放置在专门的回收处，做好登记，及时更换与维修，以保证游戏材料完好，确保使用的安全。这也是培养幼儿独立做事、善始善终、保持整洁等良好习惯的好机会。

按照易认、拿取方便、安排合理、整齐美观等原则，保教人员应结合不同年龄段幼儿的特点，制作标签。游戏材料应分类编号放在专门的存放位置，引导幼儿分类收拾。如小班幼儿，可以结合一一对应、5以内点数、颜色认知等目标，在保教人员的带领下协助收拾，培养幼儿整理物品的意识；中班幼儿，可以结合对整体与部分的认知、相邻数、图形等目标，在保教人员的组织下一起协助收拾，培养幼儿整理物品的能力；大班幼儿，可以提供整体材料的图片，通过观察图片中材料的摆放形式，引导幼儿整齐地收拾，培养幼儿独立整理物品的能力。

（三）组织幼儿盥洗

表演游戏结束后，保教人员应及时稳定幼儿的情绪，有序地组织幼儿洗手、如厕、饮水，必要时还应组织幼儿洗脸。提醒或帮助幼儿在夏季时要更换出汗的衣服，冬季时要穿回外套。

（四）清洁消毒游戏材料

幼儿表演游戏结束或离园后，保教人员要按照从上到下、从左到右、从里到外的顺序对游戏场地进行清洁，以消除死角，确保游戏场地窗明几净，墙面无尘土，地面整洁、无污物。另外，还要严格执行消毒制度，做好游戏材料的消毒、预防性消毒登记工作，对游戏材料经常性消毒和定期消毒。可以根据游戏材料的不同材质对其采用煮沸消毒、蒸汽消毒、日晒消毒、紫外线灯消毒、消毒剂消毒等方法，确保其使用的安全性。例如，表演的服装清洗后在阳光下曝晒3～6小时；玩具柜每周用1∶200的84消毒液进行彻底擦拭消毒，注意所有的物品、用具使用消毒剂消毒后一定要用清水再擦拭一遍，以免有消毒液残留。

▶▶ 课后练习

一、单项选择题

1. 以下属于表演游戏特点的是（　　　）。
   A. 艺术性　　　　　　　　B. 充满自然性　　　　　　C. 反映了幼儿智力发展水平　　D. 以上都是

2. 表演游戏对幼儿发展有重要意义，比较凸显的是（　　　）。
   A. 能促进身体的发展
   B. 提高幼儿语言表达能力
   C. 提高幼儿的精细动作和手眼协调能力
   D. 以上都是

3. 保教人员在表演游戏前需要做的保育工作是（　　　）。
   A. 与教师、家长进行充分沟通，做好前期准备
   B. 准备与检查表演游戏材料
   C. 与幼儿共同制定游戏规则
   D. 以上都是

4. 保教人员在表演游戏中需要做的保育工作是（　　　）。
   A. 组织幼儿一起清点使用过的材料数量
   B. 做好表演游戏的总结性评价
   C. 把握好介入游戏的时机，以旁观者的身份适时、适当指导幼儿尝试更多的玩法
   D. 了解表演游戏的目标、内容和组织过程中应注意的事项

5. 保教人员在投放表演游戏材料时的注意事项是（　　　）。
   A. 小班可提供一些半成品供幼儿简单制作，增加低结构材料
   B. 中班可多提供数量充足的动物头饰、手偶和简单的乐器
   C. 大班可提供更多的原始材料，减少装扮材料及道具的种类和数量
   D. 游戏材料应一次性全部投放

二、简答题

1. 简述创设表演游戏的条件。
2. 简述保教人员在表演游戏后需要做的保育工作。

▶▶ 聚焦考证

指出图片（随机出示）中幼儿表演游戏时存在的安全隐患，并采取相应的排除方法。

项目五

沙水游戏保育指导

案例导入

在一次沙水游戏前，保育老师苏老师带领幼儿进入沙水活动场地后，让幼儿穿好雨衣雨鞋就开始沙水游戏了。可是游戏刚开始三分钟，整个场面就乱七八糟，保育老师不得不暂停了游戏。

请根据沙水游戏前的保育工作，评析该案例中保育老师的操作。

任务要求

1.了解沙水游戏的含义、特点及对幼儿发展的意义。
2.清楚创设沙水游戏的条件。
3.掌握沙水游戏前的各项保育工作。

一、沙水游戏的含义和特点

沙水游戏在幼儿园游戏中属于结构类游戏，它是幼儿通过想象，借助沙和水等作为基本材料进行建构的一种自发性游戏。沙水游戏主要具有以下四个特点。

（一）具有操作性

幼儿在玩沙水时会运用多种感觉器官，全身心地探索、感受沙和水的特性。在沙水游戏中，幼儿要直接动手操作，选择自己喜欢的材料并根据自己的意愿进行抓、挖、运、垒等基本操作，在观察、发现、假设和检验中构造出预期的效果。

（二）富有创造性

沙水游戏中的沙子细软，与水融合后会产生很强的可塑性，可以任意地塑型。在沙水游戏中，幼儿可以根据自己的想象或者已有经验，自由创造出自己喜欢的造型，这对于开发幼儿的想象力和创造力有非常大的帮助。

（三）增强交往性

幼儿正处于以自我为中心的发展阶段，但在沙水游戏中会增加和教师、同伴交流的频率（见图3-5-1）。因此，沙水游戏有助于培养幼儿的人际交往能力，让幼儿更意愿参与到协商、讨论中，增强团队合作意识，以及学会掌控自己的情绪，体会他人的感受。

（四）充满自然性

沙水游戏能够让幼儿有机会对沙和水这些取之于大自然的游戏材料进行充分探索，感受与体验自然材料的特性，这也有助于培养幼儿与大自然和谐共处的意识和能力。

二、沙水游戏对幼儿发展的意义

（一）促进身体的发展

一方面，沙水区一般设置在户外宽敞的向阳处，幼儿沐浴在阳光中，呼吸着新鲜的空气，有助于促进钙的吸收，使骨骼良好发育，又能增强

图3-5-1　沙水游戏中同伴间的交流

对环境的适应。另一方面，在沙水游戏中，幼儿会借助推车、铲子、漏斗等工具运沙、装水、堆沙、垒高、搅拌沙水、挖坑，使得大肌肉得到了锻炼，促进了身体机能的提升；测量、过滤、比较、绘制等动作，又促进了幼儿精细动作的发展。

（二）促进幼儿认知的发展

在沙水游戏活动中，幼儿在操作中可以体验干沙的流动性、湿沙的可塑性。除了沙子也会接触到各种各样的材料，对材料的质地和特性能够直接感知。通过借助沙子等进行建构，幼儿可以感受到"1和许多"、多少、前后、左右等概念，同时在摆弄、混合、造型等过程中认识圆形、正方形、三角形、长方形等各类形状。

（三）促进幼儿想象力的发展

沙可以塑型，水富于变幻。幼儿通过捏造型，在沙池里作画，以及建构场景进行游戏等，创造出不同的游戏玩法，乐趣无穷，这一过程非常有助于促进幼儿想象力的发展。

（四）促进幼儿交往能力和社会性的发展

在沙水游戏中，幼儿通过同伴交往，在商量、讨论、表达见解、解决纠纷的过程提升了交往技能。与此同时，合作、分享、帮助、安慰、同情等亲社会行为也伴随其中，并潜移默化地获得发展。例如，一组幼儿合作完成了以"海边旅行"为主题的作品，四个幼儿在完成作品后相互分享和欣赏，并为创作的作品取名《大海里的船》《海边的房子》《各种各样的人和树》《沙滩边的动物园》。然后，他们把四个小主题带到水池边，尝试玩"海边旅行"的沙水主题游戏。游戏过程中，四个幼儿分工明确、相互帮助，合作能力得到了提升，为以后的成长奠定了坚实的基础。

三、创设沙水游戏的条件

创设沙水游戏的条件包括游戏场地、游戏材料和知识经验准备。

（一）沙水游戏的场地创设

沙水区（见图3-5-2）是释放幼儿天性，支持幼儿无拘无束、大胆探究的游戏场所，充足的活动空间非常关键。

（1）沙池面积应与幼儿园规模相匹配，沙池深度以50～60厘米为宜，边缘位置须高出地面，周围可用木桩、轮胎等固定物遮挡，避免出现尖角，确保幼儿的活动安全。

图3-5-2　沙水区

（2）沙池位置宜选择向阳背风之处，条件允许的话，还可以在沙池上搭建一个遮阳棚，为开展游戏的幼儿遮阳挡雨。

（3）有条件设置水池的幼儿园，沙池和水池不宜相距太远，应彼此邻近，它们之间可以通过设置手压井、水槽等，满足幼儿自主引水、用水、玩水的探究需求。为确保幼儿安全，水池深度一般控制在15～25厘米。没有条件设置水池的幼儿园，可以沿着沙池外侧设置若干小水洼，地面硬化处理后铺设鹅卵石，可在沙水区入口、中间、后面分别安装数量不等的多向水龙头、软水管，方便幼儿取水、用水。排水地漏安装阻沙过滤网，确保排水通畅。

（4）水池旁设置休息区，放置休息椅，摆放大遮阳伞、幼儿水壶、擦汗巾、药箱等。方便幼儿换衣服、鞋子，擦汗、喝水，休息，以及发生较轻的外伤时能及时处理。

（5）除创设户外沙池外，还可创设室内玩沙池或玩沙室。这样，无论天晴或下雨，幼儿可以不受限制地选择玩沙、玩水。

（二）沙水游戏的材料投放

1. 沙水游戏的材料

在沙水游戏区，投放丰富多样的工具与材料，可以激发幼儿的想象力，开拓幼儿的思路。常用的沙水游戏工具与材料包括以下七种。

盛装工具：锅碗瓢盆、瓶瓶罐罐、簸箕、蒸笼、大小水桶、各种盒子等。

筛沙材料：筛子、纱窗、蚊帐布、箩筐等。

引水材料：PVC水管、竹筒、各种材质的小水槽等。

建构材料：拆散的大型玩具零部件、各种规格的原木和木板、轮胎、梯子、砖头等。

辅助材料：纸筒、木板、泡沫垫、各种塑料制品、旧彩笔、筷子、薯片桶、瓶盖、仿真动物和花草及海洋球等。

自然材料：树枝、竹竿、石头、贝壳、玉米秸秆、玉米瓤、稻草绳、蒲草、芦苇花及各种树叶等。

文具材料：尺子、笔、记录本、照相机及旧手机等。

2. 沙水游戏材料投放的注意事项

（1）投放游戏材料应考虑幼儿的年龄特点

沙水游戏材料的投放应该是丰富多样的，保教人员应根据幼儿的年龄特点投放材料，但丰富的材料并不等于越多越好。小班幼儿心理发展水平相对较低，对于事物的认识仍处在模仿阶段，缺少一定的创造力，而且只关注游戏材料本身，所以小班幼儿沙水游戏材料的投放应以安全为主，同时要选择一些颜色鲜艳、比较大型的容器类、挖掘类玩沙材料；中班幼儿对事物有了一定的认知，也有了自己的想法和思考，所以对中班幼儿沙水游戏材料的投放需选择一些装饰类物品或建构类材料；大班幼儿动手能力更强，对事物的认知有了较为丰富的积累，而且已经具备一定的交往能力，所以保教人员要从大班幼儿重交往的角度出发，为幼儿投放一些低结构的游戏材料。

（2）投放游戏材料应保障安全性和趣味性

在投放沙水游戏材料时，应将安全、卫生放在第一位。为幼儿提供的辅助材料与废旧物品要干净、无毒、无味、无安全隐患，并且要对沙水游戏材料进行定期清洁和消毒。

材料投放也应能够激发幼儿参与游戏的兴趣和操作欲望，满足幼儿游戏的需要。幼儿除了喜欢沙和水，还喜欢颜色鲜艳、造型漂亮的装饰类材料和废旧物品等。

（3）投放游戏材料应体现层次性

保教人员应根据幼儿游戏的开展，适时增减材料。要遵循由少到多、由简单到复杂的原则，不断地充实和更换材料，使材料满足幼儿的需求。

（4）游戏材料分类整理

为了幼儿能够方便、有序取放材料，保教人员应做好材料的摆放和管理工作。在沙水区旁放置材料箱，将不同材质的工具与材料分类摆放（见图3-5-3），并在材料箱上贴上相应的图片和标签，让幼儿根据需要选择自己喜欢的工具。同时，应制定管理制度，加强材料管理。

图3-5-3　分类摆放

（三）幼儿的知识经验准备

幼儿在沙水游戏中建构的造型，大多数是对生活中事物的反映。幼儿的知识经验越丰富，就越可能成功地把这些事物反映出来。因此在沙水游戏前，需要引导幼儿广泛接触各种物体和建筑物，获得大量感性经验，进行经验储备。

四、沙水游戏前的保育指导

（一）家园充分沟通，做好前期准备

微课

沙水游戏前的保育指导

在沙水游戏前，保教人员之间积极交流沟通，了解沙水游戏的目标，以及本班幼儿的发展特点、水平、需求等实际情况，掌握幼儿通过活动应达到的水平，以及在沙水游戏中应该注意的问题，提前做好场地和材料的检查与准备，以便在游戏中提供有效的支持。另外，还应与家长沟通，了解幼儿情况，共同做好家园共育工作。

（二）布置与检查沙水游戏场地

保教人员要根据每次沙水游戏的不同要求，和幼儿共同布置好沙水游戏的场地，摆放好游戏材料。沙水游戏前，保教人员应仔细检查场地的周边、沙池、水池等设施的安全情况，查看沙池内是否有异物，及时清理沙池上的碎石、树枝等危险物品，保证沙水游戏环境的安全。另外，保教人员还可以在沙水游戏场地张贴安全小提示（见图3-5-4），提醒幼儿注意安全。

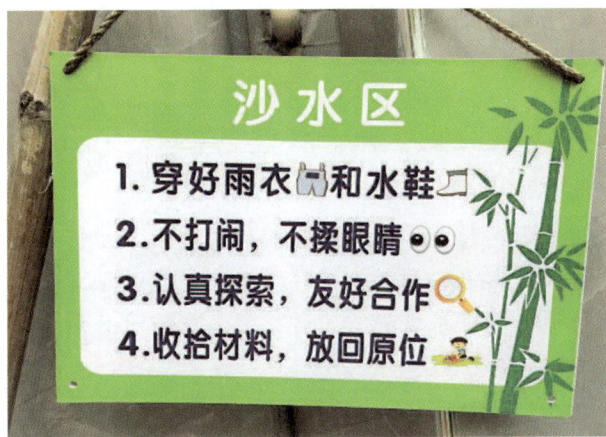

图3-5-4　安全小提示

（三）准备与检查沙水游戏材料

沙水游戏前，保教人员应为幼儿配置安全、卫生、数量充足的游戏玩具与材料，并摆放在匹配幼儿身高的架子上，以便幼儿轻松取放和使用。保教人员可以请中、大班幼儿参与到游戏材料的制作和准备工作中，如利用各种自然物和废旧物品自制玩教具，摆放材料等。此外，在检查方面，保教人员要细心检查游戏材料是否有损坏、是否有尖锐之处等。对于金属材质的玩具，要检查有无生锈、边缘有无锋利之处；对于木质玩具，要检查其表面是否带有毛刺，发现隐患及时处理，以免扎伤幼儿。

（四）组织幼儿如厕、喝水

为了确保幼儿到了沙水区后，中途不会因为上厕所而被打扰，所以在沙水游戏前，保教人员要组织幼儿排好队有序地如厕。另外，在沙水游戏前幼儿要补水，这样可以帮助幼儿机体增加散热的能力并保持体温的恒定。一般可安排在沙水游戏前喝一小杯水，血液中水分充足，可供给肌肉和细胞更多的氧气和养分，这样就不容易疲劳。

（五）检查幼儿的衣着

沙水游戏前，保教人员要提示幼儿穿好适合沙水游戏的服装及鞋子，如雨衣、雨鞋或连体衣等。同时，要检查他们的着装情况，通常以幼儿能够方便、安全进行游戏活动为原则，避免衣服过多、过厚、过紧，鞋子过大、过小、过硬、过厚。另外，可以适当准备一些擦汗毛巾，便于幼儿擦汗擦水。还要提醒中、大班幼儿根据天气情况穿脱衣服，逐步养成自检的意识。

（六）引导幼儿进入沙水活动场地

保教人员要分别站在队伍的一前一后，带领幼儿有序地进入沙水活动场地，留意观察每名幼儿的动态。在去往沙水活动场地时，要引导幼儿不追逐，不嬉闹，不推不挤，不擅自停下来做其他事情，一个跟着一个走，确保全体幼儿均在视线范围内。

（七）师幼协商游戏规则，做好游戏准备

俗话说："无规矩不成方圆。"在开展沙水游戏之前，保教人员要做好游戏规则教育。保教人员要从幼儿的卫生习惯、安全意识与规则纪律三个方面入手，向幼儿说清楚沙水游戏的注意事项以及游戏规则，如不能扬沙子，不要与他人一起撩水，不能攻击他人，不要弄湿自己的衣服，在沙水游戏后要及时整理玩具，物归原位，洗手并整理好衣物等。在沙水游戏开展前和开展一段时间后，保教人员可以与幼儿协商游戏规则，制定出大家都认同的规则。这样既能够保证幼儿的安全与卫生，也能让幼儿自愿遵守规则，同时还有助于同伴间的相互监督。

任务2　沙水游戏中的保育指导

案例导入

在一次小班沙水游戏中，很多幼儿刚进入沙池就迫不及待地挖沙子。东东挖得太用力了，铲子挥得高高的，不小心将沙子弄到琳琳的眼睛里，琳琳立即哭了起来，同时开始揉眼睛。一旁的保育老师冯老师不知所措，马上带琳琳到保健室，回来非常生气地对着东东说："你看你，怎么把沙子弄到小朋友眼睛里了呢，不是和你说过不能把沙子弄到别人身上吗？真是的！"

请根据沙水游戏中的保育工作，评析该案例中保育老师的操作。

任务要求

1. 了解沙水游戏的观察要点。
2. 能发现幼儿沙水游戏中常见的安全隐患并采取相应的排除方法。
3. 能运用常见方法应对沙水游戏障碍。

4.掌握沙水游戏中的各项保育工作。

一、沙水游戏的观察要点

在沙水游戏中，保教人员可以从幼儿的情绪、身体状况、活动情况、技能发展四个方面入手，观察幼儿在沙水游戏中的表现，以了解幼儿对游戏的兴趣和碰到的困难，进而适时适度地为幼儿提供支持与指导。

1.观察幼儿的情绪

在沙水游戏中，幼儿的情绪直接影响到其是否积极参与活动。因此，保教人员要密切观察他们在游戏过程中是否情绪积极、心情愉悦、注意力集中，又或者表现出情绪低落、生气、伤心、不参与活动等。

2.观察幼儿的身体状况

在沙水游戏中，保教人员要随时观察幼儿的身体状况，尤其是有特殊需求的幼儿。例如，对于体弱儿，要观察他们的呼吸、脉搏；对于肥胖儿，要观察他们的运动量；对于多动症和自闭症幼儿，要观察他们是否正常参与游戏。

3.观察幼儿的活动情况

在沙水游戏中，观察幼儿能否理解主题，使用的材料是否贴合游戏内容，能否主动遵守游戏规则，与同伴是否有交流、友好地分工合作，是否认真、耐心、细心、专注，能否克服困难并坚持不懈地完成任务，能否整理、爱护游戏材料，能否尊重他人的作品。

4.观察幼儿建构技能的发展

在沙水游戏中，保教人员根据不同年龄段幼儿的特点观察其动作技能是否得到锻炼。例如，小班幼儿能否使用铲子、水桶等基本工具进行围合、平铺、垒高等来搭建物体；中班幼儿能否控制手部肌肉，手眼协调地借助其他辅助材料进行垒高、架空、平铺等来搭建大一点的物体；大班幼儿能否综合利用平铺、延长、架空、围合等建构技能搭建、组合多个物体。

二、沙水游戏中常见的安全隐患及排除方法

（一）游戏行为方面的安全隐患及排除方法

1.安全隐患

（1）幼儿四处扬撒沙子（见图3-5-5），把沙子撒向其他幼儿，造成沙子入眼、入嘴、入鞋，以及周围环境中到处都是沙子。

（2）幼儿使用工具时动作过大，造成自伤或伤及他人。

（3）幼儿因相互洒水弄湿衣服，发生争执。

（4）幼儿因到处追逐，玩水区地滑，导致摔跤。

2.排除方法

在沙水游戏前，保教人员要与幼儿一起制定游戏规则，并提醒幼儿安全事项，以提高幼儿的安全意识。另外，保教人员要教会幼儿使用工具

图3-5-5　幼儿四处扬沙子

的方法。沙水游戏过程中，保教人员要认真观察，保持好游戏的秩序，关注幼儿的游戏行为，当发现安全隐患时，应及时介入。

（二）游戏材料方面的安全隐患及排除方法

1. 安全隐患

（1）幼儿玩水时没穿雨衣和水鞋，容易导致滑倒和弄湿弄脏衣服等情况。

（2）幼儿鞋套不合脚，容易掉落绊倒幼儿。

（3）幼儿穿着过于肥大的雨衣，不利于操作活动的开展。

（4）沙子没有经过过滤，沙子里混入尖锐的东西导致幼儿受伤。

（5）保教人员在收集废旧材料时没有进行安全检查，如有无尖锐、破损的地方，有无残留物等。

（6）保教人员在游戏过程中没有及时发现和处理破损材料，导致幼儿受伤。

2. 排除方法

在沙水游戏前，保教人员要准备数量充足、齐全、适合每个年龄段幼儿的游戏材料。另外，还要检查沙水游戏材料的安全状况，若有尖锐、破损之处及残留物等要及时修理或更换；沙子要定期进行翻晒过滤，去除杂质和树枝等物。

（三）游戏场地方面的安全隐患及排除方法

1. 安全隐患

（1）沙池人数过多，工具材料数量不足，幼儿碰碰撞撞，易导致身体伤害事故。

（2）游戏场地设施简陋且粗糙，没有及时维护与维修，导致幼儿擦伤。

2. 排除方法

在沙水游戏前，保教人员要检查游戏场地的设施是否安全，如发现问题要及时维修。另外，保教人员要关注游戏空间的人员密度，控制好参与游戏的幼儿人数。

三、介入沙水游戏的常见方法

（一）语言引导法

当幼儿在沙水游戏中遇到困惑和疑问，导致游戏无法顺利进行时，保教人员要耐心观察，确定介入的时机后，可以用语言或肢体提示引导幼儿思考，及时找到解决问题的办法，指导语应对幼儿游戏起到启发和引导作用。例如，某次沙水游戏的建构主题是"水渠"，保教人员介入游戏时可以问："建立水渠可以用什么材料？什么材料是既结实又可以组合起来的？水渠里面的水流向哪里呢？"等。

（二）小组合作法

当幼儿在沙水游戏中面对的挑战比较大、主题不明确时，保教人员可以引导幼儿根据自己的意愿进行小组合作，协商确定主题，商量步骤与方法，分工协作，共同解决问题。例如，在以"美丽的家乡"为主题的沙水游戏中，幼儿自行与小伙伴配对，选出创作的内容，根据家乡的标志性事物进行设计。保教人员让幼儿在分好的组内推选小组长，进行工作安排。通过小组长的安排，沙水游戏进行得井然有序，工具的分配、工作的分工，都渐渐变得顺利起来。

（三）材料介入法

当幼儿的沙水游戏出现新的游戏主题，但因经验、材料的缺乏无法继续深入时，保教人员应及时察觉，并提供适宜的玩具、材料进行支持与指导，让幼儿在沙水游戏中尽情建构，充分发挥创造才能。例如，在"城堡"沙水主题游戏中除了用基本的材料来堆城堡、建水渠，还可提供辅助材料小树枝、小动物、积木，将角色扮演和建构游戏同时融入沙水游戏中。

（四）动作示范法

当幼儿游戏经验、水平有限，使用工具的方法不正确且可能造成伤害时，保教人员可以对幼儿进行适当的动作示范与讲解，为幼儿游戏做出及时的反馈，以丰富其游戏经验。例如，在"城堡里的水槽"沙水游戏中幼儿在反复铲沙的过程中沙子纷纷滑落，有时动作太大还会碰到他人。这时，保教人员可到幼儿旁边从沙池的底层铲出一些湿沙，并注意拍拍打打，反复几次沙堆越来越大，引导幼儿观察学习。

（五）鼓励赞扬法

当幼儿在沙水游戏中遇到建构技能障碍，因为屡次失败产生挫败感而不知所措时，保教人员应鼓励幼儿不放弃，强化幼儿的目标，帮助其分析失败原因，克服困难坚持游戏，找到解决办法。还要注意对幼儿在游戏中的良好意志品质给予赞扬，以强化幼儿的正向行为。例如，在沙水游戏"建构水利工程"中幼儿运用水管进行拼搭挖掘时，出现了不同的问题，这时保教人员可以介入，鼓励他们积极想办法。在游戏结束回教室后，让幼儿一起坐下来看看保教人员拍的视频和照片，一起帮忙思考、探讨好的办法。当幼儿各抒己见后，保教人员可以说："宝贝真棒！很快就想出办法来了，相信你们一定会成功。"

四、沙水游戏中的保育指导

（一）做好游戏的组织

1.持续创设并维持宽松自主的环境，激发幼儿游戏的兴趣

保教人员要为幼儿创设宽松自主的环境（见图3-5-6），使得幼儿在游戏中可以依据自己的喜好，自主选择游戏同伴、游戏材料，自发生成游戏主题，并鼓励幼儿积极主动地与同伴交流互动。在游戏中保教人员要鼓励幼儿的探索、进步和创意，鼓励幼儿获得更多的经验。另外，当幼儿犯错时，如不小心将沙子弄到同伴的眼睛里，保教人员要引导幼儿一起应对该行为产生的后果，并安慰受伤害的幼儿。在宽松、平等的环境中告诉幼儿，犯错后需要承担责任，并教幼儿如何规避意外。在这样的环境中，幼儿可以自由自主地建构自己喜爱的物体，既受到了尊重与教育，满足了好奇心、好模仿和好活动的需求，也萌发了继续游戏的兴趣。

图3-5-6　宽松自主的游戏环境

2.及时增添游戏材料，发挥幼儿的创造性

保教人员要及时为幼儿增添丰富的游戏材料。在沙水游戏进行的过程中，保教人员要根据游戏情节发展和幼儿能力差异不断地提供丰富的游戏材料，还要注意合理规划游戏材料的投放。例如，沙水游戏初期，小班幼儿可以投放工具车、沙漏等辅助性工具，随着幼儿游戏水平的提高，可以投放管道玩具，让沙区和水区连接在一起。另外，游戏材料不是一成不变的，保教人员还应采取循序渐进的方式更换材料，使幼儿可以始终保持较高的热情，提升沙水游戏的活动效果。

3.丰富幼儿的知识经验，提高幼儿的游戏水平

幼儿在沙水游戏中创设的造型，大多数是对生活中事物的反映。幼儿只有具有丰富的知识经验，才能更好地参与游戏。因此，保教人员可以通过让幼儿多观看建构物的视频、图片，或者引导幼儿观

察同一物体的不同造型，拓宽幼儿的思维，丰富其经验，从而启发幼儿触类旁通，达到提高沙水游戏水平的目的。

4.适当介入和指导，保障幼儿游戏的顺利开展

在沙水游戏过程中，保教人员应善于根据幼儿的不同情况和带班教师的要求，利用视频、案例、表格、图示等进行观察记录，并分析幼儿进行沙水游戏时的表现，包括使用材料、所建造型、同伴合作、遇到问题时的解决方法、游戏结果等，发现问题及时交流汇报。保教人员可以旁观者的身份支持、介入，鼓励并指导幼儿尝试更多的玩法。例如，向个别幼儿重复示范游戏的玩法，帮助幼儿合理分配和使用玩具，当发现幼儿偏离游戏目的时进行适当提醒等，以保证幼儿沙水游戏活动的顺利进行。

（二）做好安全保护

为避免安全事故的发生，在沙水游戏过程中保教人员应先了解自己所要负责管理的区域，保证所有幼儿在自己视线内。保教人员要认真观察，加强巡视，发现并排除安全隐患，及时清点人数，纠正和制止幼儿的危险行为或不良举动，如扬沙子，和他人互相撩水等；引导幼儿遵守游戏规则，维护游戏秩序，确保幼儿安全、卫生地开展游戏活动。同时，保教人员要掌握意外伤害事故的处理技能，并要引导幼儿学习使用工具的方法以及掌握简单的自我保护方法。比如，摔倒时用手撑地；人多时要排队，耐心等候；遇到危险时，知道向左右跑开以及抱头、抱肩、蹲下等进行躲避。

（三）关注个体差异

沙水游戏一般在户外进行，且幼儿一般活动量大，保教人员要随时观察幼儿的面色、出汗量、呼吸、动作、注意力和反应力以及精神状态等。当发现幼儿出现面色涨红、满头大汗、精神疲乏等情况时，应让幼儿及时休息，适时调整活动量。另外，要根据幼儿活动量及气温的变化，及时帮助或提醒幼儿擦汗和增减衣服。

在沙水游戏中，保教人员还要关注个体差异，给予适宜的指导和帮助。对体弱的幼儿要多关注其精神及身体变化，及时发现不适状况并加强护理，提示幼儿在游戏前后穿脱衣服，还要鼓励幼儿根据自己的身体状况主动增减衣服，休息时主动喝温开水；对肥胖的幼儿要维护其自尊心，创造更多体验成功的机会，鼓励他们积极参加游戏活动；对好动的幼儿要格外关注，提醒他们遵守规则，及时干预其有潜在危险的举动，在指定的范围内活动，不远离集体；对胆小、动作发展迟缓的幼儿要鼓励他们大胆尝试。

📖 阅读拓展

眼内异物的处理

幼儿在沙水游戏中很容易出现沙子入眼的问题，保教人员应掌握眼内异物的处理技能，以便及时应对。

1.安抚幼儿的情绪，让幼儿轻轻闭上眼睛，可自行流泪，切忌揉搓。

2.在处理异物前保教人员要清洁双手。

3.若异物粘在眼结膜表面，可用干净的湿棉签轻轻将其拭去；也可以用清洁的水冲洗。

4.若异物陷入结膜囊内，需要翻开眼皮方能拭去。翻上眼皮的方法：让幼儿向下看，保教人员用拇指和食指捏住眼皮，轻轻向上翻即可。

5.以上方法都不能取出异物，幼儿仍感到极度不适，应立即联系家长并送去医院治疗。

任务 3 　沙水游戏后的保育指导

案例导入

大一班的幼儿还在兴高采烈地开展沙水游戏，可保育老师陈老师说："沙水游戏结束了！哪个小组拖拖拉拉，就留他们在沙水区收拾整理。"

请根据沙水游戏后的保育工作，评析该案例中保育老师的操作。

任务要求

1. 了解不同年龄段幼儿沙水游戏后的评价方式。
2. 知道对小、中、大班幼儿收拾整理沙水游戏材料的要求。
3. 掌握沙水游戏后的各项保育要点。

一、沙水游戏后的评价

评价作为发现问题、总结经验的手段和途径，被广泛应用于幼儿游戏中。不同年龄段的幼儿心理发展水平不同，对幼儿的游戏行为和表现进行评价时，应采取有针对性的方式方法，并选择不同的时机。在沙水游戏中，幼儿会有各种各样的表现，碰到各种各样的问题，需要保教人员做出有效的评价，进而提供适宜的支持。

（一）小班

小班幼儿思维以具体形象为主，游戏时往往较为依赖玩具、材料。保教人员进行评价时应借助有关场景、道具，以游戏的口吻进行评价，而且应多在游戏中评价。此外，小班幼儿以平行游戏为主，与同伴合作较少，所以保教人员应更多地针对个体幼儿的情况，在指导幼儿游戏过程中进行个体评价，对游戏过程中普遍存在的问题少用讨论式评价，以直接互评为主。例如，在沙水游戏中，保教人员发现两名幼儿很快用塑料模具将湿沙做成一块块月饼分给同伴，这时就可以这样评价："是谁这么有创意，居然做了豆沙月饼，而且还知道好东西要和大家分享，真懂事。"

（二）中班

中班幼儿的思维进一步发展，与同伴交往增多，合作游戏开始发展。针对游戏的要求，保教人员可灵活运用集体、小组、个别等多元评价方式，对游戏过程中普遍存在的问题直接讲评，也可以与幼儿讨论评价、自我评价相结合。在评价过程中，可启发幼儿把自己在游戏中的所见所闻、情感体验表达出来。例如："你玩的是什么游戏？和谁一起建造城堡？最开心的是什么事？在建造城堡时有哪些困难？"

（三）大班

大班幼儿抽象思维开始发展，合作游戏继续发展，评价能力不断增强，社会经验也逐渐丰富。因此，可以集体、小组评价为主，每次游戏结束后，可更多采用讨论式评价，进行自我评价和评价他人。在评价过程中，保教人员可以引导幼儿相互交流游戏的经验体会，发表各自的意见。例如："你在用管子运水时遇到了哪些困难？是谁帮助你解决的？要解决这些问题，还可以怎么做？"

二、沙水游戏后的保育指导

（一）适时结束游戏并做好幼儿沙水游戏后的评价

在组织幼儿结束沙水游戏前，保教人员要根据幼儿游戏的进度采用不同的方式进行提醒，注意把握时机。对于还在进行游戏的幼儿，可以提前10分钟告知，帮助幼儿做好结束的准备；对于游戏已告一段落的幼儿或者不再关注游戏的幼儿，可以播放音乐提醒幼儿结束游戏，使幼儿能够在愉快的心情中结束。

沙水游戏结束后，保教人员可以运用图片、视频，以集体评价、小组评价、个别评价和同伴互评等不同方式进行多元化评价。比如，幼儿在玩沙玩水中出现动作技能问题时，保教人员可播放现场照片或视频，不但能清晰地展示问题，引发幼儿的讨论兴趣，而且能在集中讲评、共同交流中提升幼儿的游戏经验。评价内容要有针对性，可以围绕四个方面的内容开展：一是针对回顾自己探究过程的评价；二是针对共性问题的评价；三是针对需要改进地方的评价；四是针对所提出的新主题或新内容的评价。

（二）指导幼儿收拾整理游戏场地和游戏材料

图3-5-7　幼儿收拾整理游戏材料

沙水游戏结束后，保教人员指导幼儿收拾整理游戏场地和游戏材料（见图3-5-7），工作内容与表演游戏大同小异。但是由于沙水游戏有其特殊性，在沙水游戏结束后，雨鞋、铲子、漏斗等用品和玩沙材料几乎都沾满了沙子，沙子和水也会随之弄到沙水区以外。这时保教人员要把沙水区周围的场地清洁干净，并把沙子集中起来晾干杀菌。

游戏材料的整理收纳方面，沙水游戏后的材料要及时清洁和整理归位，而且要分类存放，避免乱堆乱放的现象。沙水游戏材料具有不同的形状、大小、颜色等特征，保教人员可以引导幼儿设计玩具分类的标签，将材料按相同的特征摆放。还可以让幼儿轮流值日，游戏后负责提醒和监督其他幼儿及时将玩具整理、归位。这样不仅可以培养幼儿的自理能力和责任感，还能发展幼儿的观察、比较、分类能力。

（三）组织幼儿盥洗

沙水游戏结束后，保教人员应有序地协助教师组织幼儿抖落身上的沙子、把鞋子弄干净、洗手、擦汗、如厕、饮水，必要时还应组织幼儿饮用温开水或姜茶。提醒或帮助幼儿更换出汗的衣服或鞋子，或及时穿回外套，防止游戏后吹风感冒。

（四）清洁消毒沙水区

沙水区的清洁消毒对象包括游戏材料和设施、沙子、水池等。在幼儿沙水游戏结束后或离园后，保教人员要严格执行消毒制度，对游戏材料和设施先进行清洁，然后用1:200的84消毒液进行均匀喷洒，或用消毒抹布进行均匀擦拭，停留15～30分钟后，用清水擦拭一遍。而对于沙水区的沙子，保教人员要定期翻晒过筛，保持沙子细软无杂物，在天气干燥时要经常洒水，保持沙子湿度。为了确保水池的安全卫生，保教人员可按照水池的清洁消毒步骤进行：第一，关闭水池进水阀，让水池水位接近消防用水水位，以免浪费；第二，铲出水池内的泥沙及各种沉淀物；第三，用扫把或尼龙刷在水池四壁、底部依次反复刷洗，直至干净为止；第四，用扫把或尼龙刷蘸取 1∶100 灭菌净水溶液（或防疫站配制的消毒水溶液），依次反复刷洗消毒并保持半小时；第五，用清水冲洗一遍整个水池，排出消毒水溶液；第六，重复用清水冲洗一遍并排出消毒水溶液；第七，清洗消毒工作全部结束后，清理收拾好所有工具。

・家　园　共　育・

　　1. 利用信息技术与家长交流幼儿在园的游戏活动情况。如通过微信群向家长呈现幼儿在园的游戏场景，让家长了解幼儿在园的动态，以及提前一天让家长准备好游戏前需要用的材料以及衣服、擦汗巾等；在幼儿园官方交流平台上传幼儿的作品，宣传班级的主题内容、每周安排和近期的大型活动。

　　2. 科学育儿指导。保教人员与教师及时沟通，利用"家长园地""家长开放日"向家长宣传科学教育幼儿的方法，并针对幼儿存在的各种问题，有针对性地与家长交流，达成共识。例如，针对幼儿不遵守游戏规则、爱争抢、爱打人的情况，向家长说明这种行为的危害，指导家长与幼儿建立起权威的亲子关系。

　　3. 对特殊幼儿家长的指导。针对肥胖儿，可鼓励家长与肥胖儿一起锻炼，以增加肥胖儿的信心，帮助其减轻体重；针对体弱儿，可建议家长合理安排幼儿的膳食，注意营养的搭配，避免挑食、偏食，并适当补充营养品。

课后练习

一、单项选择题

1. 以下属于沙水游戏场地创设基本要求的是（　　　）。
   A. 沙池深度以 15～25 厘米为宜　　　　　　B. 沙池和水池要保持较远的距离
   C. 沙池旁设置休息区　　　　　　　　　　　D. 沙池位置宜选择阴暗之处

2. 以下不属于沙水游戏材料投放注意事项的是（　　　）。
   A. 投放沙水游戏材料应考虑幼儿的年龄特点　　B. 投放沙水游戏材料应一次性满足幼儿的需求
   C. 沙水游戏材料要分类摆放　　　　　　　　　D. 沙水游戏材料要定期清洁和消毒

3. 以下属于沙水游戏观察要点的是（　　　）。
   A. 幼儿的情绪　　　　　　　　　　　　　　B. 幼儿的身体状况
   C. 幼儿的活动情况　　　　　　　　　　　　D. 以上都是

4. 以下不属于沙水游戏中常见安全隐患的是（　　　）。
   A. 幼儿四处扬沙子导致沙子入眼
   B. 将水池设计成有一定坡度，使得幼儿上上下下
   C. 玩水时没有雨衣和水鞋，容易导致幼儿出现滑倒和衣服弄湿等情况
   D. 沙池人数过多，幼儿碰碰撞撞

5. 针对不同年龄段幼儿进行评价，正确的是（　　　）。
   A. 小班幼儿的评价以直接互评为主
   B. 中班幼儿的评价可以与幼儿讨论评价、自我评价相结合
   C. 大班幼儿的评价更多采用讨论式评价、自我评价和评价他人的游戏情况
   D. 以上都是

二、简答题

1. 简述应对沙水游戏障碍的常见方法。
2. 简述保教人员在沙水游戏后需要做的保育工作。

▶▶ 聚焦考证

模拟协助教师检查沙水游戏场地。

▶▶ 模块小结

　　游戏活动是幼儿在幼儿园的主要活动。本模块主要阐述了幼儿游戏活动的保育指导，包括幼儿游戏活动导论、角色游戏保育指导、结构游戏保育指导、表演游戏保育指导、沙水游戏保育指导。通过案例呈现、理论学习及操作实践等使学习者了解游戏活动保育的内容和要求等，帮助学生熟练规范地开展游戏活动保育工作。希望通过系统的学习，学习者能够关爱幼儿，尊重幼儿的个体差异，理解游戏活动保育对幼儿成长的重要性，了解常见游戏的含义和特点，理解创设常见游戏的准备工作和游戏中介入的常见方法，知道游戏后的评价方法和收拾整理要求掌握幼儿在游戏前、游戏中、游戏后的保育工作要点。

模块 四

幼儿学习活动保育指导

项目一 → 幼儿学习活动导论

项目二 → 集体学习活动保育指导

项目三 → 个别化学习活动保育指导

模块导读

　　学习活动是幼儿在园一日活动的重要内容之一，主要包括集体学习活动、小组学习活动、个别化学习活动，内容涉及健康、语言、社会、科学、艺术五个领域，它对于促进幼儿的全面发展具有重要作用。保育老师要了解幼儿学习的特点、目标、内容及要求，认识学习活动对幼儿发展的意义，明白幼儿学习活动保育的内容及意义，能在不同形式的学习活动中协助教师顺利开展学习活动，科学全面地观察幼儿，根据幼儿的学习情况灵活地运用多种方式对幼儿进行及时有效的个别指导，排除学习活动中的不安全、不卫生因素，鼓励幼儿主动参与，积极探索周围的世界，养成良好的学习习惯和学习品质。同时，注意在生活活动中继续渗透与延伸学习活动内容，使幼儿的身心得到全面发展。

　　本模块主要阐述幼儿学习活动的保育指导，通过案例呈现、理论学习及操作实践等使学生了解学习活动保育的内容与要求等，帮助学生熟练、规范地开展学习活动保育工作。

学习目标

　　1. 掌握幼儿学习活动及幼儿学习五大领域的概念，了解幼儿学习活动保育的内容与意义。

　　2. 了解五大领域的学习目标、内容及对幼儿发展的意义，掌握集体学习活动及个别化学习活动中的保育指导要点。

　　3. 在学习活动中，尊重与关爱幼儿，充分发挥幼儿学习的自主性与创造性，促进幼儿的发展。

内容结构

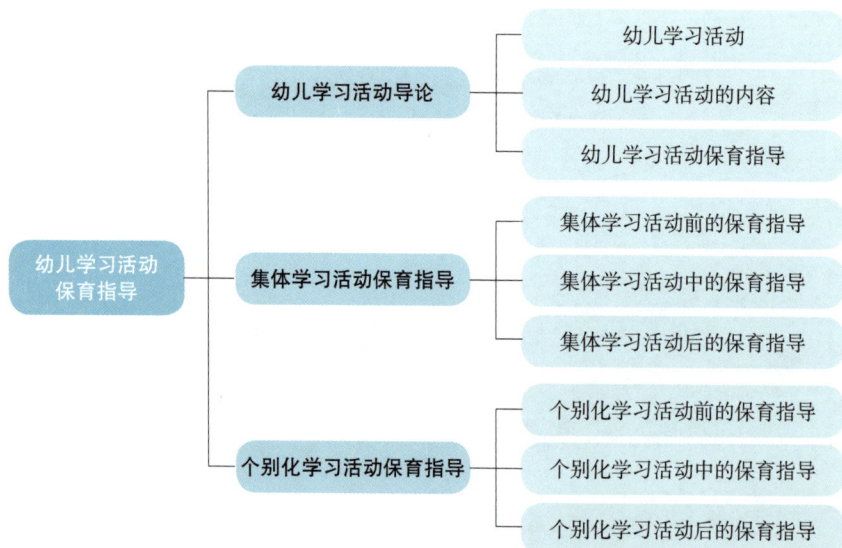

项目一
幼儿学习活动导论

任务 1　幼儿学习活动

案例导入

在语言集体学习活动中，幼儿正呈半圆形围坐着听吴老师讲述故事《月亮的味道》，幼儿听得很专注，眼睛跟随吴老师的动作移动着。此时，保育老师陈老师端着一个篮子大步走进活动室，把篮子摆在一个幼儿的面前，指着桌子大声地说："去，把桌子上的水果和玩具都放到篮子里。"幼儿看看讲故事的吴教师，又看看一脸严肃的陈老师，慢慢地走回桌子旁开始收拾起来。其他幼儿纷纷把目光转移到陈老师身上，吴老师暂停了讲故事，等陈老师离开后，才继续讲故事。

在案例中，陈老师的做法是否恰当？为什么？

任务要求

1. 掌握幼儿学习活动的概念与环节。
2. 了解幼儿学习活动的主要形式。
3. 了解幼儿学习的特点。

一、幼儿学习活动

（一）幼儿学习活动的概念

幼儿学习活动是指教师采用游戏、谈话、教学、实验、操作、实地参观、欣赏、表演等多种方式，有目的、有计划地引导幼儿通过直接感知、实际操作和亲身体验获取经验，帮助幼儿逐步养成积极主动、认真专注、敢于探究和尝试、乐于想象和创造等良好学习品质的活动，是幼儿在园一日活动的重要内容之一。

（二）幼儿学习活动的环节

幼儿学习活动包括活动准备、活动实施和活动评价三个环节。

1. 学习活动准备

学习活动准备即保教人员在学习活动开始前进行的一切准备工作。具体来说，可以分为准备活动材料、准备活动场地、组织幼儿做好活动前准备以及共同讨论活动流程这四个小环节。在此阶段，保教人员需要充分了解幼儿经验，选择活动材料和制订活动计划，并能根据当天实际情况，适当调整具体的活动方案。另外，保教人员还要注意根据学习目标、学习内容以及幼儿的兴趣、能力和需求，准备和调整活动材料及场地布置，合理分配集体、小组或个别活动的时间。

2. 学习活动实施

学习活动实施即通过具体的活动内容和活动形式来达到活动目标的过程。此过程是实现活动目标的中心阶段，包含了活动方法与过程，实施时既要符合学习目标和内容的要求，也要注重幼儿认知和学习的特点，同时要考虑学习环境的适宜性。一般情况下，学习活动的实施包括开始部分、基本部分和结束部分。开始部分是引导幼儿活动的第一个步骤，对于激发幼儿学习兴趣，调动幼儿学习主动性有重要作用；基本部分是幼儿主动学习、积极探究的活动过程，此过程既是学习活动的主要过程，也是达到活动目标的重要环节；结束部分则一般以积极评价的形式进行，使幼儿在轻松愉悦的情绪中结束活动。《广东省幼儿园一日活动指引（试行）》指出，幼儿园在学习活动实施时做到以下八点：① 采用集体、小组、个别多种形式开展学习活动，减少整齐划一的集体形式的学习活动，大班每天最多不超过一小时，中班和小班适量减少；② 采用游戏、谈话、教学、实验、操作、实地参观、听赏、表演等多种方式开展教学活动，激发幼儿学习的兴趣和动机；③ 尊重幼儿的选择，协助幼儿合理计划小组活动或个别活动任务；④ 注意观察幼儿的行为表现及情绪，耐心倾听和积极回应幼儿的意见和想法；⑤ 清楚地提出问题，给幼儿一定的思考时间，根据幼儿的理解能力，适当解释，鼓励幼儿追问；⑥ 积极与幼儿互动，对于幼儿在活动中无法及时解决的疑惑与问题，要灵活引入后续学习中；⑦ 充分满足幼儿观察、操作、体验的需求，引导幼儿发现问题，鼓励幼儿尝试通过合作解决问题；⑧ 灵活增减学习活动环节，将预设内容和生成内容有机结合。

3. 学习活动评价

学习活动评价即活动结束后，对学习目标、实施过程与方法及学习结果进行价值判断并为下一步学习活动决策服务的过程。学习活动评价可以通过质性评价与量化评价、自我评价与他人评价、形成性评价与终结性评价等多种方式进行。幼儿作为评价主体，可通过关注、欣赏同伴的作品，了解同伴的想法或创意，表达对同伴作品的看法；也可在保教人员的指导下，进行自我评价，用语言、图画、符号等方式分享自己的学习感受和经验。保教人员作为评价主体，可采用文字、符号、照片、视频等及时简要记录有价值的活动片段或幼儿个案，根据师幼的共同反思，制订延伸活动计划，或者调整当下学习活动计划。保教人员作为学习活动的组织者和直接责任人，决定着学习活动的方向并对幼儿学习质量负责。

二、幼儿学习活动的组织形式

教师组织幼儿学习的常见形式有三种——集体学习活动、小组合作学习活动和个别化学习活动。

1. 集体学习活动

集体学习活动是在教师的指导、带领下，全班幼儿一起进行的有计划、有目标的学习活动，如图4-1-1。集体学习活动能在有限的空间和时间里，利用有限的教育资源，使幼儿获得某些知识和能力，尽可能促进所有幼儿在原有水平上共同发展。集体学习活动要求幼儿学会倾听，大胆表达自己的见解，遵守班级规则，并适当地约束自己，这对幼儿社会性发展很有帮助。但是，集体学习活动的缺点也在于此，在同一时间，全班幼儿以同样的速度学习同样的内容，教师难以关注幼儿的个性和差异。

图4-1-1　幼儿集体学习活动

2. 小组合作学习活动

小组合作学习活动是指将一个班级分为两组或三组，每组由教师带领开展不同内容的活动，活动结束后，各小组再交换，如图4-1-2。小组合作学习活动能够解决班级幼儿人数过多的问题，使教师更好地关注每个幼儿。从本质上讲，小组合作学习活动是小型化的集体活动。

3.个别化学习活动

个别化学习活动是幼儿根据自己的兴趣、意愿和能力进行的自主学习活动，如图4-1-3，它可以满足幼儿不同的兴趣和发展需求，是深受幼儿欢迎的活动形式之一。在个别化学习活动中，教师投放的活动材料直接关系着幼儿学习活动的效果，因此教师在投放材料时既要考虑幼儿的兴趣与需求，又要使之与幼儿的发展相适宜，不能漫无目的地随意投放。

在后面的学习项目中，将详细介绍集体学习活动及个别化学习活动中的保育指导。小组合作学习活动的保育指导与集体学习活动较为相似，本模块不再单列项目赘述，可参考集体学习活动的保育指导要求与要点。

图4-1-2　幼儿小组合作学习活动

图4-1-3　幼儿个别化学习活动

三、幼儿学习的特点

《纲要》提出，要"尊重幼儿身心发展规律和学习特点"。《指南》提出，要"理解幼儿的学习方式和特点"。了解幼儿行为特点是对幼儿的学习活动进行适宜保育的基础，具体来说，幼儿的学习方式和特点主要体现在以下五个方面。

（一）在无意注意伴随下的随机、碎片化学习

任何学习都必须有"注意"过程的伴随。注意可分为"无意注意"和"有意注意"，两者的主要区别是主体主观控制的程度不同。"无意注意"是主体主观控制程度比较低的注意，它经常由周围环境中的某些事物引起。如大街上有人高声尖叫、个别人打扮怪异、消防车嘶鸣等都会引起人们的无意注意，这种注意是相对低水平的注意。与"无意注意"相反的是"有意注意"，它是主体主观控制程度比较高的注意。如人们在听课时，可能要克服身体某些轻微的不适、教室外的嘈杂声或身边有人说话等干扰，努力地把自己的注意力朝向讲课老师，这些注意表现就是有意注意，有意注意是相对高水平的注意。

幼儿的身心发展尚不成熟，行为的有意性整体处于低水平，他们的注意主要是无意注意。即当周围有什么事物吸引了自己，幼儿就注意一下，维持一段时间后，如果周围又出现其他"新鲜事"，幼儿又去注意别的事物了，注意力很容易被分散。随着神经系统的逐渐成熟，有意注意开始慢慢发展起来。

由于幼儿的注意发展特点是以无意注意为主，所以他们的学习呈现随时发生、时间短暂、零散分

布等状态，即随机、碎片化学习，而不是系统化学习。因此，教师要在生活、游戏中利用一切有效机会，引导幼儿在不知不觉中自然地学习。

（二）以多种感官为主的感知、体验式学习

幼儿学习活动包括对周围客观世界的感知、探索、理解，而不是特指在课堂中的学习。幼儿的学习开始于呱呱坠地的那一刻起，他们对周围世界的认识很多都是通过眼、耳、鼻、舌、手等感官进行感知而形成的。试想，幼儿在什么时候认识"苹果"的？是妈妈告诉他"这是苹果"吗？还是他在书上、挂图上看到"苹果"图片的时候？都不是，而是在他几个月大的时候，妈妈用小勺给他刮苹果泥吃，他就在品尝苹果的味道，闻苹果的香气，感知苹果的颜色和形状。幼儿的学习经验往往来源于生活。例如，"万有引力定律"不是在中学物理课上才开始学的，其实，当幼儿还在婴儿车里让妈妈反复捡起他故意松手掉到地上的玩具时，就是在体会"万有引力定律"。

在语言产生之前，幼儿通过感觉器官初步认识周围世界，建立自身的认知经验。如仅凭成人的言语沟通，而没有感知与切身体验，幼儿对很多事物的概念都会是模糊的，甚至是怀疑的。例如，幼儿想摸点燃的红色蚊香头，妈妈对他说："那东西烫，别摸！"但他还是可能趁妈妈不注意的时候用手指捏了一下蚊香头，结果被烫得哇哇大哭。

随着幼儿年龄增长，他们掌握的词汇量越来越多，语言理解与运用能力逐渐增强，不仅能通过感官获取直接经验，而且还可以通过与他人交谈、理解他人的言语来获得间接经验。

（三）以动作伴随的操作式学习

幼儿的思维发展大体经历了三个阶段。

第一阶段是直觉行动思维，也称"动作思维"，幼儿2～4岁时这种思维表现最明显。这是一种依赖自身动作进行的思维，即幼儿进行动作时，思维也在进行，一旦动作停止，思维也马上停止。幼儿坐着一动不动地进行思考，对他来说是不可能完成的任务。这个阶段的幼儿只会边做边想，而不会先想好了再做。

第二阶段是具体形象思维，也称"表象思维"，幼儿3～6岁时这种思维表现最明显。这是一种依赖头脑中感知过的事物的表象（即形象）进行的思维，即在进行思维时，只会借助头脑中的表象理解事物，进行思维。如一说起"女儿"，头脑中就会呈现小女孩的形象。如果对幼儿说"你妈妈也是女儿，是你外婆的女儿"时，幼儿会反驳说："不对，妈妈是大人，妈妈不是女儿！"

第三阶段是初步抽象逻辑思维开始萌芽，这一般出现在幼儿5～6岁时。表现为幼儿能初步理解事物之间的关系，会表达某事"为什么"会怎样，会使用"因为……所以……""如果……就……"等表示事物之间因果、假设等关系的句式。

动作思维虽然在幼儿2～4岁时的表现最为明显，但这并不意味着过了4岁幼儿的动作思维就停止了，而是一直延续着，贯穿于整个幼儿时期。我们在大班经常看到，当幼儿在算"假如你有3块糖，妈妈又给你3块糖，你现在一共有几块糖？"时，幼儿会摊开小手，掰着手指头算。这就是幼儿在使用动作思维的表现。在幼儿期，幼儿需要的玩教具或操作材料作为载体进行思考和学习。因此，教师要为幼儿创设有丰富操作材料的学习环境。

（四）以直接兴趣为动力的情绪化学习

"情绪化"是指一个人的行为比较受自身情绪状态的影响，它和"理性"相反。

幼儿的身心发展尚不成熟，他们的行为表现通常不是那么理性。在学习活动中表现为，如果对学习内容感兴趣，可能会比较专注，注意力集中的时间也能够稍长一些；但如果对学习内容不感兴趣，即使该学习内容很重要，幼儿也会注意力分散，东张西望。因此，教师在选择教育内容时，一定要结合幼儿的兴趣。

（五）在生活和游戏过程中进行的整体化学习

幼儿的学习活动从出生后就开始了。他们的学习活动是伴随着日常生活和各种游戏进行的，并且不是分科目或者领域的，而是融为一体、整体化的。如在喝水过程中，幼儿一边观察水量的多与少，感知水的温度，体验水的流动性，一边在养成适量饮水的习惯。在与同伴的游戏过程中，一边在学习怎样遵守规则，与同伴友好相处，一边在学习认识、运用相关物品，并且用语言和同伴商量、交流。

虽然幼儿是在生活和游戏中进行整体化的学习，但这并不意味着要否定幼儿园的领域教学。幼儿进入幼儿园之后，进行领域教学活动是必然的，也是必要的。应注意的是，领域教学不是幼儿阶段唯一的学习形式。

阅读思考

1. 幼儿一定是通过集体学习活动才能获得知识与技能的吗？

不一定。如果能通过日常生活或游戏进行学习且能达到教育目标，则不一定需要进行集体学习。集体学习的目的是帮助整理和扩展幼儿自主学习所获得的经验，使其系统化和提升。

2. 在幼儿园学习活动是否一定要在室内进行呢？

不一定。学习活动除了可以在教室或专门活动室里开展，还可以在幼儿园的走廊、大厅、操场等公共空间，以及社区、公园或文化场所等地方开展。

3. 幼儿园学习活动的时长和组织形式在不同年龄段是否相同？

不同。学习活动每日尽量不超过一小时，年龄越小，时长也应适量减少。同时，小班和中班以小组和个别学习形式为主，可以安排在各个活动区域里进行；允许幼儿以不同的速度学习。

任务2　幼儿学习活动的内容

案例导入

幼儿园中班学习活动"机智猴子智闯丛林"

活动目标：

1. 喜爱参与球类活动，体验拍球的乐趣。
2. 能够灵活地进行接拍球。
3. 通过游戏锻炼身体的协调性、灵敏度。

学习本任务后，想一想，此活动属于幼儿园哪一个学习领域？运用了什么教育教学方法？

任务要求

1. 知道幼儿学习活动的内容囊括五大领域，了解五大领域的内涵。
2. 了解五大领域的总目标、内容与要求。
3. 了解幼儿学习活动的主要教育教学方法。

幼儿学习活动的内容是全面的、启蒙性的，可以相对划分为健康、语言、社会、科学、艺术五大领域，也可作形式的划分。五大领域的内容相互渗透，从不同的角度促进着幼儿情感、态度、能力、知识、技能等的发展。

一、五大领域的概念

（一）健康

健康不但指没有身体的缺陷和疾病，还包括具有良好的心理状态和社会适应能力。幼儿健康领域教育是指根据幼儿身心发展的需要、特点和水平，通过幼儿喜闻乐见的形式，促进幼儿身体、心理和社会适应性等方面的良好发展，使其拥有健康的体魄和心理。

（二）语言

语言领域旨在发展幼儿的语言理解和表达能力，培养其良好的语言表达及阅读习惯。语言既是幼儿学习的重要内容，又是他们进行自我表达和思维的工具。幼儿语言的发展是随着其神经系统的成熟和思维水平的提高，在运用语言与人交往的过程中逐步实现的。幼儿语言的发展既受年龄因素制约，又存在较明显的个体差异。良好的语言教育不仅对幼儿一生语言能力的发展起重要作用，而且对其认知能力、社会性及情感的发展都有积极的影响。

（三）社会

社会领域旨在培养幼儿良好的社会性和自我概念。保教人员会通过幼儿园的各种活动和一日生活各环节使幼儿初步了解社会，掌握社会行为规范和行为技能，发展对自己和他人的积极态度，以帮助幼儿适应社会生活。幼儿社会性发展水平往往决定着他们将来能否积极地适应各种社会环境，对幼儿的一生都有重要的影响。

（四）科学

科学教育的价值取向不再是注重静态知识的传递，而是注重幼儿的情感态度和探究、解决问题的能力，以及与他人及环境的积极交流与和谐相处。科学是关于自然、社会和思维的知识体系，是社会实践经验的总结，并在社会实践中得到验证和发展。科学也是一种价值和态度，包括提出问题、相信世界、实事求是、创新性、合作等。科学教育对发展幼儿的认知能力、提高他们的思维水平有特别重要的意义。一个人在幼儿期形成的对周围世界的探究兴趣及解决问题的能力会使其终身受益。

（五）艺术

艺术是现实生活或内心体验的符号化反映，它以情感和想象为特征，是美的存在形式之一。艺术领域作为幼儿的一个学习范畴，包括音乐、美术、戏剧表演、环境和生活中的美好事物、文学艺术、艺术作品等。这一范畴既涵盖了比较成熟的学科，又体现了更多的包容与综合。支持、引导幼儿初步感受并喜爱环境、生活和艺术中的美，喜欢参加艺术活动并能大胆表现自己的情感和体验，能用自己喜欢的方式进行艺术表现，是幼儿艺术领域教育所追求的。适宜的艺术活动对于幼儿想象、创造、表达能力的发展及健全人格的形成都具有重要作用。艺术教育要尊重幼儿的不同潜能和表达意愿，使他们在艺术方面获得个性化的发展。

二、五大领域的目标与目标解读

熟悉与理解五大领域的目标、内容与要求是保教人员进行科学保教工作的基础。

（一）五大领域的目标

表 4-1-1　幼儿园五大领域的目标 [①]

所属领域	目 标 表 述
健康领域	（1）身体健康，在集体生活中情绪安定、愉快 （2）生活、卫生习惯良好，有基本的生活自理能力 （3）知道必要的安全保健常识，学习保护自己 （4）喜欢参加体育活动，动作协调、灵活
语言领域	（1）乐意与人交谈，讲话礼貌 （2）注意倾听对方讲话，能理解日常用语 （3）能清楚地说出自己想说的事 （4）喜欢听故事、看图书 （5）能听懂和会说普通话
社会领域	（1）能主动地参与各项活动，有自信心 （2）乐意与人交往，学习互助、合作和分享，有同情心 （3）理解并遵守日常生活中基本的社会行为规则 （4）能努力做好力所能及的事，不怕困难，有初步的责任感 （5）爱父母长辈、老师和同伴，爱集体、爱家乡、爱祖国
科学领域	（1）对周围的事物、现象感兴趣，有好奇心和求知欲 （2）能运用各种感官，动手动脑，探究问题 （3）能用适当的方式表达、交流探索的过程和结果 （4）能从生活和游戏中感受事物的数量关系并体验到数学的重要和有趣 （5）爱护动植物，关心周围环境，亲近大自然，珍惜自然资源，有初步的环保意识
艺术领域	（1）能初步感受并喜爱环境、生活和艺术中的美 （2）喜欢参加艺术活动，并能大胆地表现自己的情感和体验 （3）能用自己喜欢的方式进行艺术表现活动

（二）五大领域的目标解读

上述五大领域的目标，表达出了以下幼儿园保教思想。

1. 陈述科学保教的理念

幼儿园教育必须保教结合。《幼儿园工作规程》（2016）中提出，"幼儿园是对三周岁以上学龄前幼儿实施保育和教育的机构，幼儿园的任务是实行保育和教育相结合的原则，提高保育和教育的质量，对幼儿实施体、智、德、美全面发展的教育，促进其身心和谐发展"。所以，"保育和教育相结合"的原则至少应该具有两层意义：一是保育和教育具有同等重要的地位，优质保育是优质教育的基础，保在教前；二是保育和教育之间需要互相渗透、互相配合，共同促进幼儿身心和谐发展。五大领域目标中，健康领域第1、2、3点对幼儿保健保育的目标做出了明确具体的阐述，其他四大领域的目标也体现出了"传授基本的文明礼仪，培育幼儿良好的卫生、生活、行为习惯和自我保护能力"的保育保健目标。

2. 将幼儿情感、态度的发展放在首位

新时代的中国，对幼儿发展提出了"快乐健康成长"的要求。根据《纲要》对幼儿发展目标的阐述，可以很明显地看出其目标维度一般以"情感、态度、能力、知识、技能"进行排序，这一先后排序也反映出我国对幼儿的发展提出了要"保护幼儿的好奇心和学习兴趣"的理念。兴趣是最好的老师，

[①]　中华人民共和国教育部.幼儿园教育指导纲要（试行）[S].北京：北京师范大学出版社，2001.

保护、维持好幼儿的好奇心和兴趣，才能引发他们积极主动地参与到幼儿园一日活动中去，进而达成教育目标。

3.指出幼儿学习和发展的内容与途径

以科学领域为例，教育目标体现出幼儿的学习内容，更多的应是生活中看到、听到或者体验过的初步的、具象的科学现象。应使幼儿在幼儿园通过亲近自然、直接感知、实际操作、亲身体验等生活化、游戏化、探究式的方式学习，萌发初步的科学概念。而这种科学概念仅仅靠施教者进行口头传授，是达不到教育效果的。

4.强调幼儿学习习惯和学习品质的养成

以语言领域为例，强调幼儿能够与对话者进行眼神和体态交流，注重音量适中，注重交流礼节和使用礼貌用语等习惯和品质。另外，幼儿的语言发展具有个体差异性，因而，幼儿之间进行自由交谈、师幼之间进行个别交流对幼儿语言发展具有特殊意义。

总的来说，幼儿学习活动强调的不仅仅是幼儿知识与技能的发展，更重要的是幼儿情感、态度、学习兴趣及学习品质的培养。

三、五大领域的内容与要求

（一）健康领域的内容与要求

（1）建立良好的师幼、同伴关系，让幼儿在集体生活中感到温暖，心情愉快，形成安全感、信赖感。

（2）与家长配合，根据幼儿的需求建立科学的生活常规。培养幼儿良好的饮食、睡眠、盥洗、排泄等生活习惯和生活自理能力。

（3）教育幼儿爱清洁、讲卫生，注意保持个人和生活场所的整洁与卫生。

（4）密切结合幼儿的生活进行安全、营养和保健教育，提高幼儿的自我保护意识和能力。

（5）开展丰富多彩的户外游戏和体育活动，培养幼儿参加体育活动的兴趣和习惯，增强体质，提高对环境的适应能力。

（6）用幼儿感兴趣的方式发展基本动作，提高动作的协调性、灵活性。

（7）在体育活动中，培养幼儿坚强、勇敢、不怕困难的意志品质和主动、乐观、合作的态度。

（二）语言领域的内容与要求

（1）创造自由、宽松的语言交往环境，支持、鼓励、吸引幼儿与教师、同伴或其他人交谈，体验语言交流的乐趣，学习使用适当的、礼貌的语言交往。

（2）培养幼儿注意倾听的习惯，发展语言理解能力。

（3）鼓励幼儿大胆、清楚地表达自己的想法和感受，尝试说明、描述简单的事物或过程，发展语言表达能力和思维能力。

（4）引导幼儿接触优秀的儿童文学作品，使之感受语言的丰富和优美，并通过多种活动帮助幼儿加深对作品的体验和理解。

（5）培养幼儿对生活中常见的简单标记和文字符号的兴趣。

（6）利用图书、绘画和其他多种方式，引发幼儿对书籍、阅读和书写的兴趣，培养前阅读和前书写技能。

（7）提供普通话的语言环境，帮助幼儿熟悉、听懂并学说普通话。少数民族地区还应帮助幼儿学习本民族语言。

（三）社会领域的内容与要求

（1）引导幼儿参加各种集体活动，体验与教师、同伴等共同生活的乐趣，帮助他们正确认识自己和他人，养成对他人、社会亲近、合作的态度，学习初步的人际交往技能。

（2）为每个幼儿提供表现自己长处和获得成功的机会，增强其自尊心和自信心。

（3）提供自由活动的机会，支持幼儿自主地选择、计划活动，鼓励他们通过多方面的努力解决问题，不轻易放弃克服困难的尝试。

（4）在共同的生活和活动中，以多种方式引导幼儿认识、体验并理解基本的社会行为规则，学习自律和尊重他人。

（5）教育幼儿爱护玩具和其他物品，爱护公物和公共环境。

（6）与家庭、社区合作，引导幼儿了解自己的亲人以及与自己生活有关的各行各业人们的劳动，培养其对劳动者的敬爱和对劳动成果的尊重。

（7）充分利用社会资源，引导幼儿实际感受祖国文化的丰富与优秀，感受家乡的变化和发展，激发幼儿爱家乡、爱祖国的情感。

（8）适当向幼儿介绍我国各民族和世界其他国家、民族的文化，使其感知人类文化的多样性和差异性，培养理解、尊重、平等的态度。

（四）科学领域的内容与要求

（1）引导幼儿对身边常见事物和现象的特点、变化规律产生兴趣和探究的欲望。

（2）为幼儿的探究活动创造宽松的环境，让每个幼儿都有机会参与尝试，支持、鼓励他们大胆提出问题，发表不同意见，并学会尊重别人的观点和经验。

（3）提供丰富的可操作的材料，为每个幼儿都能运用多种感官、多种方式进行探索提供活动的条件。

（4）通过引导幼儿积极参加小组讨论、探索等方式，培养幼儿合作学习的意识和能力，学习用多种方式表现、交流、分享探索的过程和结果。

（5）引导幼儿对周围环境中的数、量、形、时间和空间等现象产生兴趣，建构初步的数概念，并学习用简单的数学方法解决生活和游戏中某些简单的问题。

（6）从生活或媒体中幼儿熟悉的科技成果入手，引导幼儿感受科学技术对生活的影响，培养他们对科学的兴趣和对科学家的崇敬。

（7）在幼儿生活经验的基础上，帮助幼儿了解自然、环境与人类生活的关系。从身边的小事入手，培养初步的环保意识和行为。

（五）艺术领域的内容与要求

（1）引导幼儿接触周围环境和生活中美好的人、事、物，丰富他们的感性经验和审美情趣，激发他们表现美、创造美的情趣。

（2）在艺术活动中面向全体幼儿，要针对他们的不同特点和需要，让每个幼儿都得到美的熏陶和培养。对有艺术天赋的幼儿要注意发展他们的艺术潜能。

（3）提供自由表现的机会，鼓励幼儿用不同艺术形式大胆地表达自己的情感、理解和想象，尊重每个幼儿的想法和创造，肯定和接纳他们独特的审美感受与表现方式，分享他们创造的快乐。

（4）在支持、鼓励幼儿积极参加各种艺术活动并大胆表现的同时，帮助他们提高表现的技能和能力。

（5）指导幼儿利用身边的物品或废旧材料制作玩具、手工艺品等来美化自己的生活或开展其他活动。

（6）为幼儿创设展示自己作品的条件，引导幼儿相互交流、相互欣赏、共同提高。

四、幼儿园教育教学的主要方法

幼儿园教育教学常用的方法有口述法、游戏法、观察法、练习法、实验法和情感指导法。

（一）口述法

口述法也叫作言语指导法，它是用语言进行指导的一种方法。这种方法是通过保教人员的讲述和讲解，使幼儿直接获得知识，是幼儿园教育活动中应用最频繁和最普遍的一种方法。

口述法的最大优点是，它不仅便于保教人员发挥主导作用，也便于幼儿在较短的时间内获得系统、完整的知识。这种方法如果能与其他方法结合使用，会取得更佳的教育效果。

口述法包括讲解与讲述、谈话与讨论、提示等多种形式。讲述是指用语言叙述教学内容、教材；讲解是解释和说明材料、规定、要求等。谈话与讨论是保教人员和幼儿双方围绕某一个问题或主题，自由地发表自己的想法和意见，表达自己的感受和体验，进行相互交流、相互学习的方法。

在以下中班语言谈话活动"三只小猪"中，教师使用了口述法，幼儿通过讲述、讨论、谈话等多种口述形式，了解故事内容与内涵。

小案例

在听完《三只小猪》的故事后，教师就"为什么第一只小猪和第二只小猪做的房子不够牢固"的故事情节组织了一次谈话活动，幼儿热烈地谈论、发表着自己的意见：他们太懒惰了，他们没有认真学习，他们没有自习听讲，他们总是偷工减料……接着，教师又提出一个问题："他们可以向第三只小猪学到什么东西？"……在热烈的讨论中，幼儿渐渐地明白并认同了勤劳、认真这些可贵的品质。

运用口述法应注意：

（1）保教人员的讲述和讲解要生动、形象、富有感情，能引起幼儿的兴趣，并且要简明扼要、重点突出，便于幼儿听懂。讲述和讲解在教育活动中应用比较广泛，向幼儿传授知识需要讲述，组织幼儿进行活动需要讲解。无论学习哪方面的知识和技能都离不开保教人员适当的讲述和讲解。

（2）谈话必须在幼儿已具备某一方面知识和经验时才能进行。谈话的目的、要求和步骤必须明确。提什么问题要事先设计好，要遵循由浅入深、由具体到抽象、步步深入的原则。提出的问题要具体、明确，富有启发性，既要面向全体幼儿，又要照顾个别幼儿的水平。在幼儿回答问题时，应鼓励幼儿大胆、主动地表达自己的想法。谈话结束时，要对谈话的内容进行小结，帮助幼儿形成正确的概念。对幼儿在谈话中的优缺点要进行评议，以鼓励幼儿谈话的积极性。例如，在"三八"节主题教育活动中，为了使幼儿知道3月8日是国际劳动妇女节，引导幼儿了解妈妈、阿姨等妇女的辛勤劳动与贡献，加强幼儿的情感认同，培养和提高幼儿的语言表达能力与交往能力。在主题活动中除了安排游戏、歌舞表演、庆祝会等系列活动外，还可以运用晨间谈话的方式帮助幼儿了解有关"三八"节的知识，并组织幼儿积极参加庆祝"三八"节的活动。

（3）保教人员组织讨论时，要引导幼儿自由发表看法，要围绕中心讨论，结束时由教师小结。口述法可以是教师利用教具单独使用，也可以配合观察法、游戏法、练习法等使用。

（二）游戏法

游戏法是指通过游戏活动进行教学的一种方法，是深受幼儿喜爱的一种教学方式。应用游戏法进行教学是幼儿园教学最显著的特点之一。游戏是幼儿最喜爱的活动，在游戏活动中，幼儿注意力集中、兴趣浓厚，能充分发挥积极性和主动性，因而容易获得良好的教育效果。

例如，在小班数学活动"大小分类"中，保教人员通过布置"帮助玩具球回家"的游戏场景，给予幼儿趣味性和操作性的学习体验。在此过程中，一起观察幼儿在游戏中的认识水平和行为状态。

小案例

在进行"大小分类"学习活动时，保教人员准备了若干不同大小的玩具球进行游戏。每个幼儿均配备一个球筐，幼儿需要扮演运动场管理员，先将活动室内散落的球放进自己的小球筐，再按大小分别放入四个大球筐中。在游戏中，幼儿既体验了游戏，也感知和学习了按大小进行分类。

游戏作为一种特殊的活动，内容丰富多彩、形式多种多样，在运用时应注意：

（1）根据不同的教育目的和教学内容，选择和创编不同形式的游戏，以完成一定的教学任务。例如，在对幼儿进行常识教育时，可利用图片开展"配对游戏"，使幼儿通过游戏活动认识水果、蔬菜、交通工具、服装等。又如，在小班进行基本动作训练时，可组织幼儿玩"小猫玩球""赶小鸡"等游戏，均可收到良好的效果。

（2）应重点指导幼儿遵守游戏的规则，完成既定的学习要求。

（3）在组织游戏活动时，由于游戏的内容和形式不同，在指导方法以及提供的支持上也应有所变化。例如，组织幼儿进行创造性游戏时，应事先为幼儿选择适合开展创造性活动的场所，提供必要的条件和设备。在幼儿进行探索性活动时，要善于给予帮助和指导的同时，允许幼儿主动自由地探索。组织幼儿进行教学性游戏时，如语言游戏、计算游戏、智力游戏、娱乐游戏、体育游戏等，应根据教学任务和内容选择游戏的形式，并确定游戏的主题、动作和游戏的规则等。

（三）观察法

观察是有预期目的的感知活动，是人类认识世界的重要途径，也是幼儿认识自然和社会、获得直接经验的重要途径。在幼儿园中，观察法是指保教人员有目的、有计划地引导幼儿运用视觉、听觉、味觉、嗅觉等多种感官去感知客观事物的一种方法，它是幼儿园教育活动中的一种基本方法。下面的小案例就展现了观察法在幼儿园中的运用。

小案例

教师在种植区种下了辣椒种子，浇了几天水后，长出了嫩芽。教师说："接下来的每一天，小朋友们都要观察嫩芽有没有长高，有没有长出新叶子。"每个幼儿都拿着自己的记录本在种植区观察、讨论嫩芽是否长高、长出新芽、长出小辣椒，幼儿商量讨论着记录方法，显得特别认真、投入。

运用观察法应注意：

（1）观察前要做好准备工作。首先，要确定观察的内容，提出观察要求，拟订观察计划；其次，要熟悉观察对象，掌握有关知识和技能，同时要创造观察的条件，提供观察的对象。

（2）观察开始时，要告知幼儿观察的目的，引发幼儿的观察兴趣，引导幼儿有目的地进行观察。

（3）在观察过程中，应用语言与手势进行指导，教授幼儿观察的方法，同时要调动幼儿的多种感官参与观察活动，发展幼儿的语言能力。

（4）观察结束时，要引导幼儿学会总结，让幼儿进一步巩固所观察到的现象及习得的知识。同时还应组织幼儿做观察记录，用画图符等方式记下自己的感受、体验、发现与认识。

（5）运用观察法时，应强化感官训练，引导幼儿看一看、听一听、闻一闻、摸一摸、尝一尝。

（四）练习法

练习法是指幼儿在保教人员的帮助、带领下，通过多次重复实践练习熟练地掌握知识和技能的一种方法。它是巩固新知识，形成技能技巧和习惯的基本方法。在教学中，练习法应用比较广泛。幼儿通过反复练习，可将所学的知识应用于实践，并在实践中得到巩固和提高。此外，在练习活动中，幼儿自然而然地处于学习主体的地位，因此，这一方法有助于发挥幼儿的积极性和主动性。

运用练习法应注意：

（1）要有目的地反复练习，每次练习保教人员都要根据学习内容的特点和幼儿的具体情况，提出不同的要求。练习过程中要注意及时纠正幼儿的错误，以免多次重复形成错误的习惯而难以改正。

（2）练习的方式要多样，可以通过分解练习法、完整练习法、循环练习法等多种方法实现，以保持幼儿对学习的兴趣。以分解练习法在体育集体学习活动的运用为例，对于能力较弱的幼儿，保教人员可以通过分解动作，指导其进行进阶式练习，从而逐渐提升动作能力。

（五）实验法

实验法是指通过改变变量，以发现客观事物的变化及其因果联系的方法。实验法在幼儿园科学领域活动中运用比较广泛。下面的小案例展现了幼儿用实验法来比较重量。

小案例

在学习比大小的活动中，两个幼儿在争辩"大的物体是否一定更重"。小红说："大的东西一定更重啊，你看陈老师比我们高，比我们大，她就比我们重。"小明说："不是的，不是的，我没有你高，但是，我体检的时候就比你重。陈老师，陈老师，上次体检你说的，对不对？"陈老师没有给出明确答案，而是从储物柜拿出一个气球和一个皮球，把气球充好气后，气球已经比皮球大了。然后，让小红和小明自己摸一摸、量一量，又让围观的幼儿轮流摸了摸、量了量，大家都发现了，大的物体不一定更重。

运用实验法应注意：

（1）提供充足、多样的实验材料，保障充裕的时间，使幼儿能反复操作、与客体接触，进而在实验中去探索、发现、判断，找出问题的答案。

（2）积极引导，鼓励幼儿主动参与活动，使实验活动成为幼儿主动的探索活动。

（3）引导幼儿观察实验工具与材料的运用，以及实验结果的变化。

（4）引导幼儿认真观察实验过程和结果，并指导幼儿正确使用工具和材料，学习操作技能。

（六）情感指导法

情感指导法是保教人员通过微笑、点头、赞成、反对、表扬、肯定和否定等，与幼儿进行交流情感，以使幼儿产生积极行为，避免或克服消极行为。下面的小案例展现了情感指导法的运用。

小案例

大三班的小红是转学生，刚来班上时非常害羞，总是一个人坐在一边不说话。保育老师发现了这一情况，在个别活动时便过去蹲下来平视她微笑，摸摸她的头，并且用鼓励的语气建议她自己去操作区拿材料自己操作。三四句话的鼓励之后，小红果然去拿了操作材料回座位操作。保育老师和她对视时，每次都向她微笑，慢慢地，一周后小红融入了新班级的生活和学习。

任务 3　幼儿学习活动保育指导

案例导入

中班数学活动"数字排序"前，保育老师李老师对学具"多色数字木条"进行了擦拭消毒，并向主班、副班教师了解了本次学习活动的目标、方法、过程等活动要素与细节。

活动开始后，李老师观察着幼儿们的表现，并做好了助教角色的准备。在幼儿操作的过程中，小红表示要上洗手间，李老师及时跟进。

活动结束后，李老师指导幼儿清理活动区域并整理教具。在离园环节，家长询问李老师幼儿今天的表现，李老师也能像主班、副班教师一样，清晰说明幼儿在学习活动中的表现、与他人沟通的具体情况等。

每次学习活动，李老师从不缺席，并始终扮演好教师的助手、幼儿的观察者等角色。

请根据幼儿学习活动保育指导的内容，评析李老师的保育工作。

任务要求

1. 初步了解幼儿学习活动保育指导的内容。
2. 了解幼儿学习活动保育指导的意义。

幼儿学习活动保育指导的内容主要是保育老师协助教师开展学习活动的工作，包括创设学习环境，做好学习前的保育工作，在学习活动中对幼儿进行个别化指导，保障学习活动的安全与保持卫生，配合教师完成学习活动，活动结束后做好整理、清洁和总结工作等。《幼儿园工作规程》规定，幼儿园保育老师的主要职责有"在教师指导下，科学照料和管理幼儿生活，并配合本班教师组织教育活动"。因此，保育老师应积极主动配合本班教师顺利开展学习活动，共同促进幼儿的全面发展。

在集体学习中，幼儿教师会根据五大领域的内容组织幼儿开展领域学习活动或者主题综合活动，在本模块中，主要阐述了语言、科学（科学探究、数学）、艺术（美术、音乐）领域集体学习活动中的保育指导。因健康领域内容与运动活动、生活活动中的保育指导有较大重叠，在本模块中不再赘述，社会领域的内容更多是在日常生活中进行渗透，所以也不展开阐述。音乐学习活动与美术学习活动虽同属艺术领域，但两者的学科逻辑不一致，且活动准备、活动实施及保育指导要点均有较大区别，因此，本模块将对两者分别进行阐述。同理，科学领域中的科学探究活动与数学活动也分别阐述。

一、幼儿学习活动保育指导的内容

1. 创设学习环境
根据学习活动的内容和幼儿的年龄特点，协助教师创设相应的学习环境，做好相应的教具、学具准备。幼儿期具体形象思维占主导地位，因而，环境布置与玩教具准备是学习活动前期准备的重要环节，作为教师助手的保育老师需要参与到此环节中。

2. 根据各类学习活动的保育任务与指导要求，配合教师进行示教

活动中，保育老师既要帮助教师维持纪律，组织幼儿饮水、如厕等，也要关注幼儿参与活动的情况，并对有需求的幼儿进行个别化辅导或示教。如小班阶段，个别幼儿无法通过教师示范准确跟读某些字的读音，保育老师观察到后，要在幼儿练习的过程中，对跟读不准的幼儿单独示教。

3. 观察、分析幼儿表现并进行帮助与辅导

保育老师要观察分析幼儿在学习活动时的表现，并根据教师的要求帮助和辅导幼儿参与学习活动，及时向教师反馈幼儿的学习情况。保育老师作为教育工作者，必须具备必要的教育知识与技能，了解教育的方式方法，并能够灵活地运用这些知识去指导幼儿的学习。

4. 保障幼儿学习活动的安全与保持卫生，培养幼儿的自我保护意识

保育老师要了解不同学习活动中可能存在的安全与卫生问题，随时对幼儿进行安全教育，提醒幼儿保持个人及环境卫生，照顾有特别需求的幼儿，确保幼儿在学习活动中的安全与健康。

5. 协助教师处理学习活动中的偶发事件

在幼儿园的集体生活与学习过程中，幼儿或多或少会出现一些偶发事件，如争抢玩具、很难进入学习状态、出现攻击性行为等，面对数量相对较多的幼儿，保育老师的协助处理十分重要且必要。

6. 辅助教师培养幼儿良好的学习习惯、学习品质和独立收拾、整理学具的能力

在学习活动中，保教人员根据幼儿的学习特点，有目的、有计划地组织幼儿进行观察、讨论、操作与梳理经验等，有意识地帮助幼儿养成良好的学习习惯，获得良好的学习品质，如专注力、探究精神和学习兴趣等。同时，还要注重幼儿自我管理能力的培养，在学习活动中有意识地指导或者协助幼儿收拾整理学具。

7. 关注幼儿学习活动中的表现，配合教师与家长进行沟通

在活动过程中，保教人员应对幼儿的学习行为特别是典型行为或进步行为进行记录，在与家长沟通时，利用语言、照片、视频等向家长讲述幼儿在园学习表现，并提出专业教育建议。

二、幼儿学习活动保育指导的意义

幼儿处于认识世界的初级阶段，受认知水平和各方面能力发展的限制，在学习活动中还需保教人员提供科学的保育指导。同时，做好保育指导，对于保教人员的配合效果也有一定提升。具体来说，做好学习活动的保育指导有以下四个方面的意义。

1. 有助于落实保教结合的教育原则

学习活动的开展需要保教人员做好充足的保育工作，没有保育，就难以满足幼儿学习活动基本需求，也就难以实现有效的教育效果。因而，良好的学习活动保育是实施学习活动的基础。

2. 有助于保教人员共同推进保教配合

学习活动保育工作并不只是保育老师的工作，就如同教育工作并不只是教师的工作，保教人员需要共同配合，互相补位，在学习活动中共同推进保育教育过程的开展。

3. 有助于班级管理的科学高效

保教配合的相互补位，需要保教人员在落实保教行为的过程中，不断提升自身保育与教育的专业素养。保教素养的提升有助于带动班级管理水平的提升，乃至于幼儿园管理水平的提升。

4. 有助于幼儿的全面发展

学习活动保育指导的有效落实，将使保教人员更关注幼儿一日活动的整体性学习环境；保教人员实施学习活动时，也将从保教结合逐步过渡到保教融合、保教一体；对学习活动的评价，将从关注幼儿认知水平发展，转变为关注幼儿的全面发展。

阅读拓展

保育老师基本要求

　　《广东省幼儿园一日活动指引（试行）》对幼儿园一日活动各环节中保教人员的工作基本要求和幼儿逐步达成的活动行为表现或发展水平提出了具体的指引，对幼儿园有关工作进行了说明并提出拓展建议。在学习活动中，在活动的不同环节对保育老师有相应的基本要求（见表4-1-2）。

表 4-1-2　保育老师基本要求

活动环节	保育老师基本要求
活动准备	1. 与教师沟通，了解幼儿学习活动的内容和要求，以便恰当配合 2. 协助教师准备学习环境，摆放教具、学具及小组或个人操作材料
活动实施	1. 关注幼儿学习过程的安全问题，协助教师处理突发事件 2. 适当引导或纠正个别注意力不集中、坐姿不规范、倾听习惯不好的幼儿的行为 3. 学习活动结束后，协助教师和幼儿整理现场
活动评价	1. 协助教师归档或展示幼儿作品 2. 清洁学习活动评价资料的摆放环境

课后练习

一、单项选择题

1. 幼儿是以直觉行动思维和具体形象思维为主要思维方式的，玩教具本身的（　　）正好符合幼儿的认知特点。
　　A. 趣味性　　　　　　　B. 直观性　　　　　　　C. 多变性　　　　　　　D. 多功能性

2. （　　）要求保育老师在教学过程中应允许幼儿按自己的学习方式、学习速度进行学习。
　　A. 尊重幼儿的人格尊严和合法权利的原则　　　　B. 促进幼儿德、智、体、美全面发展的原则
　　C. 面向全体与因材施教的原则　　　　　　　　　D. 坚持正面教育的原则

3. 幼儿园安排幼儿从事的各种活动都有其特定的教育目标，保育老师在平时的工作中应该有意识地了解这些活动的意义和教育目的，明确在幼儿发展中的作用，掌握主要的（　　）和指导要点。
　　A. 活动内容　　　　　　B. 精神准备　　　　　　C. 物质准备　　　　　　D. 方法

4. 保育老师应根据幼儿的实际经验和兴趣，在学习过程中（　　），保持愉快的情绪，促进幼儿能力和个性的全面发展。
　　A. 给予适当的指导　　　　　　　　　　　　　　B. 与幼儿共同操作
　　C. 给予直接指导　　　　　　　　　　　　　　　D. 不参与

二、名词解释题

1. 集体学习活动
2. 个别化学习活动

三、简答题

1. 幼儿园常用的教育方法有哪些？
2. 通过幼儿园见习实习，观察幼儿学习活动的主题是什么，保教人员使用了哪些操作材料，是如何指

导幼儿进行学习的，并进行分析和评价。

3. 请结合自身在幼儿园的实践经历，阐述幼儿学习活动保育指导的意义。

四、案例分析题

在小一班的语言学习活动中，陈老师正在给幼儿讲述绘本故事《我妈妈》，有些幼儿反映看不见绘本中的画面，陈老师没有听到，保育老师李老师听到了也没有及时做出反应，故事讲到一半时，陈老师和李老师发现有十多名幼儿在左顾右盼，心不在焉，便终止了学习活动。

请尝试分析造成此次活动终止的主要原因。

项目二
集体学习活动保育指导

任务 1　集体学习活动前的保育指导

案例导入

冬去春来，万物复苏，幼儿园也迎来了新的学期。开学第一天，大二班的保育老师张老师主动向主班刘老师了解本周的教学计划及教育目标。在今天的音乐集体学习活动前，张老师了解了活动的主要内容，提前到音乐活动室开窗通风，擦拭桌椅的灰尘，清扫地面，检查并摆放好需要的乐器。

请根据幼儿园学习活动前保育工作的要求，评析该案例中保育老师的操作。

任务要求

1. 了解学习活动前保育工作的主要内容。
2. 能够根据学习活动内容协助教师做好相应的保育工作。
3. 对照考证内容，掌握学习活动前的保育工作要点。

一、了解幼儿的特点及发展水平

保育老师在日常工作中，要主动观察本班幼儿的行为，及时将观察结果客观地记录下来，并通过与本班教师、家长沟通交流，充分了解每个幼儿的特点、发展水平和需求等，以便在学习活动中做好整体保育指导的同时，能够对幼儿实施有针对性的、及时有效的个别化指导，促进幼儿的全面发展。下面的小案例展现了保育老师结合对幼儿的观察，对幼儿进行的指导。

小案例

在美术集体学习活动中，乐乐好几次试图将卡片上的娃娃撕下来，可总是把它撕坏，于是气急败坏地跺脚并发出"呜呜"的声音。保育老师看到后，便上前安慰："怎么啦? 原来是撕破了。没关系，我们再粘一次，好不好?"保育老师边说边拿着透明胶把娃娃的胳膊重新粘好。乐乐的情绪稍稍有些缓和下来，但是看到其他幼儿都已经在给娃娃"穿衣服"了，便说道："老师，你能不能帮我把它撕下来，我不会撕。"保育老师手把手地帮他，并对他说："你要认真看着我是怎么做的，以后要自己动脑筋。你看，我们先按着娃娃的身体，沿着有虚线的地方撕，不能太用力，慢慢地就把它撕好了。"在示范之后，保育老师让乐乐重新尝试一遍。这次，乐乐撕的娃娃比上次完整多了。待活动结束后，保育老师拿着乐乐的作品在集体前肯定了他："大家看，我们的乐乐多棒！一开始总是撕坏，但是现在他克服困难把它完成得很好，我们要向他学习。"此时，乐乐开心地笑了。

案例中的保育老师了解本班幼儿的特点，她首先安抚幼儿的情绪，使其平静下来，接着耐心地通过示范讲解的方式帮助幼儿掌握撕贴的方法，并在活动结束后及时肯定与鼓励了幼儿。

二、了解活动内容及活动目标

在学习活动前，保育老师应与本班教师充分沟通，了解本次学习活动的主要内容、活动流程，清楚活动目标及指导要点。学习活动类型不同，活动内容、活动流程、指导要点差异较大，保育老师要具备读懂学习活动方案的能力，将活动目标牢记在心，才能在学习活动过程中辅助教师完成学习活动任务，帮助幼儿达到预期的发展水平。

在集体学习活动中，活动目标是指幼儿在学习结束时将会发生什么变化。活动目标通常包括三层，即认知目标、情感目标、动作技能目标。

小案例

小班语言学习活动"小红帽"第一次活动的目标：
1. 能初步理解故事内容，通过动作、神情和音色，初步感受故事中不同角色的形象和特点。
2. 能安静地倾听故事，并能根据图谱提示复述故事。
3. 愿意在活动中自由表述，知道在生活中不能轻信陌生人的话。

在以上活动目标中，目标1属于认知目标，即幼儿理解故事的内容，感受故事的角色特点；目标2属于动作技能目标，即幼儿在倾听与表达两个方面应该达到的能力；目标3属于情感目标，即幼儿在学习过程中的情感体验和获得的主观经验。

三、做好环境的准备

保育老师应根据活动方案中的要求，协助教师做好环境的准备，与教师共同设计和布置活动的场地。具体来说，主要包括以下四点。

（一）做好室内卫生清洁

保育老师要提前清洁地板，擦干净桌椅、白板。对于中、大班幼儿，可以指导幼儿值日生协助完成。

（二）配合做好活动场地设计与布置

与教师共同设计和布置活动的场地，创设活动场景，按要求摆放好桌椅，也可以指导中、大班幼儿自主摆放椅子。

（三）调节室内光线与温度

根据季节和天气情况，适时调节室内光线与温度，如阴雨天气，活动室内光线较弱，则需要开灯照明。若光线太强，则应适当拉上窗帘。室内外温差不宜过大，室内外温差3℃～5℃比较合适。

（四）排除安全隐患

检查活动场地是否平整、开阔，是否有积水，检查是否有危险物品，如凸出的钉子、碎玻璃等，检查活动场地的桌椅和物品摆放是否稳固，排除安全隐患。

在以下中班科学探究学习活动"沉与浮"中，保育老师随着学习活动的开展，协助教师对活动场地进行了适宜布置。

活动案例

中班科学探究学习活动"沉与浮"

沉与浮（中班科学活动前准备）

一、活动目标

1. 通过观察与讨论，初步感知物体的沉浮现象。

2. 探究不同物体在水中的沉浮情况，学会用符号记录沉与浮。

3. 学会与同伴合作，体验合作学习的乐趣。

二、活动准备

课件一份，记录表若干，水盆五个，抹布五块，小木块、积塑、饮料瓶、泡沫、石头、玻璃球、勺子、乒乓球若干。

三、活动过程

1. 问题情境导入

教师创设故事情境：一只小鸡在回家的路上迷路了，有一条小河挡在它前面，它不会游泳，怎么过河呢？你们有什么办法帮助它吗？这里有三道关卡，如果你们闯关成功，就能帮助小鸡过河了。

2. 第一关：看谁主沉浮

教师出示石头与乒乓球，先后把它们放入水中，引导幼儿进行观察和讨论。教师小结：石头在水里会沉下去，乒乓球在水里会浮起来，我要把这个发现用标记记录下来。石头在水中会沉下去，用向下的箭头"↓"表示，乒乓球在水中会浮起来，用向上的箭头"↑"表示。

教师继续出示小木块、积塑、饮料瓶、泡沫、玻璃球、勺子，让幼儿猜测这些物品放在水里是沉下去还是浮起来，并记录幼儿的猜测。

3. 第二关：分组实验

幼儿进行分组实验，验证猜想。教师将幼儿分为两人一组，一人操作，一人记录，轮换进行。教师给每组幼儿准备了记录单、小木块、积塑、饮料瓶、泡沫、玻璃球、勺子、抹布，提醒幼儿要轻轻地把材料放入水中，如果桌子、衣服湿了要及时用抹布擦干。

教师邀请幼儿分享实验结果：哪些物品会沉下去，哪些物品会浮起来？和你刚才的猜想一样吗？

4. 第三关：扭转乾坤

教师提出新的问题：如何让沉下去的东西浮起来？在师幼讨论后，教师鼓励幼儿分组探究如何借助辅助物，让沉下去的东西浮起来，并做好记录。

教师邀请幼儿分享实验结果：你是用什么辅助物让沉下去的物体浮起来的？

5. 解决问题情境

教师：恭喜你们顺利闯关成功，现在你们知道可以用什么办法帮助小鸡过河了吗？可以用浮起来的物品做成小船，让小鸡乘船过河。

6.拓展延伸

教师再次提出新问题：如何让浮起来的东西沉下去呢？请你们回家和家人一起实验吧！

在以上科学集体学习活动中，既有教师集中演示的环节，又有幼儿分组实验的环节。因此，保育老师需要根据活动要求，摆放好集中演示观察的桌椅和分组实验的桌椅。教师集中演示时，幼儿围坐成半圆形，保育老师要协助把椅子摆成半圆形（见图4-2-1）；幼儿分组实验时，则要把椅子搬至桌子旁。

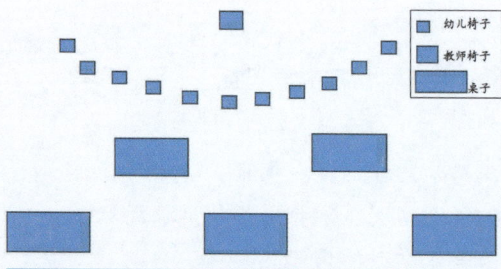

图4-2-1　桌椅摆放

四、做好教具、学具的准备

充足、适宜的物质材料是幼儿顺利进行探索、学习的保障，因此，学习活动前保育老师应根据学习活动内容准备所需要的教具、学具，并协助教师摆放和发放教具、学具，教具、学具的准备应注意以下四点。

（一）教具、学具数量充足

幼儿需要反复尝试与操作，才能掌握一项新的内容或者技能，因此，保育老师应尽可能为每个幼儿或每组幼儿准备一份学具。充足的材料既能满足幼儿学习的需求，同时又可以减少幼儿消极等待的时间。在下面的小案例中，保育老师根据要求，给每组幼儿准备了一份学具，满足了幼儿的学习需求。

小案例

在大班数学集体学习活动"5的分合"中，保育老师张老师根据活动设计方案的要求，为每组幼儿准备了一份学具，组内每名幼儿五片雪花片、一份记录表及一支笔。每名幼儿雪花片的颜色不同，以避免混淆，如图4-2-2。

图4-2-2　"5的分合"活动学具

（二）教具、学具干净、安全

《幼儿园工作规程》第十三条规定："幼儿园的设备设施、装修装饰材料、用品用具和玩教具材料，应当符合国家相关的安全质量标准和环保要求。"由于学具是幼儿直接操作的材料，与幼儿密切接触，如果不符合卫生、安全的要求，幼儿就有可能在操作过程中受到伤害。因此，保育老师选择或者制作的学具必须经过清洗、消毒，确保是无毒、结实和安全的；学具表面应该光滑，无锐利边角，以防刺伤幼儿；学具表面使用的涂料应该不溶于水，与消毒液不起化学反应。在幼儿园的实际教学中，教师会收集生活中的废旧材料，用以制作教具、学具，保育老师在制作教学具前，也应对材料进行清洗消毒，排除安全隐患。在下面的小案例中，保育老师在制作沙锤前，先对瓶子和绿豆进行清洗和消毒，最后把瓶口密封，避免幼儿误食，确保幼儿能安全使用沙锤。

小案例

中一班谢老师准备组织一节打击乐音乐集体学习活动"小雨沙沙"，需要准备乐器沙锤、三角铁、响板、摇铃。保育老师张老师在准备乐器时发现沙锤数量不够，于是与谢老师商量用小饮料瓶和绿豆制作沙锤。张老师先把收集到的瓶子清洗、消毒、晾干，然后装入干净的绿豆，最后细心地用胶布把瓶口封紧（见图4-2-3）。这样的沙锤既干净、安全、环保，又简单实用。

图4-2-3　保育老师自制的沙锤

（三）学具的大小、轻重应适合幼儿使用

保育老师还应注意学具的大小与轻重，学具不宜过小，过小的学具容易被幼儿吞食或者塞入鼻腔、耳道，造成意外事故；过大、过重则不利于幼儿的操作，不适合幼儿使用。如以下小案例"数一数"中，保育老师依据活动要求及幼儿特点，准备了适宜的积塑。

小案例

图4-2-4　中型积塑

小班开展数学集体学习活动"数一数"，要求幼儿手口一致点数5个物品，并能说出总数。保育老师根据教师要求，为每个幼儿准备了5个中型积塑，积塑大小适中，质地较轻，立体形状便于幼儿抓握，可以较好地帮助幼儿达到预期的学习目标，如图4-2-4。

（四）提前摆放好教具、学具

教具、学具是否需要提前摆放，应根据学习活动方案的要求，并与教师及时沟通确认。若需要提前摆放，保育老师应提前10分钟将教具、学具摆放完毕，也可以指导中、大班幼儿协助完成，培养幼儿的自主意识和动手能力。在下面的小案例"我是小小消防员"体育活动中，保育老师根据活动内容和教师的要求，提前摆放好了体育器材。

小案例

图4-2-5　提前摆放运动器材

在大班体育活动"我是小小消防员"中，幼儿分成两队进行，游戏规则是：幼儿左右手提着小水桶，先钻过"大门"（拱形门），再绕过"障碍物"（雪糕桶），走过"独木桥"（平衡木），最后用桶里的水把"火"灭掉。

保育老师根据教师的要求，提前将2个拱形门、6个雪糕桶、2个平衡木摆放在活动场地上，如图4-2-5。

五、做好精神准备

1. 稳定幼儿情绪，转移幼儿注意力

注意力的转移是指根据活动任务的要求，主动地把注意力从一个对象转移到另一个对象。例如，自由活动结束后，教师组织幼儿开展美术学习活动，幼儿应根据活动安排，把注意力主动、及时地从上一个活动转移到美术学习活动中。幼儿通常不善于主动转移注意力，一个活动结束后往往还沉浸其中，保教人员应帮助幼儿及时将注意力转移到下一个学习活动中。

2. 创设和谐、宽松的活动氛围

幼儿的行为具有明显的情绪性，保教人员应避免在活动前对幼儿进行批评教育，导致幼儿情绪低落，从而失去参与活动的主动性和积极性。保教人员应采用正面教育的方式，发现幼儿的闪光点，多鼓励多肯定，使幼儿保持积极良好的情绪，即营造和谐、宽松的活动氛围。

3. 启发幼儿对将要进行的活动进行思考，激发幼儿参与学习活动的兴趣

在集体学习活动前的过渡环节，保教人员可以通过自由谈话的方式，向幼儿提出启发式问题，引发幼儿对将要进行的活动进行思考，萌发学习的兴趣和热情。

六、指导幼儿做好活动前的准备

（一）组织幼儿进行盥洗、喝水

活动前，保育老师组织幼儿有序地上厕所、洗手，喝水，以减少或避免幼儿在活动中憋尿、尿裤子和口渴的情况，确保学习活动顺利开展。

（二）提醒幼儿及时增减衣物

保育老师应随着学习活动场地的转移，根据幼儿的体质和天气情况，提醒和协助幼儿增减衣物。

如秋冬日，幼儿从户外回到室内，保育老师应及时为幼儿擦汗、更换衣服，并及时穿上外套。

知识拓展

幼儿园学习活动常用的设备和材料

（三）照顾有特别需求的幼儿

保育老师除了要特别照顾班级的体弱儿、特殊幼儿，如提醒膀胱较小、需要频繁上厕所的幼儿及时排空尿液，把好动的幼儿安排坐在离教师最近的位置等，还要对当天身体不适的幼儿进行有针对性的照料，如照顾扁桃体发炎的幼儿多喝水。

任务2　集体学习活动中的保育指导

案例导入

曾老师在活动室内组织美术集体学习活动，保育老师周老师已经提前铺好了桌布，把桌子摆放整齐。曾老师和幼儿共同欣赏和讨论了长颈鹿的造型、颜色和特点后，幼儿便搬起小椅子坐到桌子旁，准备作画了。周老师协助曾老师发放画纸、油画棒，每个幼儿一份。鹏鹏正在画画，突然觉得眼睛有点痒，就下意识地用被油画棒染色的手去揉眼睛，周老师见状，赶紧上前阻止并马上带鹏鹏到盥洗室，用消毒毛巾轻轻擦拭眼睛，并询问鹏鹏眼睛是否不适。周老师向曾老师反馈了情况，曾老师及时对其他幼儿进行了教育，提醒幼儿要注意用眼卫生。

请根据学习活动中的保育指导要点，评析该案例中保育老师的操作。

任务要求

1. 了解学习活动中保育工作的主要内容。
2. 能够辅助教师完成学习活动的实施。
3. 在学习活动过程中，能主动观察幼儿，对幼儿进行有效的个别化指导。

一般而言，集体学习活动的过程分为三个部分：开始部分、基本部分和结束部分。在开始部分，教师灵活利用多种方式引出活动内容，激发幼儿参与活动的兴趣；在活动的基本部分，师幼围绕活动目标与内容逐步展开学习；结束部分，多以总结、评价、游戏等方式结束学习活动。

在学习活动过程中，保育老师的工作是根据教师的不同要求，观察幼儿的学习情况，采取灵活有效的教育方式，排除学习活动中不安全、不卫生因素，发现问题及时向教师汇报、请示，确保学习活动顺利进行。

一、幼儿语言学习活动

（一）语言学习活动对幼儿发展的意义

1. 促进幼儿的认知发展

《指南》指出："语言是交流和思维的工具。"幼儿语言能力的发展与认知发展相辅相成，正如皮亚杰所说："语言一旦被个体所理解和掌握，就能够对认知的发展起推动和加速作用。"幼儿语言发展对于认知发展的作用主要表现在三方面：第一，幼儿通过语言可以加深、巩固初步形成的概念及给各种物体命名，从而认识周围的世界。如对"妈妈"这个概念的理解，幼儿从开始片面地认识"'妈妈'指的就是自己的妈妈"，通过语言学习，逐步全面理解这个概念。也能通过语言描述、比较发现认识对象的不同点和相同点，同时借助语言直接或间接获得新的概念。第二，语言指导并参与认知加工过程，语言的产生和发展可以扩展幼儿认知的范围。在获得语言前，幼儿主要通过感知获得直接经验，在语言学习后，幼儿可以借助与他人交流、书面语言等获得大量间接经验，极大地扩展了认知的范围。语言还直接参与和促进幼儿理解、判断和推理能力的形成与发展。第三，语言促进幼儿创造性思维的发展。语言的发展对幼儿创造性思维的萌发和发展起到了推动的作用。幼儿的创造性思维主要借助想象来进行，幼儿可以凭借语言想象理解某个情境，并且运用语言表达新颖、独特的想法。而幼儿语言能力的发展，很大程度上依赖于语言学习活动，因此，保教人员要特别重视语言学习活动的设计并关注幼儿在语言学习活动中的表现。

2. 促进幼儿的社会性发展

《指南》指出："幼儿在运用语言进行交流的同时，也在发展着人际交往能力、理解他人和判断交往情境的能力、组织自己思想的能力。"语言的学习能够帮助幼儿逐步发展对外部世界、对他人和对自己的认识，对幼儿社会性发展起到重要的促进作用。语言可以帮助幼儿开展人际交往，如幼儿学会通过语言协商而不是发脾气或其他粗暴行为来解决与他人之间的争论或冲突，学习建立良性的社会关系。此外，幼儿可以使用语言讲出自己的感受和需求，让成人或同伴及时了解自己的意图或引起他人的注意。能用语言清楚表达自己情感的幼儿通常能够受到他人的欢迎和喜欢，使其情感获得极大的满足。

（二）幼儿语言学习活动的类型及保育指导要点

幼儿语言学习活动的类型主要包括谈话活动、讲述活动、听说游戏、文学活动及早期阅读，在不同类型的语言学习活动中，保育老师应根据活动流程及要求，配合教师进行有针对性的保育指导，如表4-2-1。

表 4-2-1　幼儿语言学习活动的类型及保育指导要点

活动类型	概　念	活　动　流　程	保育指导要点
谈话活动	幼儿在教师创设的日常口语交往情境中，调动已有的生活经验，围绕一定的话题进行谈话，习得与别人交流的方式、规则，发展与人交往的能力	1. 创设谈话情景，引出谈话话题 2. 幼儿围绕话题自由交谈 3. 教师引导幼儿逐步拓展谈话范围	1. 提醒幼儿围绕话题进行谈话，注意倾听他人谈话 2. 鼓励幼儿大胆、积极表达自己的想法，激发幼儿谈话的兴趣 3. 幼儿自由交谈时，允许幼儿谈论与话题有关的想法，不纠正幼儿说话时用词造句的错误 4. 观察幼儿的谈话情况，通过态势语或给予一定应答的方式参与幼儿的谈话
讲述活动	幼儿在教师创设的正式口语表达情境中，在集体面前表达自己对某一图片、实物或情景的认识、看法等，学习表述的方法和技能，发展独白语言	1. 感知、理解讲述对象 2. 运用已有经验讲述 3. 引进新的讲述经验 4. 巩固和迁移新的讲述经验	1. 提醒幼儿注意仔细观察讲述的对象 2. 当幼儿在集体面前讲述时，提醒其他幼儿安静、专注倾听 3. 鼓励幼儿清楚地把人、事、物讲清楚，用词造句注意规范性 4. 在幼儿进行分组讲述时，保育老师可选择特定的幼儿进行观察，但不要过多地对幼儿的讲述进行指点
听说游戏	幼儿在教师提供的游戏情景中，按一定规则练习口头语言，发展在口语交往活动中快速、灵活地倾听和表达能力	1. 设置游戏情景 2. 交代游戏规则 3. 教师引导游戏 4. 幼儿自主游戏	1. 协助教师创设游戏情景，营造听说游戏的氛围，引发幼儿参与游戏的兴趣 2. 配合教师示范游戏的玩法 3. 与教师共同带领幼儿游戏，协助教师维持游戏中的秩序，提醒幼儿注意游戏中的安全

续 表

活动类型	概 念	活 动 流 程	保育指导要点
文学活动	幼儿学习某一具体的文学作品，并在理解、感受作品的过程中，欣赏和学习运用文学作品提供的有质量的语言	1. 呈现作品内容 2. 理解、体验作品 3. 迁移作品经验 4. 创造性地想象和表述	1. 协助教师呈现作品内容，如帮助教师播放背景音乐、展示故事挂图、进行角色表演等 2. 鼓励幼儿用故事表演、绘画等不同的方式表达自己对作品的感受和理解 3. 鼓励幼儿依据画面线索讲述故事，大胆推测、想象故事情节的发展，对文学作品进行改编、创编
早期阅读	幼儿在教师利用图书、绘画创设的书面语言环境中，接触书面语言，了解语言的基本文化内涵	1. 幼儿自己阅读 2. 师幼共同阅读 3. 围绕阅读重点开展活动 4. 归纳阅读内容	1. 协助教师分发图书，提醒幼儿爱护图书 2. 鼓励幼儿自主阅读，并与同伴讨论自己在阅读中的发现、体会和想法 3. 提醒幼儿注意保持正确的阅读姿势，保护眼睛

案例思考

请仔细阅读大班语言学习活动"发现秋天"，思考：保育老师应在哪些环节开展保育指导？具体应如何指导？

大班语言学习活动"发现秋天"

一、活动目标

1. 围绕"秋天"这一话题有序地交谈，能自信大方地谈论秋天的变化，尝试用完整流畅的语言表达对秋天的认识。

2. 学习专注地倾听别人谈话，能用恰当的语言表达自己的情感，初步学习用修补的方法延续谈话。

3. 感受秋天独特的美，体验秋天的收获以及与他人交谈带来的乐趣。

二、活动准备

1. 家长利用周末时间带幼儿到公园里寻找秋天，帮助幼儿了解秋天里动植物的变化以及秋天里成熟的粮食等。

2. 每个幼儿带来一些不同形状的落叶。

3. 关于秋天景色的PPT，秋天里动物的视频，轻柔的音乐。

4. 将活动室的一面墙布置成秋天的情境。

三、活动过程

（一）开始部分

（运用散文创设情境，引出话题）今天老师带来一篇优美的散文，请你仔细听一听，散文里讲的是什么？（教师播放轻柔的音乐，有感情地朗诵散文《落叶》）你在散文里听到了什么？什么季节树叶会变黄落下来？现在是什么季节？那我们今天就来谈谈秋天。

（二）基本部分

1. 幼儿围绕"秋天"这一话题自由交谈

（1）今天早上起床的时候，老师发现皮肤很干燥，而且还有点冷冷的，我要比夏天的时候多穿一些衣服。从天气的变化中，我发现秋天已经在我们身边了，那你是怎么发现秋天到来的呢？秋天里树木有什么变化？你都带来了什么树的落叶？（出示幼儿带来的变黄的树叶）有哪些花儿开了？（出示秋天花开的图片）小动物们都在忙些什么呢？（播放动物准备粮食过冬的视频）

（2）现在请小朋友找到自己的好朋友，拿着你带来的落叶，和好朋友说一说在秋天里你发现了哪些变化。（3个幼儿为一组进行自由交谈，教师巡回参与谈话，提醒幼儿专注地听别人说话，等别人讲完了自己再讲。对跑题的幼儿给予指导，教师注意倾听和发现表现较好和较弱的幼儿）

（3）现在老师请几个小朋友到前面来和大家分享你刚才的谈话。（教师用语言提示幼儿围绕"秋天"谈话，并要求讲话声音响亮。如果幼儿说错，教师可以提醒其及时进行修补。教师对每个幼儿的讲话都进行适当的评价，并进行鼓励）

2.教师用提问的方式提出新话题

（承上）秋天来了，树木、花朵都发生了变化，小动物们也在准备过冬的粮食。（启下）那你知道勤劳的农民伯伯在秋天里忙什么吗？秋天里，很多粮食都成熟了，农民伯伯在忙着收割呢，我们一起来看看。（出示一张图片，和幼儿一起观察谈论）。

（教师逐个出示图片）请你先和身边的小朋友自由说说你在图片中看到了什么，待会儿我请小朋友来分享。（提醒幼儿围绕新话题思考自己的谈话内容，注意提醒幼儿用普通话谈论）

你觉得秋天是一个怎样的季节？（引导幼儿用"秋天是一个……的季节"进行回答）

3.幼儿通过游戏加深对秋天的认识

现在我们一起来玩一个"过山洞"游戏，这个山洞有两个守门员，其他的小朋友都来扮演小动物。小动物想要进山洞冬眠，就必须过守门员这一关，当守门员问："你觉得秋天是一个怎样的季节？"如果你答对了，就可以进洞了。（进洞后的幼儿坐回椅子上）

4.教师进行小结

秋天是一年四季中的第三个季节，秋天里有好多变化，树木和花朵以自己的方式迎接秋天的到来，小动物们也开始为冬天储备粮食，我们也收获了很多粮食，秋天是一个美丽的、收获的季节。

（三）结束部分

秋天还有哪些变化呢？周末的时候，请你和爸爸妈妈一起到郊外去看一看、找一找，回来再和小朋友们分享，好吗？

大家今天都很棒，能认真倾听其他小朋友讲话，围绕话题大胆地表达自己的想法，很多小朋友也勇敢地到前面来进行分享了，给自己一个大大的鼓励吧！（教师带着幼儿开着"秋天列车"驶出活动室）

四、活动延伸

其他领域：组织幼儿开展一次美术绘画活动"美丽的秋天"。

区域活动：在阅读区投放秋天的图片和关于秋天的绘本，幼儿自主阅读。

亲子活动：请家长带幼儿去水果店购买秋天成熟的水果。

［保育指导要点］

在自由交谈环节，保育老师协助教师，巡回观察每个小组幼儿自由谈话的情况，提醒幼儿专注地听别人谈话，等别人讲完了自己再讲。对跑题的幼儿给予指导，并向教师反馈幼儿的表现。在集体谈论环节，幼儿在集体面前分享时，提醒其余幼儿注意安静认真倾听。在游戏环节，保育老师提醒幼儿注意安全，不推挤、不嬉戏打闹，游戏结束时安静坐在椅子上等待。

（三）幼儿语言学习活动的保育指导要求

1.在语言学习活动中培养幼儿良好的学习习惯

在《指南》中，幼儿园语言领域的学习与发展目标聚焦倾听与表达、阅读与书写准备。结合《指南》要求，在语言学习活动中，幼儿应该养成良好的倾听习惯、使用文明礼貌用语的习惯、清楚表达的习惯以及良好的阅读习惯，并能保持正确的坐姿、握笔姿势等。培德吉曾说："播种一个行为，你会收获一个习惯；播种一个习惯，你会收获一个个性；播种一个个性，你会收获一个命运。"在语言学习活动中，应注重幼儿良好习惯的培养，以促进幼儿语言的发展。

（1）良好的倾听习惯

首先，保育老师要以身作则，在幼儿面前树立耐心倾听的榜样。好模仿是幼儿时期最突出的特点之一，创设良好的倾听氛围对其倾听习惯的养成有非常重要的意义。当幼儿提出诉求时，保育老师即使再忙，也应该注视幼儿的眼睛，耐心地倾听，并给予积极回应。其次，通过环境布置，帮助幼儿集中注意力认真倾听。如保育老师将好动的幼儿安排坐在离教师最近的位置，将喜欢聊天的幼儿分开坐，在学习活动区域不摆放与学习活动无关的玩具等。最后，引导幼儿学会认真倾听。保育老师提醒幼儿在活动中注意倾听，如在学习活动中，可以轻轻地走到幼儿旁边，用手势或用眼神等示意幼儿认真倾听。

（2）使用文明礼貌用语的习惯

使用文明礼貌用语的习惯应从小班开始培养，保育老师自身要注意语言文明，为幼儿做出表率。与幼儿交谈时，注意不大声说话，认真倾听，使用礼貌用语，不说脏话、粗话。幼儿表达意见时，保育老师可蹲下来，眼睛平视幼儿，耐心听其把话说完。提醒幼儿遵守集体生活的语言规则，如轮流发言、不随意打断别人讲话等。

（3）清楚表达的习惯

幼儿的语言发展水平存在较大的个体差异，有些幼儿能言善辩，有些幼儿不善于自我表达，保育老师应尊重幼儿语言发展的差异性，尊重和接纳幼儿的说话方式。不管幼儿的表达水平如何，都应认真地倾听并给予积极的回应，为幼儿提供说话的机会，鼓励幼儿大胆清楚地表达。

小案例

　　小三班的李老师正在给幼儿讲和中秋节有关的故事《嫦娥奔月》，幼儿听得津津有味。这时，保育老师何老师发现佳佳脸蛋憋得通红，身体绷直微微发抖，她轻轻走到佳佳身边，询问："佳佳，你怎么了？哪里不舒服？"话音刚落，佳佳"哇"的一声大哭起来。何老师赶紧把佳佳带到一旁，蹲下来安慰她："哪里不舒服了？告诉老师，老师会帮你的。"佳佳还是哭着不说话。何老师凭经验试探地问："你是不是要上厕所？"佳佳立即点头，何老师才发现她把裤子尿湿了。给佳佳换了裤子后，何老师告诉佳佳："幼儿园是小朋友的家，遇到问题可以请老师帮助。"鼓励佳佳大胆清楚地表达自己的想法。

（4）良好的阅读习惯

激发幼儿阅读的兴趣、培养良好的阅读习惯，是幼儿园的一项重要保教内容。对于保育老师而言，应和教师共同创设良好的阅读环境，布置阅读区角，投放一定数量、符合幼儿年龄特点和兴趣的图文并茂的图画书。提供相对安静的地方，尽量减少干扰，保证幼儿自主阅读。在饭前饭后，与幼儿共同看图书、讲故事，体验阅读的乐趣。

（5）正确握笔姿势及坐姿

幼儿在绘画、书写时，握笔姿势要正确（图4-2-6），坐姿要端正，头正肩平，不歪头不耸肩，上半身挺直，保持颈、胸、腰的平直，双腿平放在地上，不跷二郎腿，眼睛离纸面有一尺的距离（图4-2-7）。在语言学习活动中，保教人员应随时纠正幼儿错误的握笔姿势，提醒幼儿保持正确姿势。

2. 排除语言学习活动中不安全、不卫生的因素

保育老师应对语言学习活动中所用的图

图4-2-6

图4-2-7

画书、挂图、卡片等，定期进行紫外线消毒或者放在阳光下曝晒，确保幼儿用书卫生。在组织幼儿阅读时，应把握阅读的时间，注意幼儿阅读图画书的时间不宜过长，避免用眼疲劳。对于小班幼儿，应尽量避免选用硬皮图画书，因为锐利的书角容易刮伤幼儿皮肤或者刺伤眼睛。

二、幼儿科学探究学习活动

（一）科学探究学习活动对幼儿发展的意义

1. 满足幼儿的好奇心和探索欲望

幼儿对周围环境充满了好奇心，他们会用各种方式探索世界，并不断地向成人提问，如为什么天空是蓝的？为什么鱼不能离开水？奶奶的头发为什么会变白？……幼儿科学探究学习活动的内容既有科学性又有启蒙性，教师应有针对性地选择幼儿生活中熟悉的、可以理解的以及适合直接探索的内容，对幼儿进行科学启蒙教育，如"有趣的叶子""颜色变变变""种子的旅行"等。同时，采用实验法、制作法、游戏法等科学探究方法支持幼儿的学习。在教师有目的、有计划组织的科学学习活动中，幼儿的问题得到了解决，幼儿探索行为得到了支持，他们的好奇心和探索欲望也得到充分的满足。

2. 帮助幼儿正确认识世界

随着年龄的增长，幼儿生活经验越来越丰富，获得了很多概念，对世界有了初步的认识和理解，但是有些认识并不科学，被称为"朴素理论""直觉理论"。如幼儿认为花草树木是没有生命的，因为它们不能"动"；认为刮风、打雷是因为有"风婆婆""雷公公"；夜晚的到来是因为太阳落到山的后面去了等。显然，这些认识是不科学的。科学探究学习活动能给幼儿提供探索、实验、交流的机会，在操作中验证自己的想法，对事物形成正确的认识，建构科学的概念，从而正确地认识世界。

3. 帮助幼儿获得科学探究的方法

在科学探究学习活动中，幼儿通常是在教师的引导下，尝试按"发现问题、提出假设、实验验证、交流总结"的顺序进行科学探究。如以下小案例中，幼儿在科学探究学习活动"寻找蚂蚁穴"中获得了一种科学的思维方式，掌握了科学探究的基本技能。这种思维方式和技能将有利于幼儿学习科学知识，以及进行深度学习。

小案例

在晨练环节，小一班幼儿围在草地上的一处，好奇地讨论着什么，原来，他们发现了草地上有一群蚂蚁。妮妮说："这些蚂蚁都是从哪里来的呀？"果果说："它们是不是迷路了？它们的家在哪里呢？"其他幼儿也七嘴八舌地发问。带班的潘老师抓住幼儿的好奇心，设计了科学探究学习活动"寻找蚂蚁穴"，启发幼儿思考：如何找到蚂蚁的家？蚂蚁喜欢吃什么？什么食物最能吸引蚂蚁？该把食物放在什么地方？……教师带领幼儿一起验证猜想，做好记录，最后进行总结。

4. 帮助幼儿获得良好的学习品质

科学探究学习活动能够满足幼儿的好奇心以及动手操作探索的欲望，因此幼儿在活动中能够表现出学习的主动性、积极性和创造性，这对培养幼儿的自信心、规则意识、合作意识和解决问题的意识与能力有很大益处。同时，这些良好的学习品质是幼儿日后学习的基石。

（二）幼儿科学探究学习活动的类型及保育指导要点

幼儿科学探究学习活动主要包括观察认识活动、实验操作活动、科学讨论活动、技术操作活动等。活动类型不同，其活动流程也不同，保育老师应在学习活动前了解活动方案，把握活动中的保育指导要点（见表4-2-2），以便在活动中灵活地开展保育指导，确保幼儿的安全与学习效果。

表 4-2-2　幼儿科学探究学习活动的类型及保育指导要点

活动类型	概念	活动流程	保育指导要点
观察认识活动	幼儿在教师的指导下，有目的、有计划地感知客观事物与现象的特征，获取感性经验的科学活动	不同类型的科学探究学习活动，其活动流程存在差异，即使是同一类型的科学探究学习活动，教师也可以根据活动目标与内容，灵活设计活动流程。总体而言，幼儿科学探究学习活动的流程如下：导入活动，引发学习兴趣；观察现象；提出问题；做出猜想；检验猜想；形成结论，解决问题	1. 小班幼儿常用"尝试错误"的方法解决问题，他们会尝试不同的方法，直到成功，所以要理解、接纳和尊重幼儿的想法，哪怕想法是错误的、行不通的，也应支持、鼓励幼儿不断尝试和思考 2. 鼓励幼儿在讨论中大胆地分享自己的观察经验、想法 3. 配合教师指导幼儿正确使用实验工具，按照操作流程进行实验 4. 指导和协助幼儿用图画记录实验结果，但不能代替幼儿完成 5. 给幼儿提供足够的时间进行实验，提醒幼儿围绕目的进行操作，积极地动脑思考，主动建构科学概念 6. 协助教师分发操作材料，确保操作材料数量充足，随着实验的开展，按需及时补充材料 7. 根据幼儿的年龄特点与能力水平，给予有针对性的个别指导 8. 注意保护幼儿进行科学探究的兴趣，切勿以任何形式打击幼儿的学习热情 9. 关注幼儿操作中的卫生和安全，避免出现安全事故
实验操作活动	幼儿在教师的指导下，利用一定的仪器或设备，通过操纵变量来观测相应的现象和变化的科学活动		
科学讨论活动	在收集、整理资料的基础上，通过集体讨论、交流等手段获取科学知识的科学活动		
技术操作活动	学习制作产品、使用科技产品或掌握某些工具的操作方法、技能的科学活动		

（三）幼儿科学探究学习活动的保育指导要求

1. 培养幼儿良好的科学探究习惯

（1）有序使用与整理科学操作材料和工具的习惯

充足的材料能保证每个幼儿在活动中的操作需要。科学活动的操作材料与工具往往比较多。因而在使用工具材料前后，保育老师应有目的地指导幼儿有序拿取和收纳，在使用工具材料过程中，指导幼儿有序正确使用，确保幼儿顺利完成科学活动，也方便再次使用，逐步帮助幼儿养成有序使用与整理科学操作材料与工具的习惯。

（2）尊重科学规律的习惯

科学活动需要遵循科学学科的内在逻辑与规律。在科学活动中，操作不是单个动作，而是有着明确程序的系列动作，幼儿是否规范正确地操作材料与工具，将导致不同的结果。因而，尊重科学规律成为幼儿科学活动的重要一环。在幼儿进行科学探究的过程中，保育老师应有意识地引导幼儿思考操作的步骤和方法，培养幼儿的科学意识，帮助幼儿逐步养成尊重科学规律的习惯。

（3）养成爱观察、思考的习惯

观察是科学探究的一种基本方法，是一种有目的、有计划、比较持久的知觉活动。在科学活动中，基于幼儿思维的形象具体性，幼儿需要凭借自身的感觉器官观察对象，获取关于观察对象的各种信息。观察与思考是相伴随的，保育老师应启发幼儿在观察中进行思考，如看到了什么、有什么不同、为什么、将会有什么结果等，帮助幼儿养成爱观察、爱思考的习惯。

2. 排除科学探究学习活动中不安全、不卫生的因素

（1）指导幼儿安全、规范地使用实验器具

科学探究学习活动中，常用的实验器具和材料是多种多样的，保育老师需要指导幼儿安全、规范地使用。对于量杯、试管、放大镜、手电筒等易碎材料，提醒幼儿轻拿轻放，避免打碎造成割伤；对

于盐、糖、醋、小苏打、泡腾片等生活材料，提醒幼儿不能食用；对于魔方、磁铁玩具等成品材料，需要选择无破损、无毛刺、无毒无害的材料；对于纸筒、塑料瓶、吸管等废旧材料，要先清洗消毒后再使用。同时，指导幼儿按步骤规范地使用器具，如观察盐的溶解时，指导幼儿先把盐放入装有水的小烧杯中，再用搅拌棒轻轻搅拌，注意避免盐水溅入眼内，不能食用盐水等。

（2）指导幼儿做好自我防护

小苏打、海藻酸钠、柠檬酸等是科学探究学习活动的常用材料，为了防止溶液入眼、弄脏衣物，保育老师应根据学习活动内容，给幼儿佩戴防护眼镜、口罩、一次性手套，穿上科学实验服等。保育老师还要提醒幼儿在实验过程中不能揉眼睛，不能把手放入嘴中，不能食用实验材料等，指导幼儿做好自我防护。

（3）维持活动秩序

教师进行实验演示时，幼儿基于好奇心和求知欲，往往表现得兴奋、激动，保育老师应协助教师维持秩序，组织幼儿有序地观察和操作，做到不争抢、不推搡。另外，科学探究学习活动有时会在室外乃至园外进行，保育老师还要特别注意幼儿在户外活动的安全要点。

三、幼儿数学学习活动

（一）数学学习活动对幼儿发展的意义

1. 提高幼儿在生活中运用数学的能力

皮亚杰提出，对处于感知运动阶段和前运算阶段的儿童，日常生活和游戏及操作活动，是获得早期逻辑数理知识的理想途径。幼儿数学学习活动的内容要贴近幼儿的生活，幼儿生活中的很多问题也都可以化归为数学问题，如分蛋糕、比多少等。幼儿在教师创设的数学生活情境和游戏情境中，发现数学问题，并运用数学思维解决生活问题，获得数学知识与技能，从而提高在生活中运用数学解决问题的能力。如兔爷爷买了4颗糖，分给兔姐姐和兔妹妹，两人要一样多，该怎么分？幼儿在解决这个问题时，就获得了数量等分的知识和技能，在生活中遇到类似的问题，就能运用数学的思维和方法进行解决。数学学习活动既能让幼儿把数学应用到现实生活中，又能从现实生活中发现数学问题，从而加强数学的应用意识，提高数学应用能力，体会数学的乐趣和意义。

2. 促进幼儿抽象逻辑思维的发展

恩格斯曾说："数学是思维的体操。"可见，数学学习能锻炼人的思维能力。幼儿以具体形象思维为主，同时抽象逻辑思维开始萌芽，幼儿学习数学需要依靠具体的动作和形象，从而获得粗浅的数学经验和数学学习方法。同时，这些经验可以帮助幼儿逐步学习用抽象逻辑的方法进行思考和推理，进而促进幼儿抽象逻辑思维的发展。如幼儿在反复感知和操作圆柱体的物体后，白色的纸巾筒、红色的可乐瓶、长长的羽毛球桶、短短的圆柱木墩，发现无论颜色、高矮，只要两端是圆形平面、中间一样粗、展开后是长方形的物体便是圆柱体。这个过程中，幼儿理解了圆柱体的抽象含义，也发展了初步的抽象思维能力。

3. 培养幼儿良好的学习品质

数学学习活动具有较强的操作性，在活动中，教师会根据学习内容和幼儿的能力、兴趣，提供丰富多样的操作材料。幼儿则要根据活动规则进行操作练习，形成规则意识和任务意识，提高专注力，培养学习的主动性和积极性。

（二）幼儿数学学习活动的类型及保育指导要点

幼儿数学学习活动的类型是以活动内容来划分的，内容较多，保育老师需了解每个内容的核心概念及幼儿的学习表现，才能在学习活动中有的放矢地开展保育指导，如表4-2-3。

表 4-2-3　幼儿数学学习活动的内容（类型）及保育指导要点

活动内容（类型）	概　　念	活动流程	保育指导要点
对应	对应指在两个集合中，一个集合里的任何一个元素按照确定的对应关系在另一个集合里有一个或几个元素与它相对应。幼儿学习将相关的物体一一匹配，借助一一对应的逻辑方法比较两组物体的数量是否相等	数学学习活动的流程，教师可以参考以下设计思路：创设问题情境，引发学习兴趣；感知理解学习内容；动手操作与探索；梳理经验；运用经验	1. 协助教师创设生活化问题情境，引发幼儿思考和学习的兴趣。如配合教师进行角色扮演，提供教具、道具等 2. 协助教师分发学具，检查幼儿的学具，确保每名幼儿有足够的操作材料。发现幼儿学具损坏或者丢失时，及时补充 3. 指导幼儿正确操作学具，注意保护学具 4. 给予幼儿充分的操作时间，认真观察幼儿的操作并适时进行个别化指导 5. 对操作错误的幼儿，不要急于指出，先观察，给予幼儿足够的探索和改正的时间 6. 鼓励幼儿耐心地反复操作，并及时做好记录 7. 及时将幼儿的操作情况反馈给教师 8. 观察并及时纠正幼儿不正确的学习姿势或习惯 9. 随时关注幼儿的操作，提醒幼儿不能将细小的材料放入口、鼻、耳中 10. 配合教师共同组织幼儿开展游戏，维持游戏秩序，确保幼儿游戏中的安全
分类	分类指把具有相同特点的物体进行分组。幼儿学习按物体的某一个（或两个）外部特征进行分类；按物体的特征进行多角度分类；按物体内在的包含关系进行层级分类		
排序	根据物体量的差异排列顺序。幼儿学习按常见的物体量的差异（如长短、高矮、粗细、宽窄等）排列顺序		
模式	按一定规律排序。幼儿发现、描述模式，模仿、创造模式，都是对序的感知和认识		
10以内的数	手口一致地点数并能说出总数；学习10以内的自然数和零；理解数的实际意义和数与数之间的数差关系；学习序数		
10以内数的分合与加减	学习10以内数的分解和组成；认读和书写10以内的阿拉伯数字；学习10以内口头加减运算，认识加号、减号、等号，理解加减算式的意义		
几何图形	正确辨认常见的平面图形（圆形、正方形、长方形等）和立体图形（球体、长方体等），能说出它们的名称和主要特征；能感知平面图形间的相互关系，区分平面图形和立体图形		
常见量与计量	常见量是表示常见事物所具有的能区别程度异同的性质，即事物的多少、大小、长短、高低、轻重、快慢等的客观现象。计量就是把一个暂时未知的量同另一个作为标准的约定的已知量作比较，这个比较的过程称作计量		
空间与时间	区分和说出上下、前后、左右等空间方位，感知和体验分离、次序、包围、邻近等空间关系；能按指定方向进行运动；能区分早晨、晚上、白天、黑夜、昨天、今天和明天，知道一星期七天的名称及其顺序；认识时钟，知道时钟的用途，会看整点和半点		

案例思考

请仔细阅读以下大班数学学习活动"5的组成"，思考：保育老师应协助教师完成哪些活动环节？在指导幼儿进行操作探究时，应注意哪些问题？

大班数学学习活动"5的组成"

一、活动目标

1. 感知5的组成，知道5有四种不同分合结果。

2.能分析、比较、记录分合式的相同点和不同点，初步掌握分合规律。

3.在游戏中感受数学的重要和有趣，体验和同伴合作的快乐。

二、活动准备

经验准备：幼儿已学过2、3、4的组成。

物质准备：

（1）教具：PPT课件、小鸡房子操作记录卡、鸡蛋操作记录卡、大灰狼头饰。

（2）幼儿学具：铅笔、橡皮、小鸡房子操作记录卡、鸡蛋操作记录卡、数字卡、幼儿用书、小鸡图片、小房子图片。

三、活动过程

（一）开始部分：创设情境，激发兴趣

师：（播放PPT）鸡妈妈有5个小宝宝，慢慢地，鸡宝宝都长大了，他们的房子住不下了。于是鸡妈妈就给宝宝们又盖了2间新房子，可是鸡妈妈不知道该怎么把鸡宝宝们分到房子里面，她想请小朋友帮忙，看看该怎么把这5个鸡宝宝分到房子里。

（二）基本部分

1.自主操作探究，感知5的组成及分合关系

教师把小鸡图片、小房子图片和小鸡房子操作记录卡分发给每个幼儿，幼儿将鸡宝宝分到两座房子里，并根据分的结果在记录卡上做记录。

2.梳理经验，总结规律

（1）幼儿将记录卡贴在黑板上，根据幼儿的记录，师幼共同小结5的四种分合方法。

（2）教师引导幼儿发现部分数互换位置总数不变的规律，归纳分合式两边数列递增递减的关系。

3.分鸡蛋游戏——感受运用，领悟新知

师：鸡妈妈生了5颗蛋，农场主要把鸡蛋分到2个盘子里，怎么分呢？请你来帮帮农场主吧，要按递增递减规律分。

幼儿自由操作，在鸡蛋操作记录卡上进行记录。

（三）结束部分：游戏巩固

（1）游戏方法：每个幼儿手上拿着一张1～4的数字卡，当老狼回答"5"点时，数字合起来是5的两个幼儿马上抱在一起，并举起数字卡；数字合起来不是5的幼儿则被"老狼"抓走。

（2）教师扮演老狼共同游戏。

（3）个别幼儿扮演老狼共同游戏。

【保育指导要点】

保育老师协助教师分发操作材料，确保每个幼儿一份。观察幼儿的操作过程，适时给予指导。在环节一，保育老师注意提醒幼儿一边操作一边做记录；在环节三，提醒幼儿按照递增递减的规律分鸡蛋并做好记录，对操作错误的幼儿，保育老师不要着急直接指出，而是先观察，给予幼儿足够的探索和改正时间，及时将幼儿的操作情况反馈给教师。在游戏环节，保育老师可以和幼儿共同参与游戏，引导幼儿注意看清楚同伴手里的数字卡。游戏过程中，告知幼儿切勿奔跑或者推挤。

（三）幼儿数学学习活动的保育指导要求

1.培养幼儿良好的数学学习习惯

（1）按规则操作学具的习惯

在幼儿操作前，教师要向幼儿介绍操作的目的、方法和步骤，让幼儿清楚要做什么，怎样去做。保育老师在巡视的过程中，要注意观察幼儿，帮助幼儿明确操作要求，提醒幼儿按照要求进行操作，养成按规则操作学具的习惯。

（2）有序使用、整理操作材料的习惯

幼儿是在与操作材料相互作用的过程中获得与巩固数学学习经验的，因此，幼儿需要反复操作数

学材料。在数学学习活动中，教师提供的操作材料种类丰富、数量较多，保育老师应协助教师发放材料，指导幼儿有序使用学具，养成收拾整理的习惯。在以下小案例中，保育老师用游戏的口吻提醒幼儿要将材料及时放回原处，这不仅能确保游戏正常开展，而且有助于幼儿养成有序使用材料的习惯。

小案例

　　刘老师给每个幼儿5元"钱"，请幼儿到模拟超市买两样商品，并且要把钱正好用完。乐乐拿着钱高高兴兴地逛超市，挑了一个2元的魔方和一盒3元的彩笔。刚想去结账时，看到了一瓶2元的可乐，乐乐便随手把魔方放在架子上。保育老师彭老师看见了，便用游戏的口吻问："乐乐，魔方的家是在这里的吗？你刚才是在哪里找到它的？"乐乐意识到商品应该放回原处，就把魔方送回了原来的货架上。

2. 排除数学学习活动中不安全、不卫生的因素

（1）避免幼儿误食操作材料

数学学习活动中常用的教具、学具一般为实物材料，包括衣服、袜子、钟表、树叶、豆子、贝壳及废旧材料等。保育老师应随时关注幼儿的操作，提醒幼儿不能将细小的材料放入口、鼻、耳中，以免造成意外事故。

（2）避免幼儿被学具所伤

数学学习活动学具较多，保育老师应指导幼儿安全使用学具，轻拿轻放，避免被夹伤，或者摔碎后割伤。

（3）注意游戏中的安全

游戏是幼儿最喜爱的活动，教师常常采用游戏的方法开展数学学习活动，引发幼儿学习的兴趣。除了操作游戏，教师还会带领幼儿玩体育竞赛形式的数学游戏，如每名幼儿手持一张图形卡片，当教师说"图形宝宝回家啦"，幼儿根据手中的图形回到指定的区域。在游戏中，保育老师应教育幼儿遵守游戏规则，听从教师指挥，切勿快速奔跑、推搡他人等，并根据幼儿的运动量，适时给幼儿增减衣服、擦汗等。

四、幼儿美术学习活动

（一）美术学习活动对幼儿发展的意义

1. 促进幼儿身体的发育

在美术学习活动中，幼儿需要调动视觉、触觉、听觉、嗅觉等多种感官去感知审美对象，用大脑进行思考、理解、加工，展开想象，借助美术材料工具，用双手再现自己对审美对象的认识和情感，这个过程是幼儿手脑协同合作的结果。一方面，美术学习活动可以帮助幼儿发展小肌肉、大肌肉和感觉器官；另一方面，根据斯佩里"左右脑分工理论"，人的左脑主要负责逻辑思维，包括逻辑、分析、书写、推理、五感（视、听、嗅、触、味觉）等；右脑主要负责形象思维，包括空间形象记忆、直觉、情感、视知觉、美术、音乐节奏、想象等。美术学习活动通过发展幼儿的感知觉，促进幼儿分析、理解与信息加工等能力，调动幼儿左右脑的功能，促进大脑的发展。因此，美术学习活动能促进幼儿大脑和肌肉发育。

2. 促进幼儿认知发展

美术学习活动注重幼儿运用多种感官对审美对象进行观察、理解、再现、加工和想象，幼儿在感知理解与加工操作的过程中，观察力与想象力得到了发展，也获得了发展思维能力所必需的数理逻辑经验，进而促进认知经验的进一步丰富和内化，增加对周围事物的认知，使思维水平越来越高。在以

下小案例中，幼儿正是在李老师的引导下，增强对兰花的认识，并初步习得观察事物的方法。

小案例

在今天的美术学习活动中，李老师引导幼儿感知欣赏兰花，首先由整体到局部进行观察，整体感知兰花的造型；再从上至下，观察欣赏兰花的花瓣、花茎、叶子、根部，并思考局部之间的关系，与之前欣赏过的牡丹花进行比较；最后由局部回到整体，引导幼儿说说对兰花的审美感受。通过充分的感知欣赏，幼儿在用水墨创作兰花的时候，就会情感丰富，极具想象力和创造力，并初步习得观察事物的方法。

3. 帮助幼儿塑造良好个性

幼儿有多种自我表达方式，美术便是其中重要的一种。在美术学习活动中，幼儿通过独特的艺术语言（如线条、形状、色彩、造型、构图等）描述自己的内心世界，表达当下的心情，宣泄心中的情绪情感。可以说，美术活动是幼儿调节心理状态的重要方式。同时成人可以通过美术作品了解幼儿，进而引导幼儿形成良好个性。另外，在美术欣赏与创作的过程中，作品的完成需要耐心、专心，需要充分发挥主动性、积极性和创造性，这些都有助于幼儿形成专注、主动、独立等学习品质。

4. 提高幼儿的审美能力和想象力

在美术学习活动中，教师带领幼儿欣赏美的作品，在名家画作中接受艺术的熏陶；带领幼儿走到户外，观察大自然中的色彩和形态，金色的麦田、蓝色的海洋、绚丽多彩的晚霞、挺拔的松柏、巍峨的山峰……幼儿感受不同色彩和形态带来的感觉，理解色彩、造型和构图，在美术作品的创作过程中发现美、感受美、表现美、创作美，逐步提升审美能力和想象力，审美能力会伴随幼儿的一生，能提高幼儿生活的幸福感。

（二）幼儿美术学习活动的类型及保育指导要点

幼儿美术学习活动主要包括欣赏活动、绘画活动和手工活动三大类型。三类学习活动均有欣赏与操作环节，在不同活动环节，保育老师应进行科学正确的保育指导，避免采用错误的指导方式，挫伤幼儿的美术创作热情，如表4-2-4。

表4-2-4　幼儿美术学习活动的类型及保育指导要点

活动类型	概　念	活动流程	保育指导要点
欣赏活动	幼儿美术欣赏活动是一种专门的审美活动，它在增强幼儿审美感知、丰富幼儿审美经验、提高幼儿审美能力等方面都有着重要的作用	在美术学习活动中，有观察欣赏、探索、讨论、操作、评价等程序，教师会根据学习内容和幼儿的年龄特点，灵活地调整和安排活动程序，使活动流程多样化 例如，教师可采用以下的设计流程：观察欣赏；谈论；操作；欣赏；评价	1. 在欣赏环节，协助教师集中幼儿的注意力，提醒幼儿注意观察欣赏，掌握审美对象的特征 2. 在幼儿操作前，按要求协助教师发放美术材料与工具 3. 幼儿操作时，应轻声巡视，与个别幼儿交流时也要轻声，以免影响幼儿的创作情绪 4. 及时纠正幼儿不正确的学习姿势或习惯，发现并制止违反纪律的幼儿，帮助学习困难的幼儿，对其进行照顾 5. 观察幼儿创作中的表现，如是否愉快、专注、自信等，并向教师反馈 6. 避免要求幼儿机械地模仿教师的范画
绘画活动	幼儿绘画活动是指幼儿使用笔、纸、颜料等绘画工具和材料，运用线条、形状、色彩、构图等形式创造出可视的、有空间感的艺术形象		

续　表

活动类型	概　念	活动流程	保育指导要点
手工活动	幼儿手工活动是靠手的技能，使用剪刀、竹刀、糨糊、胶水等各种工具，对泥、纸、布以及其他自然材料、废旧材料进行加工，创造出平面或立体的艺术形象的艺术造型活动，是幼儿园美术活动的重要内容。幼儿手工活动包括泥工、粘贴、纸工和综合制作活动		7. 避免手把手教幼儿作画，或者代替幼儿作画 8. 在没有了解幼儿创作意图前切勿轻易指责幼儿作品，以"像不像""好不好"等成人的标准来评价幼儿的作品，切勿随意打击幼儿创作的热情和自信心 9. 鼓励和肯定幼儿创作的积极性和主动性，让幼儿大胆、不受约束地表现心中的物象 10. 提醒幼儿注意安全与卫生，引导幼儿正确使用美术材料和工具，避免颜料、胶水、墨汁等进入眼睛、口、鼻、耳等器官中

小案例

在绘画活动中，大班幼儿铭铭很快就完成了自己的作品。他画了一个大轮船，轮船上有不少海盗和道具，构图合理，线条流程，王老师及时表扬了铭铭。过了一会儿，保育老师张老师发现铭铭用黑色的蜡笔涂满了整张画纸，刚才的轮船和海盗都不见了，黑乎乎的一片。张老师生气地说："王老师刚刚表扬了你，你怎么就把它涂黑了？哎呀，难看死了，那么好看的一幅画就这样被你毁了。"

请根据美术学习活动的保育指导要点，评析保育老师张老师的操作。

（三）幼儿美术学习活动的保育指导要求

1. 培养幼儿良好的美术学习习惯

（1）有序使用和整理美术操作材料与工具的习惯

幼儿美术活动需要的操作材料、工具比较多，包括蜡笔、水彩笔、彩铅、各种纸、颜料、剪刀和固体胶等，若桌面上的材料、工具摆放有序，将有利于幼儿的操作，并易于激发幼儿创作的热情。教师和保育老师应该指导幼儿按一定的顺序摆放桌面上的作画材料、工具，使用完毕再放回原处，便于其他幼儿使用。不同的美术学习活动，要求会有差异，保育老师应该根据活动要求指导幼儿有序地摆放和使用材料工具。例如，不同颜色的颜料分别放在不同的小盆子里；每种颜色有专用的棉签，不要混淆使用。活动结束后，保育老师指导幼儿自主收拾整理所用的操作材料与工具。教师和保育老师要从小班开始培养幼儿有序使用和整理美术操作材料与工具的习惯。

（2）保持正确作画姿势的习惯

在美术学习活动中，保育老师也要提醒幼儿保持正确的坐姿。作画时，左手按在纸上，右手握笔，如图4-2-8。使用水彩笔或彩铅时，手指离笔尖一寸左右。使用油画棒时，可以稍低些，以免用力过重把油画棒折断，如图4-2-9。

2. 排除美术学习活动中不安全、不卫生的因素

（1）指导幼儿安全使用美术工具

在美术学习活动中，使用的工具主要有剪刀、美工刀、油画棒、水彩笔、铅笔等，尖锐的工具在使用过程中容易造成割伤或刺伤。保育老师要教育幼儿正确拿取、递送剪刀（见图4-2-10）、美工刀和铅笔的方法：手拿工具时应慢走，切勿奔跑或者嬉戏打闹，避免刺伤他人或自己，用完工具及时放回

图4-2-8　正确的作画姿势　　　　图4-2-9　油画棒的握笔姿势　　　　图4-2-10　正确递送剪刀

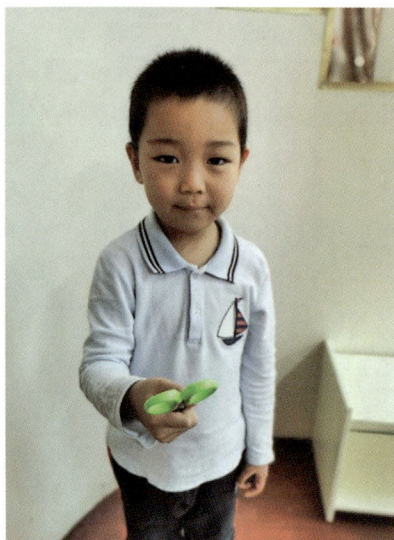

原处。提醒幼儿切勿把长条形的工具放入嘴中，如竹签、笔等，以免发生意外。

（2）避免幼儿误食美术材料

在绘画活动、手工活动中，常常会使用多种装饰材料，如纽扣、小珠子、亮片等，以及各种液体材料，包括胶水、稀释的颜料水、泡泡水、墨汁等。幼儿基于好奇心及求知欲，可能会吞食美术材料，或者把小珠子等小物件塞入耳、鼻中。保育老师在活动中应密切观察幼儿，提醒幼儿美术材料是用来完成美术作品的，不可放入口、鼻、耳中。

（3）提醒幼儿注意用眼卫生

幼儿在作画时，手上难免沾有颜料、胶水、墨汁等，当幼儿眼睛有异物时，会感觉不适，有的幼儿会不自觉地用脏手揉搓，这样容易造成脏污入眼甚至眼角膜损伤。因此，保育老师应为每名幼儿准备擦手的毛巾，便于幼儿随时擦手，并教育幼儿眼睛不舒服时应及时告知教师或者保育老师，请求帮助，切不可用脏手揉搓眼睛。

案例思考

请仔细阅读以下中班美术学习活动"好玩的蔬菜画"，思考：在欣赏与讨论、教师示范、幼儿操作三个环节中，保育老师应协助教师完成哪些工作？如何指导和支持幼儿的美术创作？

中班美术学习活动"好玩的蔬菜画"

一、活动目标

1.认识胡萝卜、莲藕、芹菜的截面状，尝试用蔬菜进行印画。

2.通过蔬菜印画活动，感知蔬菜印章画的特殊效果。

3.对印章画感兴趣，能根据自己的意愿作画，并能大胆、流畅地表述自己的作品。

二、活动准备

胡萝卜、莲藕、芹菜、颜料、颜料碟、彩笔。

三、活动过程

（一）开始部分：师幼讨论，引发学习兴趣

师：你最喜欢吃什么蔬菜？它是什么形状的？用蔬菜可以画画吗？

（二）基本部分

1. 欣赏与讨论

师：我们先来一起欣赏漂亮神奇的印章画吧！你们觉得这些画好看吗？它们是用什么材料画的？是怎么画的？

2. 示范与要求

师：老师也想尝试一下用蔬菜来画画。看，老师带来了什么蔬菜？（出示胡萝卜、莲藕、芹菜）这些蔬菜切开后是什么形状？看起来像什么？可以用来印出什么图案？今天我们就尝试用这三种蔬菜画印章画。

教师示范作画，讲解操作步骤。

① 选择你想印的蔬菜，拿住蔬菜的上端，将蔬菜放在颜料盘里蘸上颜色。

② 把蘸了颜料的蔬菜垂直地按压在纸上，印好后，垂直拿起。

③ 更换蔬菜或颜料，再进行作画。注意不要弄脏画面和衣服。

④ 可以用彩笔辅助作画。

3. 幼儿操作

教师把幼儿分成五组，每组六个人，每组分发六份莲藕、红萝卜和芹菜，三种颜色的颜料碟三个，每个幼儿一张白纸和一盒彩笔。教师巡视，轮流指导，提醒幼儿要注意色彩的选择、造型和构图的设计。

4. 评价

待画面干了以后，幼儿向同伴大胆、有条理地介绍自己的作品，教师进行评价和鼓励。

（三）结束部分

师：今天每个小朋友都尝试了蔬菜印章画，你觉得好玩吗？大部分小朋友都能正确地使用印章，而且构图合理，颜色搭配协调。

【保育指导要点】

在欣赏与讨论环节，保育老师与幼儿共同欣赏印章范画，了解印章画的作画方式，提醒幼儿仔细观察欣赏。在操作环节，协助教师发放蔬菜、颜料碟、白纸和彩笔；观察幼儿的操作，提醒幼儿正确使用印章，保持桌面材料工具的整洁，不把蔬菜放入口中；发现和辅导能力较弱的幼儿，鼓励幼儿自由、大胆作画。

五、幼儿音乐学习活动

（一）音乐学习活动对幼儿发展的意义

1. 促进幼儿身心的健康发展

音乐学习活动与美术学习活动同属于艺术领域，音乐学习活动也能促进幼儿左右脑协同运作能力的发展，还能够促进幼儿身体的发育。在歌唱活动中，正确的歌唱方式有利于幼儿发音器官、共鸣器官、心肺等器官的发育。在韵律活动和打击乐活动中，幼儿的身体随着音乐进行有节奏地敲打、舞动，小肌肉、大肌肉在得到锻炼的同时，身体协调性也逐步增强。如在韵律活动中，幼儿听着乐曲，一边走垫步，一边转动手腕做摘果子的动作。此外，旋律优美、节奏清晰的音乐给幼儿带来生理上的舒适感和精神上的满足感，进而促进幼儿身心健康发展。

2. 促进幼儿音乐能力的发展

音乐学习活动能够促进幼儿音乐感受力、理解力及表现力的发展。音乐学习活动是教师有计划、有目标组织的专门学习活动，幼儿在教师的引导下，能积极感受、理解音乐作品所表达的内容、传递的情感和蕴含的文化内涵，感知音乐的节奏、节拍、力度、速度、音色和旋律等音乐表现手段，同时借助嗓音、身体动作、语言符号、视觉符号等表达对音乐的感受和理解。

3. 促进幼儿语言和认知的发展

幼儿歌曲的歌词内容积极向上，形象具体生动，多使用拟人、比喻、夸张、诙谐等表现手法，歌词常常押韵、重复，经常使用象声词、衬词、感叹词、无意义音节，语法结构较简单，便于幼儿理解、记忆和歌唱，而且给幼儿提供了仿编、创编歌词的机会，因而能够促进幼儿语言理解和运用能力的发展。在歌唱活动中，幼儿须做到发音准确、吐字清楚，这也大大提升了幼儿口语表达能力。此外，良好的音乐学习活动能够有效地促进幼儿的感知能力、记忆能力、想象力和思维能力的健康发展。

（二）幼儿声带发育特点及保护方法

幼儿的声带及其他发声器官处于生长发育的状态，他们的喉腔较窄，声门窄而短，声带短小而柔弱、细薄、不够坚韧，因此幼儿的声调比成人的高，而且清脆悦耳。但幼儿音域较窄，声带容易疲劳，如果发音时间过长，发声方法不正确，或者经常哭闹、大声喊叫，都会损伤声带，使得声带变厚，声音变得沙哑。因此，保育老师应在日常工作中，注意提醒幼儿保护声带。具体方法如下。

（1）不要让幼儿长时间大声喊叫。保育老师要以身作则，教育幼儿保护自己的声带，除了提醒幼儿不能高声喊叫，保育老师在教育幼儿时，也应该做到和声细语，避免大声苛责。

（2）教唱歌曲时，要注意幼儿的特点，起调不能过高，音域不宜过宽，音量不应过大，避免教唱成人歌曲，歌唱时间不宜过长。

（3）当幼儿咽喉部疲乏或有炎症时，保育老师应让幼儿暂停参加音乐歌唱活动，直到完全恢复为止。

（4）教育幼儿不要迎风唱歌和唱歌后喝冷饮。

（5）注意饮食营养卫生，对发声器官有刺激性的食物，如辣椒，应避免给幼儿食用。

（6）注意保暖，避免着凉感冒。感冒会加重声带的肿胀和充血，保育老师除了注意随天气变化提醒幼儿适时增减衣服和被褥外，还要协助教师组织幼儿进行户外活动，户外运动对声带的健康生长发育大有益处。

（7）家园共育，提醒家长让幼儿早睡早起，生活有规律，保证睡眠充足。

（三）幼儿音乐学习活动的类型及保育指导要点

幼儿音乐学习活动主要有歌唱活动、韵律活动、打击乐器演奏活动及音乐欣赏活动，保育老师应了解不同类型活动的流程及保育指导要点（见表4-2-5），协助教师帮助幼儿感受音乐、表现音乐和创作音乐，体验音乐活动带来的自由与快乐。

表 4-2-5　幼儿音乐学习活动的类型及保育指导要点

活动类型	概念	活动流程	保育指导要点
歌唱活动	用嗓音来演唱有旋律、有歌词的歌曲，以及节奏朗诵、唱名游戏等	1. 导入活动，幼儿萌发演唱的兴趣 2. 教师范唱歌曲，幼儿感知歌曲旋律 3. 解释提炼，幼儿理解歌词 4. 拓展练习	1. 提醒幼儿集中注意力倾听教师范唱或者音乐，充分感知歌曲的旋律、节奏、歌词，感受歌曲的情感 2. 提醒幼儿保持正确的演唱姿势，用自然、好听的声音有感情地演唱歌曲 3. 协助教师摆放教具、学具，如图谱、乐器等，发现乐器损坏时及时更换 4. 鼓励并支持幼儿积极大胆地参与创编活动，观察和帮助能力较弱的幼儿 5. 尊重幼儿的兴趣和独特感受，理解他们欣赏音乐时的行为，如倾听音乐时手舞足蹈、即兴模仿等 6. 当幼儿主动介绍自己喜爱的舞蹈、音乐时，要耐心倾听并给予积极回应和鼓励 7. 和教师共同营造安全的心理氛围，让幼儿敢于并乐于表达表现。在幼儿自主表达创作时，不做过多干预或把自己的意愿强加给幼儿
韵律活动	随音乐而进行的多种有节奏的身体动作，包括律动、舞蹈、表演活动	1. 导入活动，幼儿萌发参与律动的兴趣 2. 教师示范，幼儿模仿、练习与创造性表现 3. 结束	
打击乐器演奏活动	泛指所有用打击乐器进行的艺术表现活动	1. 导入活动，引发兴趣 2. 欣赏或进行简单的节奏活动 3. 模仿学习或探究创作变通总谱 4. 分声部练习 5. 改进练习	

续 表

活动类型	概 念	活动流程	保育指导要点
音乐欣赏活动	以具体音乐作品为对象,通过倾听的方式及其他辅助手段来帮助幼儿感受、理解音乐,从而获得精神愉悦的一种审美活动	1. 导入活动,引发兴趣 2. 完整倾听,初步感知和理解音乐 3. 反复整体欣赏,感知、体验细节	8. 协助教师组织幼儿开展音乐游戏,维护游戏秩序,提醒幼儿遵守游戏规则,注意游戏中的安全

(四)幼儿音乐学习活动的保育指导要求

1. 培养幼儿良好的音乐学习习惯

保育老师应注意在音乐活动中,帮助幼儿养成良好的音乐学习习惯,其中最主要的是演唱习惯,具体包括以下几点。第一,保持正确的姿势。幼儿无论站着还是坐着唱歌,都应保持身体和头部的正直、放松;两臂自然下垂或放在腿上,肩膀放松;两眼平视;口型保持长圆形,嘴唇的动作自然,不做作。正确的演唱姿势可以使幼儿在歌唱时保持最佳的气息通道状态,有利于用美好、自然的声音唱歌。第二,正确的呼气方式。演唱中正确的呼吸方法是自然地吸气,均匀地用气,换气时不抬下巴、不耸肩。第三,正确地发声。用自然的声音歌唱,下巴放松,嘴巴自然打开,既不大声喊叫,也不过分地克制音量。

2. 培养幼儿良好的音乐活动常规

在打击乐器演奏活动中,因为打击乐器通过简单敲打便能发出声音,幼儿往往会因为好奇而随意敲打,给音乐学习活动的秩序带来一定的挑战。因此,良好的常规不仅可以使活动顺利进行,让幼儿体验打击乐器带来的快感,还可以有效地保护幼儿的听力,帮助幼儿习得合作、自律的学习品质。保育老师应在活动开展前、中、后,提醒和帮助幼儿遵守活动规则,养成良好的活动常规,如听音乐的信号整齐地拿取或者放回乐器;手持乐器;不演奏时应将乐器放在大腿上,不发出声音,眼睛也不看乐器;等等。

3. 排除音乐学习活动中不安全、不卫生的因素

(1)确保活动室空气清新、湿度适宜。人在歌唱时所需的呼吸量将近正常说话时的1.5倍,幼儿的身体处于生长发育中,呼吸量按体重计算比成人高50%,因此,歌唱活动对室内空气的要求比其他学习活动更高。保育老师应根据季节和天气,通过提前开窗通风、人工通风等方式,调节室内的湿度和温度。出现大风天气时,保育老师应准确判断风向,及时将大风直吹的窗户关闭,以防空气中的微尘颗粒等刮进室内,确保活动室内空气清新。若活动室内空气质量较低,如遇雾霾天气,则不宜进行歌唱活动。

(2)打击乐器在使用过程中,如果小零件掉落,可能会造成幼儿吞食,或者刺伤、刮伤幼儿。保育老师在活动前、活动中,都应该细心观察和检查乐器的使用状况,发现问题及时更换破损的乐器,并教育幼儿不能吞食玩具。

(3)在音乐游戏环节、韵律活动中,保育老师要注意引导幼儿听从教师的组织,不快速奔跑、打闹,不推搡、挤压其他幼儿,避免摔倒受伤。观察幼儿的身体状况,避免幼儿过于兴奋,及时为出汗较多的幼儿擦汗或者更换衣物。如在音乐游戏活动"斗牛"中,陈老师发现有的幼儿活动量较大,衣服湿透了,便及时为他更换衣服。

小案例

教师开展了音乐游戏活动"斗牛"。《斗牛》是一首节奏强、欢快的歌曲,教师在游戏设计

上多以运动量较大的身体动作为主。保育老师陈老师在活动前及时与教师沟通，提前为每名幼儿准备好隔汗毛巾，做好隔汗准备。活动中，陈老师在配合教师开展活动的时候，突然发现一名幼儿大汗淋漓，头发、衣服都湿透了，便上前请他暂停游戏，及时为他更换汗湿衣服。活动游戏结束后，陈老师协助教师做好幼儿衣物整理，并督促幼儿洗手、喝水。

六、集体学习活动保育指导中的注意事项

（1）保育老师要树立正确的角色意识，践行保教结合，把参与教育幼儿的活动看成是自己必须做好的工作，高度重视在参与幼儿活动的过程中对幼儿的随机教育，热爱、关心幼儿，促进幼儿的全面发展。

（2）协助教师果断地处理学习活动中的突发事件，确保幼儿的安全。当学习活动中出现突发事件时，保育老师应果断、正确处理，确保幼儿安全。如幼儿流鼻血、割伤、晕厥、异物入眼等，保育老师必须当即正确处理，始终把幼儿的生命安全放在首位。

（3）保育老师在学习活动中要关注幼儿的情绪和注意力，使幼儿能够以良好的心理状态参与到学习活动中。如幼儿情绪比较激动、活动秩序比较混乱，保育老师要注意给予精神上的安抚，运用恰当的方式对幼儿进行教育。

（4）保育老师根据活动需求协助教师对幼儿进行个别指导，尤其关注幼儿在分组操作时的学习情况，在参与幼儿活动时，不要急于干涉，要善于观察幼儿的活动情况，把握好介入幼儿活动的时机，做出适时、适当的指导。

（5）在活动中关注有特别需求的幼儿。保育老师根据班级幼儿的实际情况，随时关注有特别需求的幼儿，并做出适当的处理。如保育老师可以站在注意力容易转移的幼儿身旁，提醒其专心参与学习活动；在不影响学习活动的提前下，提醒易尿裤子的幼儿中途去上厕所等。

（6）关注教师的行为与动态，适时、适当地配合教师开展学习活动。在学习活动中，保育老师应密切地关注教师的行为与动态，并及时给予教师必要的支持。如在活动过程中，教师需要有人配合进行教具演示时，保育老师应该义不容辞地参与；在进行角色表演活动时，需要有人配合扮演场景道具，如石头、大树等，保育老师应该积极协助配合，成为幼儿角色表演活动中的最佳辅助；在学习活动出现突发状况时，如活动材料遗失，保育老师也应第一时间协助教师，及时送递、寻找活动材料。

（7）在活动中，保育老师不可做会打断幼儿学习活动的事情，如在教室里走来走去、打扫卫生、聊天等。如活动中有幼儿需要擦鼻涕、如厕等，保育老师要在不影响活动秩序的情况下及时处理突发的情况，以保证活动的顺利进行。

（8）保育老师可以使用园本的幼儿学习活动观察记录表，对活动中教师的教育教学行为和幼儿的学习情况及时进行记录，便于学习活动后的总结与反思。

（9）注意与教师和家长及时进行沟通，对教育问题达成共识，对幼儿提出一致的教育要求。

阅读拓展

纠正幼儿不良姿势的工作程序

1. 认真观察，及时发现
2. 及时纠正
（1）示范：当幼儿做出不良姿势时，不应只是说某某写字时头太低了，而应具体告诉其正确的

写字姿势应该是什么样的，并做出正确的示范。

（2）讲解要领：把正确姿势的完成过程和步骤向幼儿讲清楚，这需与上述的示范动作结合在一起进行。

（3）要求模仿：让幼儿模仿正确的姿势。

（4）日常检查和提醒：在平时的生活和活动中，要注意观察幼儿的行为表现，发现不良的姿势要及时提醒，帮助幼儿保持良好的姿势。

3. 注重表扬与鼓励

当幼儿能够坚持采用正确的姿势时，要及时给予表扬与鼓励，使之形成习惯。

任务3　集体学习活动后的保育指导

案例导入

大班科学探究学习活动"瓶子吹气球"结束了。保育老师张老师组织幼儿先去如厕、盥洗、饮水，再把当天的值日生留下来一起收拾整理。张老师和值日生一起摆放好桌椅，将剩余的小苏打、盐、白糖、鸡精、醋等材料分类装进瓶子里，把剩余的气球收集起来。张老师又清理现场垃圾，清洁地面，最后清洗杯子、空瓶子、勺子和漏斗，晾干后，将以上材料投放在科学区，供幼儿自主游戏时进行再次实验。

请评析该案例中保育老师的操作。

任务要求

1. 了解集体学习活动后保育工作的主要内容。

2. 能够辅助教师，指导和协助幼儿完成集体学习活动后的活动场地与材料的整理，并完成消毒清洁工作。

3. 与教师共同反思，提出活动建议，对幼儿进行科学评价，记录典型性幼儿活动，最终形成幼儿活动评价。

一、集体学习活动后的整理检查工作

集体学习活动所使用的教具、学具、设备设施较多，在集体学习活动结束后，保育老师应及时协助教师清理活动场地，以便开展下一个活动。整理工作主要包括收拾整理活动材料，将桌椅归位并摆放整齐，检查活动场地是否有未清理或遗失的物品，检查活动场地是否有损坏的教具、学具、设备设施，发现问题及时与教师联系。保育老师可指导中、大班幼儿协助完成整理工作，培养幼儿的动手能力及自我服务的意识，帮助幼儿养成收拾整理的习惯。

二、集体学习活动后的清洁消毒工作

在学习活动结束后，保育老师应及时清理活动现场垃圾，对垃圾进行分类投放。对有污迹的物品

进行擦洗，必要时对教学具进行消毒，把教学具整齐地摆放在指定区域，为下一次的学习活动做好准备。如美术学习活动结束后，保育老师清洗用过的颜料碟、画笔、擦手毛巾等，晾干后摆放在美工区，供下一次美术集体学习活动或幼儿个别化学习活动时使用。

三、集体学习活动后的保育指导工作

学习活动结束后，保育老师要及时组织幼儿有序地盥洗、如厕、饮水，稍作休息。保育老师可以与幼儿轻松自由交谈，提醒幼儿不要在室内追逐奔跑，并开始为下一个活动做好准备。如集体学习活动结束，幼儿即将进行户外体育活动，保育老师利用过渡环节，给幼儿垫汗巾，脱减衣服，组织幼儿排好队。

四、集体学习活动后的记录反思工作

学习活动结束后，保育老师应协助教师将幼儿的作品进行归类、整理，标上日期，存放到档案盒中，形成幼儿成长过程性资料。

此外，保育老师还应结合自身观察到的教学现象，自己对于教学活动开展的一些想法，及时与教师进行交流，从另外一个角度帮助教师分析幼儿的表现以及教师的课堂表现，以此帮助教师了解、认识自身课堂教学的不足，从而吸取经验为今后的活动做好准备。例如，在活动结束后，保育老师可与教师共同讨论幼儿参与兴趣不高的原因，并为教师提供合理的建议，帮助教师完善教学设计。

五、集体学习活动后的渗透与延伸

集体学习活动是幼儿学习活动形式的一种，幼儿的学习是广泛的、多种多样的，学习渗透在幼儿园一日生活的各个环节。保育老师应建立"一日活动皆课程"的教育理念，在集体学习活动后，有意识地、有目的地在生活中继续渗透与延伸学习内容，带领幼儿在真实的生活情境中运用知识与技能，体验学习的趣味性和实用性。

来园环节，保育老师和幼儿共同记录来园幼儿的顺序，谁第一个到园，谁是第二个……，让幼儿感知序数，再和幼儿一起点数来园幼儿的总数、男孩和女孩的数量，并进行数量比较。

在进餐前，保育老师向幼儿介绍当天所吃的应季蔬菜、水果，增进幼儿对当下季节的了解，也可以播放优美的文学作品（儿歌、散文、故事），组织幼儿朗诵短小的诗歌，或者进行语言游戏，如猜谜语、词语接龙、组词等。

在值日生分发餐具时，启发幼儿思考，如何准确地发放与幼儿数量相等的餐具。

餐后散步时，带领幼儿认识幼儿园里的各种标志，观察幼儿园里树木、花草等的形态。

在午睡前，播放本周歌唱活动中的歌曲，让幼儿提前熟悉歌曲的旋律。

离园环节，组织幼儿一起玩听说游戏、音乐游戏或者共同阅读图画书等。

在以下的小案例中，保育老师张老师利用睡前环节播放绘本故事，既能创设温馨的睡前环境，安抚幼儿的情绪，帮助幼儿安然入睡，同时也渗透了语言学习活动的内容。

小案例

在小一班，午睡前的环节是幼儿最期待的，保育老师张老师会根据幼儿的兴趣和特点，每天睡前为幼儿播放他们喜欢的故事。幼儿刚入园不久，部分幼儿还有分离焦虑，他们喜欢和上

学有关的故事或儿歌，昨天张老师播放的童话故事《小乌龟上学》，幼儿都很喜欢，而且听完故事都乖乖地睡着了。今天张老师又准备了绘本故事《妈妈心·妈妈树》，幼儿在充满爱的故事氛围中，带着对妈妈的思念，甜甜地睡着了。

阅读拓展

幼儿成长档案袋

　　幼儿成长档案袋是幼儿成长过程的记录，是一种质性的发展性评价手段，其目的在于通过有目的地收集幼儿作品及相关资料，反映幼儿的兴趣、态度和心理品质在特定活动中的表现。幼儿成长档案袋收集的内容可以覆盖幼儿的身体、动作、认知、语言、情感及社会性等多个发展领域，它记录了幼儿成长的轨迹，为幼儿发展水平的评价提供了全面、丰富、生动的信息资料。

　　成长档案袋收集的内容主要有：

　　1. 作品样本。具有代表性的幼儿语言、数学、美工和音乐等方面的作品，如绘画、泥塑、自制玩具、自编故事，幼儿参与活动的照片，表演的视频、光碟等。

　　2. 观察记录。各种观察记录表、访谈的记录报告、家长评价、反映幼儿活动情况的摄影作品及相应的文字描述。

　　3. 各种测验和调查的结果。幼儿生长发育体质测验数据、幼儿在家情况调查结果等。

　　成长档案袋不是"作品集""资料库"，教师应该选择具有代表性（能代表幼儿的发展水平和进步）的作品。同时，尊重幼儿的意愿，允许幼儿自主收集作品，询问幼儿收集作品的原因，并记录幼儿的自我评价。

课后练习

一、单项选择题

1. 保育老师协助教师准备的玩具和教具必须符合安全卫生的要求，玩具和教具所用的材料必须是（　　）、结实和安全的，在玩具和教具表面使用的涂料应该不溶于水，与消毒液不起化学反应。

　　A. 无毒　　　　　　B. 多样化　　　　　　C. 新颖　　　　　　D. 色彩鲜艳

2. 为了避免刺伤幼儿，所选的学具表面应该光滑，无（　　）边角。

　　A. 粗糙　　　　　　B. 光滑　　　　　　C. 圆滑　　　　　　D. 锐利

3. 在学习活动前，保育老师应（　　），以及了解在指导过程中应该注意的问题，使自己在参与幼儿学习活动过程中的教育行为能够做到正确、及时、有效。

　　A. 了解活动的内容及活动目标　　　　　　B. 了解本班幼儿的特点及发展水平

　　C. 协助教师做好教具、学具的准备　　　　D. 以上均是

4. 学习活动前，保育老师根据活动目标，有意识地在生活中（　　）学习内容，帮助幼儿积累相关的生活经验。

　　A. 传授　　　　　　B. 渗透　　　　　　C. 讲解　　　　　　D. 教授

5. 学习活动前，保育老师应了解活动的内容和活动目标，活动目标包括（　　）。

　　A. 认知目标　　　　B. 情感目标　　　　C. 技能目标　　　　D. 以上均是

6. 保育老师要树立正确的角色意识，践行（　　），把参与教育幼儿的活动看成是自己必须做好的工

作，高度重视在参与幼儿活动的过程中对幼儿的随机教育，促进幼儿的全面发展。

    A. 知行合一   B. 讲练结合   C. 保教结合   D. 保育原则

7. 在数学学习活动中，小班幼儿常用"（   ）"的方法解决问题，他们会尝试不同的方法，直到成功，所以保育老师要理解、接纳和尊重幼儿的想法，哪怕想法是错误的、行不通的，也应支持、鼓励幼儿不断尝试和思考。

    A. 尝试错误   B. 观察   C. 实验   D. 思考

8. 为幼儿挑选有趣的、（   ）的故事，有实在意义并有一定规律可循的文字，能帮助幼儿形成有关书面语言的初步知识。

    A. 图文并茂   B. 图画丰富   C. 形象生动   D. 文字简短

9. 学习活动结束后，保育老师指导收拾整理活动材料，培养幼儿的动手能力及自我服务的意识，帮助幼儿养成（   ）的习惯。

    A. 讲卫生   B. 爱整洁   C. 文明有礼   D. 收拾整理

10. 学习活动结束后，保育老师应协助教师将幼儿的作品进行归类、整理，标上日期，存放到档案盒中，形成幼儿成长（   ）资料。

    A. 过程性   B. 评价   C. 总结性   D. 个别

11. 在集体学习活动后，保育老师应有意识地、有目的地在（   ）中继续渗透与延伸学习内容，带领幼儿在真实的生活情境中运用知识与技能，体验学习的趣味性和实用性。

    A. 游戏   B. 教学   C. 生活   D. 区域

二、多项选择题

1. 保育老师在参与幼儿活动时，不要急于干涉幼儿的活动，要善于观察幼儿的活动情况，把握好介入幼儿活动的时机，做出（   ）的指导。

    A. 有效   B. 适时   C. 个别   D. 适当

2. 发展幼儿语言能力的途径包括两种，一种是教师根据既定的语言学习目标，有目的、有计划地组织的（   ）语言学习活动，另一种是（   ）在幼儿一日生活各个环节之中以及其他领域活动中的语言活动。

    A. 专门   B. 针对性   C. 渗透   D. 个别

3. 在美术学习活动中，幼儿须养成哪些良好的习惯？（   ）

    A. 有序使用和整理美术操作材料、工具的习惯   B. 文明礼貌用语的习惯

    C. 清楚地表达的习惯   D. 保持正确作画姿势的习惯

三、简答题

1. 请说明科学探究学习活动对幼儿发展的意义。

2. 请概述幼儿声带发育的特点与保护幼儿声带的方法。

四、案例分析题

1. 小一班的语言学习活动即将开始了，李老师正在把故事挂图贴在黑板上，保育老师张老师走过来询问这次学习活动的内容和目标，李老师把活动教案递给她看，几名幼儿在活动室里奔跑，浩浩不小心撞到了张老师，张老师把他拉到一旁训斥了一番。

    请评析保育老师的操作，并说说保育老师如何与教师共同做好学习活动前的精神准备工作。

2. 张老师在给幼儿演示物体的沉浮实验，当教师问幼儿什么东西会沉下去时，幼儿说："铁。"张老师正要把准备好的铁块放到水里时，忽然发现铁块不见了。这个情况被一直关注教师和幼儿行为的保育老师发现了，她灵机一动把班里的铁锁头递给教师，保证了学习活动的顺利进行。

请评析保育老师的操作。

3. 大一班的美术学习活动结束了，梁老师要求幼儿把作品和作画工具收拾好，保育老师张老师指导幼儿把作品平整地放入自己专属的画袋里，把彩笔整理好，整齐地放在指定的柜子上，安排值日生把桌布叠放好，然后组织幼儿用洗手液洗手、盥洗、饮水，准备开展自主游戏。

请评析保育老师的操作。

五、实践题

在幼儿园的见习活动中，协助带班教师完成一节集体学习活动的保育工作，具体包括学习活动前的准备、活动中的指导与保育、活动后的整理与清洁，并形成书面的总结与反思。

项目三
个别化学习活动保育指导

任务 1　个别化学习活动前的保育指导

案例导入

张老师是小一班的保育老师，今天一早来到班上就开始忙碌起来。按照往常一样，她清洁活动室地板、擦桌椅，清扫每个区角，检查有无遗漏的操作材料零件。早餐过后，主班教师曾老师准备组织幼儿进行个别化学习活动，张老师便向曾老师了解新增加的学习内容，明确自己要观察指导的区域。

请根据个别化学习活动前的保育工作要求，评析保育老师的操作。

任务要求

1. 了解个别化学习活动对幼儿发展的意义。
2. 掌握个别化学习活动前保育工作的主要内容。
3. 能够根据活动内容协助教师做好材料投放等准备工作。

一、个别化学习活动的意义

（一）促进幼儿富有个性地发展

与集体学习活动不同的是，个别化学习活动是幼儿根据自己的兴趣、意愿和能力自主选择的学习活动。它可以满足幼儿不同的兴趣和发展需求，能较好地为幼儿量身定制适宜的活动内容，提供不同层次的操作材料，让幼儿更好地通过自主选择、自主操作，进而建构自我认知经验，实现富有个性的发展。

（二）帮助教师关注幼儿的个体差异

《指南》指出，幼儿的发展是一个持续、渐进的过程，同时表现出一定的阶段性特征。每个幼儿在沿着相似进程发展的过程中，各自的发展速度和到达某一水平的时间不完全相同，要充分理解和尊重幼儿发展进程中的个别差异，支持和引导他们从原有水平向更高水平发展。在个别化学习活动中，保育老师和教师能够更好地关注幼儿的个人兴趣和已有经验，进而设计个别化的学习活动，提供富有层次性的学习材料，给予有针对性的个别化指导。

二、个别化学习活动前的保育工作

（一）了解个别化学习活动的内容

个别化学习活动的内容主要以幼儿园五大领域为主线，根据五大领域的目标和要求，设计语言类、科学类、艺术类、益智类、生活类等个别化学习项目。同时，教师也会充分考虑生成性项目主题活动，随着活动主题的进展和深入，不断调整、变化学习活动的内容。因此，在开展个别化学习活动前，保育老师要熟悉本班个别化学习区域的设置，向本班教师充分了解学习活动的内容，尤其是新增加的学习内容，包括学习目标、材料操作的规则等。

（二）了解本班幼儿的发展水平、个性特点

对幼儿实施有效的个别化指导的前提是了解幼儿的发展水平及个性特点。幼儿的发展水平、个性等方面的差异，决定幼儿在个别化学习中所选择的学习内容和学习方式的不同。保育老师在工作中，只有通过观察幼儿、与家长交流等方式，将本班幼儿的特点了然于胸，才能在个别化学习活动中，在尊重幼儿自主性的基础上，对幼儿做出适当、有效的指导，进而帮助幼儿实现个性化发展。

（三）协助教师准备材料、器具

《幼儿园工作规程》第30条明确指出："幼儿园应当将环境作为重要的教育资源，合理利用室内外环境，创设开放的、多样的区域活动空间，提供适合幼儿年龄特点的丰富的玩具、操作材料和幼儿读物，支持幼儿自主选择和主动学习，激发幼儿学习的兴趣与探究的愿望。"因此，在开展个别化学习活动前，保育老师应协助教师根据个别化学习活动的内容和幼儿的不同发展水平，提前准备学习材料与器具。

微课
协助教师准备材料、器具

在学习材料的准备上，要做到：学习材料应注意高、低结构材料相结合；体现幼儿的年龄特点；具有明确的学习目的；具有操作性；具有难度上的层次性；必须干净卫生、安全牢固；必要时，可以提供图文并茂、简单易懂的操作说明图。保育老师还需对材料进行分类、整齐摆放，对于尖锐的材料，如剪刀、美工刀、铅笔等，要头朝下摆放或者平放。此外，保育老师应经常检查活动区的学习材料，若有破损、缺失的，及时反馈给教师，对材料进行修整、补充。

小案例

中秋节假期回园后，大三班的幼儿还沉浸在节日氛围里，他们相互分享中秋假期的活动，还在角色表演区玩起了吃月饼、喝工夫茶的游戏。主班李老师决定根据幼儿的生活经验和兴趣，增设个别化学习内容，在语言区增设了猜灯谜，在角色表演区投放了月饼盒、刀叉等。另外，增设了一个茶艺区。保育老师张老师平时喜欢喝茶，对茶艺颇有研究，她协助李老师创设茶艺区的环境，投放茶叶、茶壶、茶杯等材料和器具，还细心地准备了泡茶的步骤图。

李老师根据幼儿的生活经验和学习兴趣，灵活地增加了个别化学习内容。保育老师张老师能结合个别化学习的需求，协助教师创设相应的学习环境。考虑到幼儿对泡茶工艺缺乏相关的知识经验，张老师基于自己的兴趣爱好在环境中提供了泡茶的步骤图，以支持幼儿的个别化学习。

（四）做好场地的清洁与安全检查

在个别化学习活动前，保育老师应提前清洁学习场地，确保场地干净、无积水；检查活动场地是否平整、开阔，通道是否畅通，便于幼儿取放材料；是否有危险物品，如器具、玩具等掉落的零件和墙面上掉落的大头钉等。

任务 2　个别化学习活动中的保育指导

案例导入

中一班正在开展自主游戏，琪琪和萱萱同时看中了一个磁性迷宫拼图。琪琪说："我要先玩！"萱萱不让步，说："我先看到的，应该我先玩！"两个人争执不下，吵了起来。保育老师张老师见状，走过去对他们说："你们还能想到其他办法吗？可以商量一下。"两个幼儿听后，若有所思地停止了争吵，尝试着商量方法。张老师默默地坐在旁边观察，最后她们决定每人玩5分钟，通过猜拳决定谁先玩。张老师随即肯定了她们的方法，并鼓励她们下次可以用沟通的方式解决问题。

请评析案例中保育老师的操作。

任务要求

1. 了解个别化学习活动中保育工作的主要内容。
2. 协助教师做好个别化学习中的观察记录工作。
3. 在个别化学习活动过程中，主动观察幼儿，对幼儿进行有效的个别化指导。

一、个别化学习活动中的保育指导工作

（一）观察幼儿的学习活动，适时给予有针对性的指导

个别化学习活动的项目比较多，保育老师应与教师协调分工，选择特定的区角对幼儿进行观察指导，或者选择特定的幼儿进行跟踪观察指导。保育老师要善于观察幼儿的活动情况，侧重观察幼儿在个别化学习活动中的主动性、创造性、语言表达能力、动手操作能力、团结合作能力、组织协调能力及角色意识等，正确分析，适时介入，在幼儿遇到困难时，视情况给予一定的帮助，如通过启发性提问、角色身份介入、向同伴学习等方式，切忌包办、代替。保育老师在进行个别指导时，注意充分发挥幼儿的自主性，保护幼儿的好奇心和求知欲，让其主动积极探索，并及时向教师反馈幼儿的学习情况。

小案例

今天大二班的美工区特别热闹，幼儿都在兴致勃勃地用纸巾筒做鳄鱼，这是谢老师昨天刚教幼儿做的手工，他们特别喜欢。保育老师张老师在区域旁观察，突然，珍珍跑过来说："张老师，我们的纸巾筒没有了，我和涛涛的鳄鱼都还没有完成。"张老师提醒珍珍："你去百宝箱里找找，看看有没有可以代替的材料。"珍珍随即去百宝箱里翻找，找到了一个纸巾筒和一个饮料瓶，她觉得用饮料瓶做鳄鱼的身体也不错。幼儿继续进行美术创作活动。

百宝箱是装有各种废旧材料的箱子，如蛋糕碟、光盘、牙膏盒、月饼盒、饮料瓶和纸筒等，放置在教室的一角，供幼儿在缺乏材料时使用，促进幼儿对材料的想象与使用，使幼儿能以物代物，一物多用。案例中的保育老师启发幼儿用百宝箱解决了学习材料问题，使得个别化学习活动顺利进行。

（二）协助教师做好记录评价工作

记录评价的手段是多样化的，保育老师应协助本班教师，做好幼儿在个别化学习活动中的记录评价工作。例如，保育老师可以协助教师利用手机、相机等摄像工具将幼儿的个别化学习过程录下来，形成影像材料，便于活动后的集中讨论与反思。

客观评价个别化学习活动本身。对照个别化学习活动前拟订的目标计划，对场地布置、材料准备、活动开展前的讨论等进行剖析，便于对整个教学计划进行调整，更好地开展个别化学习活动。

自我评价在个别化学习活动中的指导。要从指导思想、角色定位、环境创设、组织、开展、引导等方面，对自身的指导进行全面的总结、反思，坚持好的做法，找出不足加以改进，便于改善学习环境的创设和指导工作，进一步提高自身素质和指导水平。

（三）观察幼儿的身心状况，照顾有特殊需求的幼儿

幼儿进行个别化学习活动时，保育老师巡视并注意全面观察幼儿的身体状况，如观察幼儿的面色、情绪等。特别关注平时身体较弱的幼儿，若发现幼儿受伤或者身体不适，及时向教师报告并做好初步处理，必要时送往保健室，确保幼儿以良好的身体状况参与学习活动。

（四）排除学习活动中不卫生、不安全的因素

个别化学习内容多种多样，保育老师须根据个别化学习内容主动排除活动中的不卫生、不安全因素，如表4-3-1。

表4-3-1　个别化学习活动中的不卫生、不安全因素及排除方法

区角	不卫生、不安全因素	排除方法
生活区	需要用电的电磁炉、果汁机等，幼儿操作不当，可能会触电或者烫伤等	检查电源线路、插座是否有损坏，指导幼儿正确操作，并全程观察与协助
表演区	毛绒玩具的眼睛、鼻子，衣服上的纽扣、装饰物等脱落，幼儿有咽下或者吸入异物的隐患等	检查玩具的完整性及紧固性，教育幼儿不能吞食玩具
科学区	过期的电池容易漏液，会腐蚀幼儿皮肤；操作器具上的纽扣电池，幼儿容易吞食；玻璃制品容易摔碎，造成割伤；含水银的器具，如温度计容易摔碎，造成中毒；幼儿用水时，容易洒湿地面，造成滑倒摔伤等	检查电池，确保电池在有效期内；教育幼儿正确使用科学操作器具和材料；轻拿轻放易碎的器具；及时拖干地面积水，保持地面干燥
益智区	某些益智操作材料采用喷漆工艺，幼儿放在口中吮吸或啃咬，容易引起铅中毒；玩具汽车的零件掉落，造成误食；提供的废旧材料不卫生等	检查玩具的完整性和紧固性，教育幼儿不能把玩具放入口中；废旧材料经过清洗消毒后再投放
美工区	剪刀、美工刀、铅笔及其他细长形的美工材料，容易扎伤幼儿；颜料、墨汁等有误食或者入眼的风险；幼儿用水时，容易洒湿地面，造成滑倒摔伤等	教育幼儿正确使用美术工具和材料，不能把尖锐的东西拿在手上跑或者含在嘴里；操作后及时清洗双手；及时拖干地面积水，保持地面干燥

二、个别化学习活动保育指导中的注意事项

（一）尊重和信任幼儿

保育老师在帮助和指导幼儿参与个别化学习活动的过程中，要始终尊重和信任幼儿。尊重幼儿的自主选择，把学习的权利交还给幼儿，不把自己的意志强加在幼儿身上，不随意干涉幼儿的学习活动，更不能因为幼儿出现行为问题而辱骂、讽刺或者歧视。应相信幼儿有足够的能力解决个别化学习中遇到的问题，多支持、鼓励幼儿创造性地解决问题。

（二）掌握与幼儿交往的正确方法，有针对性地指导个别幼儿

幼儿的发展存在明显的个体差异，同一个学习内容，幼儿会体现出不同的学习方式、学习水平。保育老师在指导的过程中，应该关注幼儿不同的学习需求，针对幼儿的个性特点采取有效的互动方式，帮助幼儿在已有基础上获得发展，避免用同一种方式对待全体幼儿。

对于融合幼儿园，保育老师还需关注特殊幼儿的学习特点，确保特殊幼儿的学习活动质量。如对于多动儿，保育老师应了解多动是由一定原因导致的，不是幼儿主观有意对抗，在个别化指导中，保育老师可以有意识地利用态势语给予积极的暗示，提醒其集中注意力，或者帮助幼儿选择有利于培养专注力的学习活动，如画画、下棋等，帮助其体验学习的乐趣与成就感。

小案例

在模拟超市里，大一班的幼儿拿着"钱"在自由购物。乐乐是超市的收银员，他总喜欢充当主要角色，他的主意多，组织领导能力较强，但对同伴态度不够温和。阳阳拿着5元钱，但是挑选的商品太多，钱不够，乐乐有些生气地说："你先算算这些商品都要多少钱，不能随便拿。"保育老师李老师见状，以游戏的口吻提醒他："这个商店的'收银员'真能干，要是说话再和气一点，来你们商店的顾客就更多了。"乐乐意识到了自己的问题，及时调整了态度，并和阳阳一起计算和挑选能购买的商品。接着，李老师建议他们轮流当"收银员"，乐乐通过角色互换，体会到顾客的心情以及对收银员的要求。

保育老师李老师了解乐乐的性格特点，在个别化指导中，李老师在肯定他优点的同时，以游戏的口吻委婉地指出了需要注意的地方。李老师采取了有效的互动方式，既保护了幼儿的自尊心，也达到了教育效果。

（三）注意用态势语与幼儿交流

《广东省幼儿园一日活动指引（试行）》指出："幼儿园保教人员应与幼儿建立安全、信赖的师幼关系。"保育老师在与幼儿交流时，除了用有声语言外，还可以运用身姿、手势、表情等态势语来传递信息、表达感情、表示态度，让幼儿感受保育老师真挚的情感，体验被爱、被关注的幸福感。古人云："亲其师，信其道。"师幼关系和谐，幼儿愿意亲近保育老师，才能产生信任和依恋，从而心悦诚服地接受保育老师的教育。

小案例

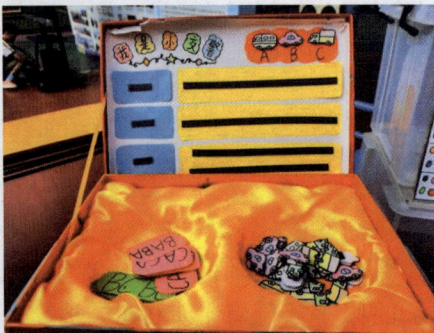

图4-3-1　数学操作材料"我是小小交警"

在个别化学习活动时，言言选择了益智区里的数学操作材料"我是小小交警"（见图4-3-1）。他先选择了一张ABAB模式卡片，放在左边的蓝色筐里。然后按照要求，在右边的黄色筐里依次排好了汽车。操作完后，他觉得比较简单，又拿起了一张ABCABC模式卡片，在排列汽车时，他总是排错，反复操作了三次后，终于排好了，他心满意足地收拾好材料。站在旁边观察的保育老师张老师微笑地向他点头，还竖起了大拇指，言言笑得更灿烂了。

保育老师张老师发现言言操作错误后，并没有马上介入，而是选择继续观察。当言言经过多次尝试成功后，张老师立即给予了鼓励，微笑、点头、竖起大拇指的态势语，给了幼儿无声的鼓舞与肯定。

阅读拓展

个别化学习活动区创设的基本原则

一、目标性原则

根据五大领域的学习目标，结合幼儿的兴趣及特点等，明确个别化学习活动区的学习目标，从而依据目标选择个别化学习内容，投放学习材料，进行个别化指导以及评价活动效果等。

二、全面性原则

个别化学习内容应该是全面的，涉及幼儿园五大领域，充分满足幼儿全面发展的需要，更好地促进其身心全面和谐发展。因此，活动区的创设要与幼儿身心发展相适应，内容丰富，形式多样。

三、互动性原则

个别化学习活动区的最大价值是幼儿在与学习材料的互动中实现自我建构，幼儿通过操作学习材料积累丰富的直接经验，在与同伴、教师的交往中获得间接经验。因此，活动区的环境应是幼儿感兴趣的、可操作的，可供幼儿与同伴合作互动的。

四、开放性原则

积极开拓学习活动空间，拓展活动范围。个别化学习活动不能仅仅停留在室内、桌面之上，还应利用墙面、地面、窗台、窗户、走廊以及户外环境等资源。

五、合理性原则

活动区规划要合理，动静分区、干湿分区。例如，安静的阅读区尽量远离相对喧闹的角色扮演区，"超市"靠近"银行"，美工区与盥洗区相接。此外，对于幼儿较为集中的区域提供更多场地。

六、动态性原则

个别化学习活动作为集体教育活动的延伸和补充，应根据幼儿的年龄、能力、兴趣和主题活动要求完善及动态调整活动区的内容、形式、空间方位、游戏材料等。例如，大班要比小班设置更多的探究性活动区域。

任务 3 个别化学习活动后的保育指导

案例导入

一个小时的个别化学习活动即将结束，张老师播放了结束音乐，幼儿听到音乐后，便停下了手中的操作，开始收拾整理学习材料了。此时，在科学区的几名幼儿依然非常投入地忙碌着，好像并没有听到结束的音乐，原来，他们在做过滤污水的科学实验，刚刚把污水倒入层层的过滤网中。保育老师李老师见状，生气地大喊："你们的小耳朵哪里去了？音乐响了，怎么还不收拾？"说完，要求幼儿马上收拾整理，幼儿便沮丧地开始收拾材料。

请评析案例中保育老师的操作。

任务要求

1. 了解个别化学习活动后保育工作的主要内容。

2. 能够辅助教师，指导幼儿完成个别化学习活动后的活动场地和材料的整理，并完成消毒清洁工作。

3. 与教师共同反思，提出活动建议，对幼儿进行科学评价，记录典型性幼儿活动，最终形成幼儿活动评价。

一、个别化学习活动后的收拾整理工作

（一）做好结束学习活动

当教师发出个别化学习活动结束的信号时，保育老师提醒幼儿及时收拾整理学习材料。也可以在教师发出结束信号前，提醒需要较长时间整理场地的学习区域先结束活动。如果幼儿的学习活动未能马上结束，如幼儿正在做科学实验，尚未完成，可允许幼儿继续做完，使其自然、从容、愉快地结束学习活动。

（二）指导幼儿收拾整理学习材料

个别化学习活动后的收拾整理工作有助于幼儿养成爱护学习材料、讲卫生爱整洁的良好习惯，以及做事有始有终、有条理，互助友爱的良好个性品质。保育老师应指导幼儿负责收拾自己所使用的学习材料，放回原来的地方，同时发挥团结互助的精神，帮助同伴共同整理。对于小班幼儿，保育老师要带领幼儿一起收拾整理，教给幼儿整理的方法；中班，则在幼儿需要时才给予帮助；大班，可以要求他们独立地收拾与整理。收拾与整理的习惯应从小班开始培养。

（三）做好总结评价工作

首先是过程性的即时反馈。保育老师在观察与指导幼儿个别化学习时，应对幼儿的行为做出即时的反馈，给予肯定与鼓励，帮助幼儿及时调整学习方式，寻找解决问题的方法，实现有效学习。

其次是在个别化学习活动结束后，教师会与幼儿共同总结评价学习过程，一般是由教师讲评和幼儿评价共同组成，如教师会利用提问启发幼儿分享自己在个别化学习中的体会："你刚才玩了什么？和谁一块玩的？有没有遇到困难？你是怎么解决的？"保育老师要协助教师对幼儿的表现进行个别评价，表扬表现突出的幼儿，指出个别化学习中的不足。

二、个别化学习活动后的幼儿照护工作

个别化学习活动结束后，保育老师可以组织已经完成收拾整理工作的幼儿先去盥洗、如厕和饮水，减少排队等待的时间。同时，保育老师检查幼儿是否出汗、衣物是否被弄湿等，根据幼儿的活动量、天气和个别化学习的内容，及时为幼儿增减或者更换衣物。如幼儿在科学区进行与水有关的实验探究时，不小心弄湿了衣服，保育老师应及时协助幼儿更换衣物。

三、个别化学习活动后的清洁消毒工作

个别化学习活动结束后，保育老师应及时清理现场垃圾，对垃圾进行分类投放，对有污迹的物品进行擦洗，必要时对教学具进行消毒。活动区的学习材料应每周清洗消毒一次，在对学习材料进行清洁消毒时，注意不同材质的材料使用不同的清洁消毒方法，要选用幼儿专用的清洁消毒剂。清洁消毒

后，确保材料表面没有消毒剂残留，晾晒干净后按要求投放在各个学习活动区。

四、个别化学习活动后的反思工作

保育老师与教师结合个别化学习活动案例进行过程性解读与自我诊断，通过录制的影像资料，观察幼儿的活动情况，分析幼儿的行为表现，从而调整学习材料，使个别化学习活动更贴近幼儿的最近发展区，形成以幼儿游戏行为为依据的材料调整策略。

小案例

"袜子找朋友"是小班的个别化学习内容，学习目标是根据袜子的颜色、大小和图案进行匹配。保育老师观察发现，有的幼儿在3分钟以内就把10双袜子完全匹配成功了，有的幼儿因为匹配缓慢而失去操作的兴趣。保育老师向教师反馈了幼儿的学习情况，经过讨论，教师做出了调整：增加配对线索，供能力有待加强的幼儿参考；增加操作的难度，供能力强的幼儿选择。教师将材料按照配对的难度分筐摆放，筐外用五角星的数量表示操作材料的难易程度。

保育老师与教师在活动后进行反思并及时调整学习材料，满足了不同能力幼儿的需求，从而维持了幼儿学习的兴趣。

阅读拓展

幼儿发展评价

一、幼儿发展评价的目的

幼儿发展评价根本目的是全面了解幼儿发展，为制订和调整教育计划提供依据，使教育过程更符合幼儿发展的需求，最终有效地促进幼儿的全面发展。

二、幼儿发展评价的内容

幼儿发展评价的内容要全面，避免只重视知识和技能的评价，忽略情感、社会性和实际能力的倾向。既要评价幼儿发展的结果，更要关注幼儿在活动过程中的兴趣点、情绪表现、注意力、主动性、投入程度、学习迁移能力等，关注幼儿在解决问题时的观察、思考、假设、试误、选择、推理等动态过程。

三、幼儿发展评价的类型

1. 相对评价

它是通过个体的成绩与同一团体的平均成绩相互比较，从而确定评价结果的方法。相对评价反映的是某一集合内各个对象所处的位置，重视区分个体在团体中的相对位置和名次，对集合外的对象未必有意义。

2. 绝对评价

它是在评价对象的集合之外，依照一定的目标和原则确定一个标准，然后将评价对象与这个标准相比较而做出的评价。

3. 个体内差异评价

它是对被评价对象现在和过去的情况或自身不同的侧面相比较而确定的评价，意义在于找到评价对象自身的变化或不同。

•家 园 共 育•

1.与家长沟通，了解幼儿的个性特点、兴趣与能力倾向

在来园、离园环节，主动与家长沟通，了解幼儿在家的行为表现、兴趣爱好以及能力倾向，掌握幼儿的个性特点。

2.与家长沟通、交流幼儿在学习活动中的表现，并给予相应指导

向家长反馈幼儿在学习活动中的表现，如注意力集中时长、关注的对象、感兴趣的事物、在探究活动中常用的学习方法、探究尝试的情绪状态表现、遇到难题时是否会主动寻求帮助、活动结束后能否自主整理材料等细节，并给予家长相应指导。

>> 课后练习

习题测试

一、单项选择题

1. 与集体学习活动不同的是，个别化学习活动是幼儿根据自己的兴趣、意愿和能力（   ）选择的学习活动，它可以满足幼儿不同的兴趣和发展需求。

   A. 自由　　　　　　B. 随意　　　　　　C. 主动　　　　　　D. 自主

2. 在个别化学习活动中，保育老师和教师应关注幼儿的个人兴趣和已有经验，选择个别化的学习活动，提供（   ）的学习材料，给予有针对性的个别化指导。

   A. 整齐划一　　　　B. 富有层次性　　　C. 高难度　　　　　D. 难度较低

3. 以下哪些学习材料属于低结构材料？（   ）

   A. 乐高积木、雪花片　　　　　　　　　B. 拼图、魔方

   C. 矿泉水瓶、纸盒　　　　　　　　　　D. 教师自制的操作材料

4. 在开展个别化学习活动前，保育老师要向本班教师充分了解学习活动的内容，尤其是（   ）的学习内容。

   A. 已有　　　　　　B. 难度较大　　　　C. 陌生　　　　　　D. 新增加

5. 个别化学习活动前的准备工作不包括（   ）。

   A. 了解个别化学习活动的内容　　　　　B. 协助教师准备材料、器具

   C. 指定个别化学习计划　　　　　　　　D. 做好场地的清洁与安全检查

6. （   ）是保育老师在参与幼儿个别化学习活动时，必须掌握的技能之一。

   A. 正确把握介入幼儿活动的时机　　　　B. 创设活动环境

   C. 设计个别化学习计划　　　　　　　　D. 与家长沟通

7. 保育老师在指导的过程中，应该针对幼儿的（   ）特点，采取有效的互动方式，避免用同一种方式对待全体幼儿。

   A. 能力　　　　　　B. 情绪　　　　　　C. 个性　　　　　　D. 学习

8. 保育老师在与幼儿交流时，除了用有声语言外，还可以运用态势语来传递信息、表达感情、表示态度，态势语包括（   ）。

   A. 表情　　　　　　B. 身姿　　　　　　C. 手势　　　　　　D. 以上均是

9. 科学区中的个别化学习活动可能存在的安全隐患有（   ）。

   A. 过期的电池容易漏液，会腐蚀幼儿皮肤　　B. 操作器具上的纽扣电池，幼儿容易吞食

   C. 玻璃制品容易摔碎，造成割伤　　　　D. 以上均是

10. 保育老师可以协助教师利用手机、相机等摄像工具将幼儿的个别化学习过程录下来，形成

（　　　），便于活动后的集中讨论与反思。

  A. 影像材料   B. 书面材料   C. 纸质材料   D. 电子材料

11. 个别化学习活动后的收拾整理工作有助于幼儿养成爱护学习材料、讲卫生爱整洁的良好习惯，收拾与整理的习惯应从（　　　）开始培养。

  A. 小班   B. 中班   C. 大班   D. 小学

12. 当个别化学习活动结束时，为了让幼儿按时整理好场地，保育老师可以提醒需要（　　　）整理场地的小组先结束游戏。

  A. 较短时间   B. 较长时间   C. 教师协助   D. 以上均是

13. 个别化学习活动后，保育老师与教师通过影音记录，观察幼儿的活动情况，分析幼儿的行为表现，从而调整学习材料，使个别化学习活动更贴近幼儿的（　　　）。

  A. 需求   B. 能力   C. 敏感期   D. 最近发展区

二、案例分析题

1. 小一班的袁老师在美术集体学习活动中教幼儿制作了毛毛虫，幼儿兴致非常高。但由于幼儿能力各异、兴趣不同，袁老师又在美工区里投放了制作毛毛虫所需的制作示意图和各种材料，供幼儿在个别化学习活动中进一步探索和创作。保育老师陈老师协助袁老师准备需要的纸巾筒、毛线、瓶盖、饮料瓶等材料，并对材料进行清洗、消毒，投放在美工区。

  根据个别化学习活动前的要求，评析保育老师陈老师的操作。

2. 在中四班，幼儿兴致勃勃地选择了自己喜欢的区角，开始了个别化学习，只有欣欣一个人还坐在椅子上，没有参加活动的意愿。保育老师李老师知道欣欣是一个安静内向的幼儿，不敢尝试新的事物。她走过去，蹲下来，关心地问："欣欣，你怎么不去玩啊？在想什么呢？"欣欣低头小声地说："我不知道要玩什么。"李老师笑着说："老师陪你去看看，都有哪些好玩的，好吗？"欣欣点了点头，李老师牵着欣欣的手，一边走一边耐心地介绍学习区角，询问欣欣的看法。最后欣欣选择了美工区，她决定要画一幅画。李老师及时肯定了她，并鼓励她下次要勇敢地去尝试新的事物。

  请评析案例中保育老师李老师的指导。

三、实践题

  在幼儿园的见习活动中，协助带班教师做好个别化学习活动前的准备工作，自主选择一两个学习活动区，对幼儿进行观察与个别化指导，最后形成书面的总结与反思报告。

聚焦考证

1. 今天，大四班的美术集体学习活动的主题是"兔子去郊游"，幼儿都在投入地创作。萱萱想用糨糊，就用手去抓，弄得满手都是，还把糨糊抹在画纸和桌子上。保育老师张老师走过来说："手脏的小朋友不要到处乱抹，老师现在去拿毛巾。"张老师拿来了毛巾，发给幼儿一人一条。张老师走到佳佳旁边，蹲下来问："你画的是什么呀？"佳佳说："小兔子。""我怎么看都不像兔子，"张老师拿起佳佳的画，接着说，"我帮你画一只兔子。"说完就拿起蜡笔在佳佳的画纸上画了一只兔子。有的幼儿拿蜡笔的方式错误，有的幼儿站起来弯着腰画画，有的幼儿趴在桌子上画，有的幼儿把画放在大腿上画。主班李老师说："今天的画就画到这里，请小朋友跟我去厕所洗手。"张老师协助李老师组织幼儿去洗手。幼儿的作品、蜡笔等美术工具均摆放在桌子上，地上有散落的纸屑、掉落的蜡笔和歪倒的椅子。

  请仔细阅读案例，指出保育老师在配合美术学习活动中出现的工作失误，并说明相应的正确做法，以及美术活动后应如何处理幼儿的作品。

2. 大二班谢老师正在组织数学学习活动"4的组成"，幼儿坐在椅子上认真地看教师操作。这时，站在一旁的保育老师夏老师发现小江正在摆弄手里的玩具，乐乐则在拉扯旁边幼儿裤子上的绳子，便走过去把小江和乐乐拉到一旁的区域内，进行批评教育，并不允许他们继续参加学习活动。这时，谢老师组织幼儿进行分组操作活动，夏老师协助分发学具后，巡视幼儿的操作，她发现依依坐在座位上没有动手操作，便问："你怎么不摆呢？你为什么不动啊？"依依沉默，旁边的鹏鹏说："她没有分解号。"夏老师听了说："你为什么不吭声啊？你举手告诉老师呀，真是的，等一下，老师给你拿。"转身便去拿学具。

请仔细阅读案例，指出保育老师在配合数学学习活动中出现的工作失误，并说明相应的正确做法。另外，请思考，在配合室内学习活动的准备工作中，保育老师应如何与教师共同做好学习活动前的精神准备工作？

▶▶ 模块小结

    在幼儿园一日活动中，学习活动是重要组成部分，主要包括集体学习活动、小组学习活动、个别化学习活动，内容涉及健康、语言、社会、科学、艺术五大领域。高质量的学习活动不仅有助于幼儿身心健康发展、认知与语言的发展、情绪情感的发展、综合能力的发展，还有助于幼儿养成良好的学习习惯与学习品质，促进幼儿的全面发展。本模块主要阐述幼儿学习活动的保育指导，通过案例呈现、理论学习及操作实践等使学生了解学习活动保育的内容、要求等，明确保育老师岗位职责，帮助学生熟练、规范地开展学习活动保育工作，顺利完成学习活动的保育工作任务。

主要参考文献

图书

[1] 陈琦，刘儒德.当代教育心理学（修订版）[M].北京：北京师范大学出版社，2007.

[2] 周兢.幼儿园语言教育活动指导[M].北京：人民教育出版社，2011.

[3] 张慧和，张俊.幼儿园数学教育活动指导[M].北京：人民教育出版社，2011.

[4] 谈亦文.幼儿园音乐教育活动指导[M].北京：人民教育出版社，2011.

[5] 张俊.幼儿园科学教育活动指导[M].北京：人民教育出版社，2011.

[6] 汝茵佳.幼儿园美术教育活动指导[M].北京：人民教育出版社，2011.

[7] 谭楣.幼儿园五大领域核心经验：健康、语言、社会、科学、艺术[M].北京：中国轻工业出版社，2017.

[8] 管旅华.《3—6岁儿童学习与发展指南》案例式解读[M].上海：华东师范大学出版社，2013.

[9] 人力资源和社会保障部教材办公室.保育员[M].北京：中国劳动社会保障出版社，2016.

[10] 北京师范大学实验幼儿园.保育员工作指南[M].北京：北京师范大学出版社，2012.

[11] 中华人民共和国教育部.2016版幼儿园工作规程[S].北京：首都师范大学出版社，2016.

[12] 中华人民共和国教育部.3～6岁儿童学习与发展指南[S].北京：首都师范大学出版社，2012.

[13] 中华人民共和国教育部.幼儿园教育指导纲要（试行）[S].北京：北京师范大学出版社，2001.

[14] 人力资源和社会保障部教材办公室.保育员[M].北京：中国劳动社会保障出版社，2020.

[15] 王普华.保育员工作手册[M].北京：中国劳动社会保障出版社，2015.

[16] 陈幸军.学前教育学[M].北京：人民教育出版社，2011.

[17] 汤霞敏，曾碧，马茜.幼儿园班级管理[M].长沙：湖南师范大学出版社，2019.

[18] 谢源，杜晓鸣，汤杰.学前儿童卫生与保健[M].长沙：湖南师范大学出版社，2018.

[19] 喻正莹，代晓明，秦东方.学前卫生学[M].长沙：湖南师范大学出版社，2015.

[20] 王东红，程少根，张晴.幼儿卫生学[M].南京：南京师范大学出版社，2018.

[21] 刘亚明，刘晓颖.做优秀的保教管理者——幼儿园保教管理实用手册[M].北京：中国农业出版社，2017.

[22] 胡箭，张根健.幼儿教育学基础[M].北京：北京师范大学出版社，2013.

[23] 许传东，万超林.幼儿园保教实习指导[M].成都：四川大学出版社，2015.

[24] 王厚菊.幼儿园保育（第2版）[M].长春：东北师范大学出版社，2019.

[25] 宣兴村.学前儿童卫生与保健（第2版）[M].长春：东北师范大学出版社，2017.

[26] 康松玲.学前儿童卫生与保育[M].上海：华东师范大学出版社，2015.

[27] 任风霞.幼儿园保育[M].北京：语文出版社，2016.

[28] 邹玲，吕莉春，冉彤红.新编幼儿园教师教育技能[M].北京：语文出版社，2018.

[29] 杨莉君，杨希，李洋.幼儿园班级管理[M].北京：北京理工大学出版社，2017.

[30] 张徽.幼儿卫生与保健[M].上海：华东师范大学出版社，2014.

[31] 叶平枝等.幼儿园健康领域教育精要——关键经验与活动指导[M].北京：教育科学出版社，2015.

[32] 玛丽亚·蒙台梭利.有吸收力的心灵[M].蒙台梭利丛书编委会，编译.北京：中国妇女出版社，2012.

[33] 林玉萍，王东芳.灵动的瞬间——幼儿园过渡环节巧安排[M].北京：中国农业出版社，2016.

[34] 宋文霞，王翠霞.幼儿园一日生活环节的组织策略[M].北京：中国轻工业出版社，2012.

[35] 梁雅珠，陈欣欣.幼儿园保育工作手册[M].北京：人民教育出版社，2016.

[36] 幼儿学习与发展课程编委会.幼儿学习与发展课程：保育员手册[M].武汉：长江少年儿童出版社，2014.

[37] 杨旭，杨白，邓艳华.幼儿园游戏设计与指导[M].上海：复旦大学出版社，2017.

[38] 芦爱军.幼儿园保育[M].北京：机械工业出版社，2018.

论文

[1] 冯伟群.幼儿园个别化学习活动的设计与开展[J].学前教育研究，2016（04）：67-69.

[2] 范瑜.保持幼儿学习兴趣的个别化学习环境与材料创设的模式探讨[J].上海教育，2021（07）：75-76.

[3] 姚云莉.如何有效提升教师个别化学习活动设计能力[J].好家长，2020（70）：50.

[4] 史大胜，张欣.重视数学应用：英国学前数学教育的特点及启示[J].外国教育研究，2012，39（11）：36-41.

[5] 王婉纯.英国学前数学教育的特点及其启示[J].早期教育（教科研版），2017（01）：28-30.

[6] 赵一仑.幼儿园数学教育的困境与对策[J].杭州师范学院学报（自然科学版），2007（5）：232-235.

[7] 司进立，曾冬梅，杨淑云，熊炜.运用成长档案袋培养幼儿积极的心理品质[J].兰台世界，2013（29）：76-77.

[8] 曹文.保教结合理念下幼儿园教师专业素养的影响因素研究[D].信阳：信阳师范学院，2019.

[9] 杜英姿.幼儿保育专业现状和对发展的思考——以上海市大众工业学校为例[J].中等职业教育（理论），2012（07）：3-5.

[10] 邱奇智，陆慕改，邵丹丹，游燕珊.对中职学校幼儿保育专业新设的思考与探索[J].教育导刊（下半月），2021（10）：53-57.

[11] 许可纯.学前教育专业（保育方向）人才培养的课程体系设计——以广东省某职业院校为例[J].广东技术师范学院学报，2016，37（07）：133-140.

[12] 牛丽平.中职学前教育专业幼儿保育人才培养的模式探究——以天津市学前教育现状为例[J].天津职业院校联合学报，2020，22（06）：63-67.

[13] 杨茜雯.将思政元素融入幼儿保育专业舞蹈课程教学的路径初探[J].乌鲁木齐职业大学学报，2021，30（02）：13-15，25.

[14] 孙严.幼儿保育专业现状和对发展的思考[J].科学咨询（科技·管理），2021（01）：169-170.

[15] 王磊，高敏.从"教育"到"保育"——中职学校学前教育专业改革与发展浅谈[J].延边教育学院学报，2020，34（05）：249-250，253.

[16] 高飞燕，朱懿奇.健美操教学中融入流行元素，运用创新型"小苹果"实践研究——以幼儿保育专业为例[J].青少年体育，2017（08）：139-140.

[17] 田红艳.幼儿保育的理论地位难以落实的原因和对策[J].长春教育学院学报，2016，32（08）：34-37.

[18] 孙亚芳.让材料真正为幼儿所用——幼儿园表演区游戏材料投放的研究[J].科学大众，2017（04）：89.

[19] 熊雅琴.浅谈幼儿园表演游戏的适时介入和指导[J].当代学前教育，2007（04）：23-25.

[20] 俞玉娟.追随儿童，让孩子爱上表演——例谈表演游戏中教师的介入和指导[J].小学生作文辅导（上旬），2017（07）：81.

[21] 陶瑛华.孩子在心，游戏随行——谈表演游戏课程研究中的思与行[J].东方娃娃·保育与教育，2020（01）：68-71.

[22] 邵小佩.重庆市主城区幼儿园表演游戏现状研究[D].重庆：西南师范大学，2004.

[23] 姜帆.幼儿园表演游戏的现状、问题及对策[D].济南：山东师范大学，2016.

[24] 吕长文.幼儿园沙水区材料投放探研[J].成才之路，2019（05）：75.

[25] 冯鑫.幼儿园户外沙水区建设的常见问题分析与建议[J].学前教育，2020（09）：52-53.

[26] 许雅清.幼儿园沙水游戏的组织与指导[J].家教世界，2017（09）：37-39.

[27] 黄智容.支持幼儿开展沙水游戏的有效策略[J].幼儿教育研究，2019（02）：52-54.

[28] 杜新艳.幼儿园的戏水活动现状研究[D].南京：南京师范大学，2017.

[29] 夏梦洁.基于陶行知教育理论的幼儿园沙水游戏开展策略探究[J].成才之路，2020（36）：102-103.

[30] 华亚飞.愿用沙水点童稚，共以欢喜待花开——幼儿沙水游戏中教师支持策略的有效运用[J].好家长，2020（36）：72.

[31] 朱彩云.大班幼儿在沙水自然游戏中的认识和指导策略[J].教育观察，2019，8（22）：31-32.

[32] 张红霞.重庆市幼儿园玩沙游戏的开展现状与对策研究[D].喀什：喀什大学，2018.

[33] 张娟.开展家园互助模式培养小班幼儿良好洗手习惯[J].新课程，2020（50）：234-235.

[34] 黄雅芬.课程建构紧扣幼儿真生活、真需要——以中班"居家运动小达人"主题活动为例[J].早期教育（教育教学），2020（05）：8-9.

[35] 张莲.浅谈3—4岁幼儿洗手习惯养成的有效途径[J].儿童大世界（下半月），2017（07）：178-179.

[36] 郭小兰.培养幼儿良好洗手习惯初探[J].二十一世纪教育思想文献，2007（01）：236-240.

[37] 付媛媛.小班幼儿生活常规教育的现状分析[J].教育现代化，2016，3（29）：348-349.

[38] 卢佳.培养小班幼儿生活自理能力的实践研究——以自主着装及如厕为例[J].幼儿教育，2018（3）：69-70.

[39] 蔡珺.让如厕盥洗变得轻松自如——基于幼儿需要的幼儿园生活环节的价值挖掘和组织实施研究[J].幼教天地，2019（08）：96-97.

[40] 周念丽.幼儿园是否应来一场"如厕革命"[J].图说幼教，2011（10）：19-20.

[41] 李海霞.浅谈如何做好户外运动中的保教工作[J].知识文库，2021（05）：27-28.

[42] 舒姣云.幼儿园户外运动组织的研究[D].武汉：华中师范大学，2014.

[43] 张青雪.幼儿园体育活动中的保育意识[J].山东教育，2002（36）：48-49.

文件

[1] 中共中央，国务院.《关于学前教育深化改革规范发展的若干意见》[EB/OL].（2018-11-15）[2021-11-19].http://www.gov.cn/xinwen/2018-11/15/content_5340776.htm.

[2] 上海市教育委员会.上海市教育委员会关于印发上海市中等职业学校工程测量等24个专业教学标准的通知[EB/OL].（2013-12-04）[2021-8-19].https://www.shedu.net.cn/shedu_new/data/shouye/20131224134459_44.html.

[3] 广东省教育厅.广东省幼儿园一日活动指引（试行）[EB/OL].（2015-12-31）[2021-11-19].http://edu.gd.gov.cn//gkmlpt/content/2/2094/post_2094129.html#1622.

图书在版编目(CIP)数据

幼儿活动保育指导/张金陵主编. —上海：复旦大学出版社，2023.7
ISBN 978-7-309-16678-1

Ⅰ.①幼…　Ⅱ.①张…　Ⅲ.①幼儿园-工作-中等专业学校-教材　Ⅳ.①G617

中国版本图书馆 CIP 数据核字(2022)第 247992 号

幼儿活动保育指导
张金陵　主编
责任编辑/赵连光

复旦大学出版社有限公司出版发行
上海市国权路 579 号　邮编：200433
网址：fupnet@ fudanpress.com　http://www.fudanpress.com
门市零售：86-21-65102580　　团体订购：86-21-65104505
出版部电话：86-21-65642845
上海丽佳制版印刷有限公司

开本 890×1240　1/16　印张 14.75　字数 457 千
2023 年 7 月第 1 版
2023 年 7 月第 1 版第 1 次印刷
印数 1—4 100

ISBN 978-7-309-16678-1/G·2461
定价：55.00 元

如有印装质量问题,请向复旦大学出版社有限公司出版部调换。
版权所有　　侵权必究